Die Erstellung von Finanzanalysen nach § 34b WpHG

Schriftenreihe der Forschungsstelle für Finanzdienstleistungsrecht der Philipps-Universität Marburg

Herausgegeben von Gilbert Gornig

Band 3

PETER LANG
Frankfurt am Main · Berlin · Bern · Bruxelles · New York · Oxford · Wien

Julia Schwalm

Die Erstellung von Finanzanalysen nach § 34b WpHG

Sorgfaltspflichten und Offenlegungspflichten nach §§ 2-4 FinAnV

PETER LANG
Europäischer Verlag der Wissenschaften

Bibliografische Information der Deutschen Nationalbibliothek
Die Deutsche Nationalbibliothek verzeichnet diese Publikation in der Deutschen Nationalbibliografie; detaillierte bibliografische Daten sind im Internet über <http://www.d-nb.de> abrufbar.

Zugl.: Regensburg, Univ., Diss., 2006

Abbildung auf dem Umschlag:
Siegel der Philipps-Universität Marburg.
Abdruck mit freundlicher Genehmigung des
Präsidiums der Philipps-Universität Marburg.

Gedruckt mit Unterstützung der
Dr.-Carl-Böse-Stiftung, Lübeck.

D 355
ISSN 1619-439X
ISBN-10: 3-631-56306-X
ISBN-13: 978-3-631-56306-9

www.peterlang.de

Meinen Eltern

Vorwort

Die vorliegende Arbeit ist im Jahre 2006 an der rechtswissenschaftlichen Fakultät der Universität Regensburg als Dissertation angenommen worden.

Mein Dank gilt an erster Stelle meinem Doktorvater Prof. Dr. Ingo Koller, nicht zuletzt für die schnelle Erstellung des Erstgutachtens. Während der gesamten Zeit, die ich mit dem Verfassen dieser Arbeit verbrachte, stand er stets bereitwillig mit konstruktiver Kritik und hilfreichen Anregungen zur Verfügung. Ich danke auch Prof. Dr. Grigoleit für die Erstellung des Zweitgutachtens.

Herzlich danke ich auch Prof. Dr. Dr. h.c. Peter Gottwald, der mich währenddessen als wissenschaftliche Mitarbeiterin an seinem Lehrstuhl beschäftigte, für die motivierenden Kontrollfragen zum Stand der Arbeit und dafür, dass er mir zur Erstellung der Arbeit stets genügend Freiräume ließ.

Dem bearbeiteten Thema liegt die dem Juristen eher fremde Materie der Finanzanalyse zugrunde. Ohne die Unterstützung von Chris-Oliver Schickentanz, Anlagestratege der Dresdner Bank, wäre die Beantwortung vieler Detailfragen sicher zum unüberwindlichen Hindernis geworden. Das gesamte Analysten-Team der Abteilung Anlagestrategie der Dresdner Bank zeigte sich äußerst geduldig und entgegenkommend.

Ebenso wichtig wie die juristische und finanzwissenschaftliche Betreuung war für mich aber auch die Hilfe bei den praktischen Fragen – daher danke ich ganz besonders Berrit Barlet dafür, dass sie ihre Qualifikationen als Lektorin auch auf das Korrekturlesen meiner Arbeit anwandte. Weitere kritische Leser einzelner Teile waren Gerd Ludwig, Florian Hummel, Sandra von der Mülbe und mein Vater, der sich bemühte, seine Skepsis zu verbergen.
Meinen Eltern, denen diese Arbeit gewidmet ist, danke ich ganz besonders, u.a. wegen ihrer Eigenschaft als „Main Sponsors". Im übrigen wäre diese Arbeit ohne die Unterstützung vieler lieber Menschen nicht möglich gewesen, von denen ich hier nur Eva Fischer, Christine Scherbaum und Dr. Viktoria Kress nenne.

Der Dr.-Carl-Böse-Stiftung danke ich ganz besonders dafür, dass sie die Veröffentlichung der Arbeit in dieser Form durch ihre großzügige finanzielle Unterstützung ermöglichte.

Lübeck, den 06. Dezember 2006 Julia Schwalm

Inhalt

Abkürzungsverzeichnis

a.A.	anderer Ansicht
a.a.O.	am angegebenen Ort
a.F.	alte Fassung
ABlEG	Amtsblatt der Europäischen Gemeinschaften
ABS	Asset Backed Securities
AGB	Allgemeine Geschäftsbedingungen
AiB	Arbeitsrecht im Betrieb
AMF	Autorité des Marchés Financiers
AnSVG	Anlegerschutzverbesserungsgesetz
Art.	Artikel
AWV	Arbeitsgemeinschaft für wirtschaftliche Verwaltung e.V.
BaFin	Bundesanstalt für Finanzdienstleistungsaufsicht
BAKred	Bundesaufsichtsamt für das Kreditwesen
BB	Der Betriebs-Berater
BBA	British Banker's Association
Begr.	Begründung
BGB	Bürgerliches Gesetzbuch
BGBl.	Bundesgesetzblatt
BGHZ	Entscheidungen des Bundesgerichtshofes in Zivilsachen
BKR	Zeitschrift für Bank- und Kapitalmarktrecht
BR-Drucks.	Drucksachen des Bundesrates
BT-Drucks.	Drucksachen des Deutschen Bundestages
BVerfGE	Entscheidungen des Bundesverfassungsgerichts
bzgl.	bezüglich
CEFA	Certified Financial Analyst
CESR	Committee of European Securities Regulators
CFA	Chartered Financial Analyst
CIIA	Certified International Investment Analyst
Dax	Deutscher Aktienindex
DB	Der Betrieb
DCF-Methode	Discounted Cash Flow-Methode
DSG	Deutscher Sparkassen- und Giroverband e.V.
DVFA	Deutsche Vereinigung für Finanzanalyse und Asset Management e.V.

e.g.	exempli gratia
EBIT	Earnings Before Interest and Tax
EBITDA	Earnings Before Interest, Taxes, Depreciation and Amortisation
EC	Eurocheque
EG	Europäische Gemeinschaft
EGV	Vertrag zur Gründung der Europäischen Gemeinschaft
endg.	endgültig
EPS	Earnings Per Share
ESC	European Securities Committee
EU	Europäische Union
EuGH	Europäischer Gerichtshof
EURIBOR	Euro Interbank Offered Rate
EuZW	Europäische Zeitschrift für Wirtschaftsrecht
EVA	Economic Value Added
EWA	Europäischer Wertpapierausschuss
EWG	Europäische Wirtschaftsgemeinschaft
EWR	Europäischer Wirtschaftsraum
FinAnV	Finanzanalyseverordnung
FinDAG	Finanzdienstleistungsaufsichtsgesetz
FMFG	Finanzmarktförderungsgesetz
FRN	Floating Rate Notes
FS	Festschrift
gem.	gemäß
GG	Grundgesetz
h.M.	herrschende Meinung
HGB	Handelsgesetzbuch
Hrsg.	Herausgeber
i.e.	id est
IAS	International Accounting Standards
IFRS	International Financial Reporting Standards
IHK	Industrie- und Handelskammer
InvG	Investmentgesetz
IPO	Initial Public Offering
IStR	Internationales Steuerrecht
IT	Informationstechnologie
JR	Juristische Rundschau

JuS .... Juristische Schulung

KGV .... Kurs-Gewinn-Verhältnis
KK .... Karlsruher Kommentar
KOM .... Kommissionsdokument

M&A .... Mergers and Acquisitions
m.w.N. .... mit weiteren Nachweisen
MüKo .... Münchener Kommentar

n.F. .... neue Fassung
NASD .... National Association of Securities Dealers, Inc.
NJW .... Neue Juristische Wochenschrift
NYSE .... New York Stock Exchange

OGAW .... Organismen für gemeinsame Anlagen in Wertpapieren
OTC .... Over The Counter

PER .... Price-Earnings Ratio

QJoE .... Quarterly Journal of Economics

RabelsZ .... Rabels Zeitschrift für ausländisches und internationales Privatrecht
RegE .... Regierungsentwurf
REV .... revised
RL .... Richtlinie
Rn .... Randnummer
RoE .... Return on Equity

SEC .... Securities and Exchange Commission
StGB .... Strafgesetzbuch
StPO .... Strafprozessordnung
StV .... Der Strafverteidiger

Urt. .... Urteil
USD .... US-Dollar
UWG .... Gesetz gegen den unlauteren Wettbewerb

VerkProspG .... Verkaufsprospektgesetz
vgl. .... vergleiche
Vol. .... Volume

VuR	Verbraucher und Recht
VwVfG	Verwaltungsverfahrensgesetz
WACC	Weighted Average Capital Costs
WM	Wertpapier-Mitteilungen
WpDiL-RL	Wertpapierdienstleistungs-Richtlinie
WPg	Die Wirtschaftsprüfung
WpHG	Wertpapierhandelsgesetz
WpPG	Wertpapierprospektgesetz
ZBB	Zeitschrift für Bankrecht und Bankwirtschaft
ZEuP	Zeitschrift für Europäisches Privatrecht
ZHR	Zeitschrift für das gesamte Handelsrecht und Wirtschaftsrecht
ZIP	Zeitschrift für Wirtschaftsrecht

A. Einleitung

I. Finanzanalysten und Finanzanalyse

Seit dem 30.Oktober 2004 enthält das WpHG mit § 34b WpHG n.F. eine Regelung zur Finanzanalyse, die im Vergleich zur zuvor bestehenden Regelung die Pflichten zur sorgfältigen Erstellung und Darbietung erheblich erweitert und für mehr Transparenz sorgt. Mit Hilfe des § 34b WpHG soll das in den letzten Jahren verlorene Vertrauen der Anleger in Finanzanalyse und Finanzanalysten wiederhergestellt werden.
Hier manifestiert sich bereits eines der zentralen Probleme des Bereichs der Finanzanalyse: Es fehlt allgemein an einem klaren Verständnis der einzelnen Begriffe. Dies beginnt mit dem Begriff der Finanzanalysten, hinter dem weder ein klares Berufsbild noch eine geschützte Berufsbezeichnung steht.[1] Ebenso offen ist der Begriff der Finanzanalyse. So kann in einer Aufforderung zum Kauf eines Finanztitels bereits eine Finanzanalyse gesehen werden, gleichwohl könnte es sich dabei bloß um Produktwerbung handeln. Um die in § 34b WpHG getroffenen Regelungen bewerten zu können, bedarf es also eines gewissen Überblicks über die tatsächlichen Verhältnisse, auf die sich diese Regelung bezieht.

1. Finanzanalysten

Das Berufsbild des Finanzanalysten hat sich im Laufe der Zeit gewandelt. Waren Finanzanalysten in Deutschland ursprünglich vor allem mit der Vorbereitung von Kreditvergaben beschäftigt, liegt der Schwerpunkt ihrer Tätigkeit inzwischen bei der Kapitalmarktanalyse.[2] Unter einem Finanzanalysten versteht man daher heute gemeinhin eine Person, die „in Hinblick auf eine Wertpapieranlage, vornehmlich mit Hilfe ‚externer' Informationen, wissenschaftlich fundiert (‚objektive') Analysen und Prognosen über Kapitalmärkte (Aktien- und Rentenmarkt), Branchen und Einzelunternehmen erstellt."[3] Finanzanalysten sind üblicherweise Akademiker, häufig aus dem Bereich der Wirtschaftswissenschaften, allerdings zunehmend auch aus anderen Fachrichtungen, die beispielsweise der beobachteten Branche entsprechen.[4] Dabei bedingte der Mangel an einschlägig qualifizierten Fachkräften während des Börsenbooms Ende der 90er Jahre einen zusätzlichen Schub an neuen Analysten aus anderen Gebieten.[5] Die von ihnen erarbeiteten Analysen richten sich an verschiedene Zielgruppen. Anhand der unterschiedlichen Adressaten wird üblicherweise eine grobe Unter-

---

1 *Schwinghammer*, Rechtspflichten bei der Bewertung und Empfehlung von Aktien, S. 107.
2 *Eberts*, Das Berufsbild des Finanzanalysten in der Bundesrepublik, S. 237.
3 *Eberts*, a.a.O., S. 255.
4 *Faitz*, in: Finanzkommunikation, S. 172f.
5 Ausführlich zur ähnlichen Problematik im Bereich des Wirtschaftsjournalismus; *Reisner*, in: Finanzkommunikation, S. 138f.

scheidung der Finanzanalysten in Buy Side- und Sell Side-Analysten vorgenommen.

Sell Side-Analysten arbeiten für Investmentbanken, unabhängige Research-Häuser oder Broker.[6] Vertragliche Pflichten gegenüber den Kunden dieser Unternehmen zur Erstellung eigener Analysen bestehen meist nicht.[7] Die Analysen werden lediglich als eine zusätzliche Dienstleistung erbracht.

Das primäre Ziel der Sell Side-Analysten war es, mit Hilfe der Analysen Umsätze für ihren Arbeitgeber zu generieren.[8] Da Kaufempfehlungen von sämtlichen Anlegern umgesetzt werden können, Verkaufsempfehlungen dagegen nur Umsätze von bereits im Titel investierten Anlegern erbringen können, sind Kaufempfehlungen aufgrund ihrer höheren Umsatzerzeugung in Form von Transaktionsgebühren rentabler. Eine weitere Einnahmequelle für Investmentbanken sind sog. Deals mit Unternehmen, beispielsweise Unternehmenskäufe und -zusammenschlüsse (M&A), Neuemissionen oder Kapitalerhöhungen. Sucht ein Unternehmen eine Investmentbank zur Betreuung eines solchen Deals, richtet sich das Augenmerk des Unternehmens auch darauf, inwieweit das bisher veröffentlichte Research des Hauses den Vorstellungen des Unternehmens entspricht. Aus den beschriebenen Faktoren ergab sich bislang, dass Sell Side-Analysten tendenziell zumindest auch Interessen der Unternehmen berücksichtigten. Bezieht man die inzwischen getroffenen Regelungen zur Finanzanalyse in die Bewertung ein, wird diese „Unternehmensgeneigtheit" in Zukunft möglicherweise abgeschwächt. Beim Lesen ihrer Analysen ist dennoch stets dieser Kontext zu beachten.[9]

Sell Side-Analysten betreuen meist nur wenige Werte, diese aber dafür äußerst intensiv. Darüber hinaus werden gerne attraktive, d.h. im Medienfokus stehende Investmentthemen aufgegriffen. Dies führt dazu, dass in der Sell Side-Analyse meist eine geringere Kontinuität gegeben ist. Sell Side-Analysten haben im Idealfall Kontakte zum Management und besuchen auch Produktionsorte des Unternehmens, um einen möglichst unmittelbaren und bevorzugten Zugang zu Informationen zu erhalten.

Unabhängige Analysten müssen ihre Finanzanalysen als Dienstleistung verkaufen, arbeiten also zu ähnlichen Bedingungen wie die klassisch angestellten Sell Side-Analysten und werden daher regelmäßig diesen zugeordnet.[10]

---

[6] *Schaller*, Finanzanalysten-Recht, S. 21f; *Frank*, Börsen-Zeitung vom 03.06.2004, Sonderbeilage Aktienanalystenaward.

[7] Bei Börseneinführungen ist allerdings die Vereinbarung einer gewissen Research-Veröffentlichung im Rahmen des Konsortialvertrags üblich, *Achleitner/Pietzsch*, FS Lück, S. 34.

[8] *Wolff*, in: Finanzkommunikation, S. 99; *Leisinger*, Faz.net Investor vom 08.06.2001. Häufig wurde auch die Vergütung der Sell Side-Analysten an die von ihnen generierten Umsätze geknüpft.

[9] *Wolff*, a.a.O., S. 100.

[10] *Wolff*, a.a.O., S. 100.

Buy Side-Analysten sind üblicherweise bei einem institutionellen Anleger wie beispielsweise einer Fondsgesellschaft oder einem Versicherer angestellt und arbeiten exklusiv hausintern.[11] Ihre ausschließlich für den Auftraggeber erstellten Finanzanalysen dienen als Grundlage für Anlageentscheidungen des institutionellen Anlegers.[12] Dementsprechend ist der Buy Side-Analyst viel stärker performanceorientiert als seine Sell Side-Kollegen. Insgesamt sind seine Analysen stark auf den Abnehmer, also das eigene Haus, ausgerichtet. Sie sind daher nicht wie die üblicherweise auf dem Markt zirkulierenden Analysen mit typischen „Kaufen"-/„Verkaufen"-Voten versehen, sondern können beispielsweise Vorschläge zur Strukturierung des Portfolios oder Einschätzungen zu speziellen Risiken zum Gegenstand haben. Diese Analysen zielen also auf eine relativ kleine Adressatengruppe ab – Buy Side-Analysten haben somit bei weitem nicht die Multiplikatorenwirkung der Sell Side-Analysten, sondern arbeiten mehr mit Innenwirkung.[13] Es ist durchaus möglich, dass Sell Side-Analysten Auftragsarbeiten für die Buy Side erstellen, da Sell Side-Analysten meist spezialisierter arbeiten.[14]

2. Finanzanalyse

Finanzanalysen dienen der Entscheidungsfindung des Anlegers. Indem Informationen weitergegeben bzw. zusammengefaßt werden und dazu mögliche Auslegungen und Prognosen formuliert werden, wird dem Anleger die Möglichkeit der Entscheidung auf einer möglichst umfassenden Informationsbasis gegeben.[15] Finanzanalysen behandeln Prognosezeiträume von einigen Stunden bis zu mehreren Jahren; sie untersuchen Einzelwerte, aber auch Branchen, Märkte oder gesamte Volkswirtschaften. Allgemein wird mit dem Begriff der Finanzanalyse eine umfangreiche schriftliche Untersuchung eines bestimmten Finanztitels verbunden. Dieses Bild entspricht allerdings nicht dem in § 34b WpHG zugrunde gelegten Begriff der Finanzanalyse, der ungleich weiter gefaßt ist. Die Diskrepanz zwischen dem allgemeinen Verständnis und der gesetzlichen Festlegung beruht zumindest teilweise auf der großen Bandbreite von Methoden und einzelnen Ansätzen innerhalb der methodischen Richtungen, die bei der Erstellung von Finanzanalysen zur Anwendung kommen und denen der Gesetzgeber Rechnung trägt. Das Spektrum reicht von der Technischen Analyse mit Charts und anderen graphischen Methoden sowie Indikatoren und neuronalen Netzen bis zur Fundamentalanalyse mit einer Vielzahl möglicher Kennzahlen. Je nach untersuchtem Finanztitel werden unterschiedliche Schwerpunkte gesetzt – auf Vo-

---

[11] *Reisner*, in: Finanzkommunikation, S. 135; Hockmann/Thießen – *Zimelka*, Investment Banking, S. 641.

[12] *Diehl*, IHK WirtschaftsForum Februar 2001.

[13] *Rentsch*, in: Finanzkommunikation, S. 182.

[14] Hockmann/Thießen – *Zimelka*, Investment Banking, S. 642.

[15] So auch *Henze*, Was leisten Finanzanalysten?, S. 1ff.

latilität, Kreditwürdigkeit des Emittenten, Stellung des Unternehmens am Markt etc. Um diesem breiten Spektrum und vor allem sämtlichen in der Praxis üblichen Formen der Finanzanalyse Rechnung zu tragen, liegt § 34b WpHG ein weiter Begriff der Finanzanalyse zugrunde. Gemeinsames Charakteristikum der Finanzanalysen ist es, aus bisherigen Entwicklungen Schlüsse auf zukünftige Ergebnisse zu ziehen. Gewinnchancen bieten sich dem Anleger aufgrund der Analyse insofern, als jede Analyse versucht, dem informationseffizienten Markt[16] vorzugreifen. Angesichts der allgemeinen Entwicklungstendenzen auf dem Gebiet der Kommunikationstechnologien und der Corporate Governance sind die internationalen Kapitalmärkte in den letzten Jahren insgesamt effizienter geworden.[17] Dies erschwert es institutionellen Anlegern, Gewinne allein aufgrund von Informationsdefiziten anderer Marktteilnehmer zu erwirtschaften. Die allgemeine Verfügbarkeit aktueller Informationen zwingt also auch institutionelle Anleger dazu, sich dem Marktrisiko zu stellen.[18] Analysen tragen durch die Verbreitung der darin enthaltenen und zugrunde gelegten Informationen zur Informationseffizienz des Marktes in erheblichem Maße bei.

Auf den Finanzmärkten wird Anlegern eine Unmenge verschiedener Finanzprodukte angeboten, die ohne zusätzliche Informationen durch Finanzanalysten oft kaum zu unterscheiden und vor allem nicht zu vergleichen wären. Die marktwirtschaftliche Funktion von Finanzanalysen ist es, Informationsasymmetrien zwischen Kapitalgebern und Kapitalnehmern abzubauen oder zumindest zu verringern. Dem einzelnen Anleger ist es aufgrund mangelnder Ressourcen und Zeit nicht möglich, auch nur einen Bruchteil der Anlagemöglichkeiten zu untersuchen und zu vergleichen – ein solches Vorgehen wäre im übrigen völlig un-

---

[16] Ein Markt wird allgemein als effizient bezeichnet, wenn die Preise immer alle verfügbaren Informationen vollständig widerspiegeln; *Fama*, 1970 Journal of Finance, Vol. 25, 1, S. 383ff. Dabei wird nach unterschiedlichen Graden der Effizienz differenziert. An einem schwach informationseffizienten Markt sind sämtliche in der Vergangenheit liegenden Börsendaten in den Kursen enthalten. Für einen mittelstreng informationseffizienten Markt sind alle öffentlich verfügbaren Informationen „verfügbar" und bei strenger Effizienz sind alle Informationen, auch sog. Insiderinformationen, erfaßt. Je nach angenommenem Grad der Informationseffizienz ist mit den verschiedenen Methoden der Finanzanalytik möglicherweise ein Informationsvorsprung zu erlangen. Die technische Analyse beispielsweise verarbeitet ausschließlich den bisherigen Kursverlauf und kann somit nach der Theorie der informationseffizienten Märkte selbst auf einem schwach effizienten Markt keine Überrendite erwirtschaften, *Steiner/Bruns*, Wertpapier-Management, S. 43. In einem streng informationseffizienten Markt wäre selbst Insiderhandel unrentabel.
Bislang konnte empirisch belegt werden, dass der (deutsche) Kapitalmarkt zumindest schwach informationseffizient und nicht streng informationseffizient ist; *Dimson/-Mussavian*, European Financial Management, Vol. 4 No. 1, 1998, S. 96. Eine eindeutige Aussage hinsichtlich der halbstrengen Informationseffizienz läßt sich dagegen nicht treffen; *Steiner/Bruns*, Wertpapier-Management, S. 47ff.

[17] *Piper*, in: Die Zeit, Nr. 17 vom 22.4.1999, S. 33.

[18] *Eller/Dreesbach*, Technische und quantitative Wertpapieranalyse, S. 27.

rentabel. Ohne Informationen über Marktposition und Zukunftsaussichten der Unternehmen ist aber kaum ein Anleger bereit, in diese Unternehmen zu investieren, mit der Folge, dass dem Markt das Kapital fehlt. Dieses Problem, Marktversagen[19] genannt, war erst kürzlich in Form des dramatischen Rückgangs an IPOs in Deutschland Anfang des Jahrhunderts[20] zu beobachten.
Um also die Marktteilnehmer mit den für ihre Entscheidungsfindung notwendigen Informationen zu versorgen, werden Finanzanalysen verfaßt. Dabei sammeln Finanzanalysten Informationen, vergleichen diese und werten sie nach verschiedenen Methoden aus. Im Idealfall wird damit eine permanente und effiziente Verbesserung der Informationsbasis erreicht.[21] Aufgrund dieser Funktion der Informationsmittler zwischen Kapitalgebern und Kapitalnehmern werden Finanzanalysten auch als Finanzintermediäre[22] bezeichnet.

II. Research-Skandal

Gesetzliche Regelungen zur Erarbeitung oder Verbreitung von Finanzanalysen gab es in Deutschland lange Zeit nicht. Erst Ende der neunziger Jahre löste der sog. Research-Skandal ein Umdenken aus. Das vormals akzeptierte Postulat der Selbstregulierung des Marktes wich zunehmend der Erkenntnis, dass ein gesetzlicher Regulierungsrahmen geschaffen werden müsse.[23]
Im Zuge des Aktienbooms in den neunziger Jahren konnten Star-Analysten allein durch eine Kauf-Empfehlung den Kurs eines Wertpapiers aufgrund ihres Einflusses auf breite Anlegerschichten völlig unverhältnismäßig ansteigen lassen, ein auch als self-fulfilling prophecy bekanntes Phänomen.[24] An der Sinnfälligkeit dieses Vorgehens konnte bei der zugrunde liegenden Faktenlage schon damals gezweifelt werden. Analysten konnten Aktienkurse ebenso stark negativ beeinflussen. Beispielsweise brach der Kurs der BMW-Aktie in Folge einer

---

[19] Anzeichen für ein solches Kapitalmarktversagen sind beispielsweise eine geringe Zahl von Initial Public Offerings (IPO), da auf dem Primärmarkt das Ausbleiben von Kapitalgebern unmittelbar auffällt.

[20] *Gerke*, in: Handbuch Strategisches Management, S. 224f.

[21] *Bernet*, Institutionelle Grundlagen der Finanzintermediation, S. 13f.

[22] Finanzintermediation bezeichnet die Prozesse der Zusammenführung und Abstimmung von Angebot und Nachfrage von Kapital; *Bernet*, a.a.O., S. 2; *Hax*, Informationsintermediation durch Finanzanalysten, S. 41.

[23] Darüber hinaus ist inzwischen auch anerkannt, dass Anlegerschutz durch die Erleichterung der Aufnahme externen Kapitals einen positiven gesamtwirtschaftlichen Effekt hat. Aufgrund der zugunsten der Anleger veränderten Risikoverteilung durch erhöhte Transparenz können höhere Wachstumsraten und verbesserte Stabilität der Kapitalflüsse verzeichnet werden; *Castro/Clementi/MacDonald*, QJoE 2004, 1131, 1133; diese positiven Effekte des Anlegerschutzes steigen proportional zur Verringerung der Beschränkungen des freien Kapitalverkehrs, *dies.*, QJoE 2004, 1166f.

[24] *Döring*, in: Finanzkommunikation, S. 123, 125; *Reisner*, in: Finanzkommunikation, S. 130f.

Analystenkonferenz am 31.3.1999 um nahezu 10 % ein, nachdem der Vorstand ein umfassend erfreuliches Ergebnis vorstellte, aber mit der Strategie hinsichtlich Rover nicht den Analystenwünschen entsprach.[25] So überrascht es nicht, dass sogar Unternehmensstrategien vielfach geändert wurden, um den Analysten entgegenzukommen, wie sogar ausdrücklich zugegeben wurde.[26]
Ende der neunziger Jahre lösten einige der gefeierten Star-Analysten den sog. Research-Skandal aus, indem sie in der Öffentlichkeit euphorische Empfehlungen zu Werten abgaben, die sie in internen eMails als bestenfalls hochriskant beschrieben. Viel zitiertes Beispiel sind die Bewertungen des Merrill Lynch Analysten Henry Blodget, der einen der „Favored 15"-Titel der Bank intern als „powder keg" (Pulverfaß) und später als „piece of junk" (Ramsch) bezeichnete.[27] Allgemein fiel auf, dass Kaufempfehlungen absolut vorherrschend waren und allenfalls auf „Halten" heruntergestuft wurde. Diese einseitigen Empfehlungen wurden häufig damit begründet, dass mit „Halten" bekanntermaßen „Verkaufen" impliziert werde.[28]
Die geschönten Aktienempfehlungen waren Folge des Gehaltssystems und bankinterner Anweisungen, derzeitige bzw. zukünftige Investmentbanking-Kunden nicht vor den Kopf zu stoßen. Investmentbanken gingen soweit, bei Bewerbungen um die Übernahme des Emissionskonsortiums zu versprechen, dass eigene Analysten die „stärksten Fürsprecher" des zu emittierenden Werts werden würden.[29] So wurden für entsprechende Investmentbanking-Aufträge Boni an Analysten ausgezahlt – Verhältnisse, bei denen Interessenkonflikte zwischen unabhängiger Analyse und internen Weisungen vorprogrammiert waren.[30]
Infolge der Nachforschungen des damaligen New Yorker Staatsanwalts Eliot Spitzer wurde ein handfester Skandal publik, der das Vertrauen der Öffentlichkeit in die Unabhängigkeit und Qualität der Finanzanalyse nachhaltig erschütterte. Besonders erschreckend an diesem Skandal und seiner Aufdeckung war aber nicht nur seine Dimension sondern vor allem, dass keine der europäischen Aufsichtsbehörden auch nur ansatzweise Ermittlungen eingeleitet hatte.[31] Letztendlich wurden Strafzahlungen in Höhe von insgesamt 1,4 Mrd. USD von zehn Banken geleistet, darunter auch die Deutsche Bank.[32] Darüber hinaus zahlten die betroffenen Banken 432,75 Mio. USD in einen US-amerikanischen Entschädigungsfonds ein, dessen Errichtung Teil des Global Research Analyst Settlement

---

[25] *Rolke/Wolff*, in: Finanzkommunikation, S. 12
[26] So beispielsweise Kajo Neukirchen, Chef der Metallgesellschaft (MG), zitiert von *Piper*, in: Die Zeit, Nr. 17 vom 22.4.1999, S. 33.
[27] *Valdmanis*, USAToday, 14.04.2002; Derleder/Knops/Bamberger – *Frisch*, Handbuch zum deutschen und europäischen Bankrecht, S. 1186.
[28] *Hieke*, in: Finanzkommunikation, S. 203.
[29] Handelsblatt vom 23.05.2002.
[30] *Kort*, Handelsblatt vom 25.11.2002.
[31] *Moenschen*, Handelsblatt vom 2.8.2005.
[32] *Kort*, Handelsblatt vom 25.11.2002.

war.[33] Anleger, die bestimmte Aktien, zu denen möglicherweise geschönte Analysen veröffentlicht worden waren, bei einer der betroffenen Banken innerhalb eines festgelegten Zeitraums gekauft hatten und daraufhin einen Verlust erlitten, können aus besagtem Fonds entschädigt werden.[34] Ein Abschluß der Abwicklung der aus diesem Fonds zu begleichenden Entschädigungsansprüche ist bislang noch nicht in Sicht.

III. Reaktion des deutschen und des europäischen Gesetzgebers

Neben den bereits beschriebenen Straf- und Entschädigungszahlungen kam es in Folge des Skandals zum Erlaß zahlreicher gesetzlicher Neuregelungen auf dem Gebiet der Finanzanalyse. Eine davon ist die EG-Richtlinie 2003/125/EG[35] sowie ihre Umsetzung durch den deutschen Gesetzgeber als Teil des Anlegerschutzverbesserungsgesetzes[36]. Im Rahmen dieser Reformen wurde auch die Regelung des § 34b WpHG zu den Pflichten bei der Wertpapieranalyse erweitert und geändert. Hinzu kam eine Rechtsverordnung, die FinAnV[37]. Die Vorschriften dienen der Verbesserung des Anlegerschutzes im Bereich der Kapitalmarktinformation.[38] Dieses Ziel soll durch erhöhte Transparenz bei der Finanzanalyse erreicht werden. Daher enthalten § 34b WpHG und die FinAnV Regelungen zur Erstellung, Darbietung und Verbreitung von Finanzanalysen, aber auch zur Offenlegung möglicher Interessenkonflikte und sehen darüber hinaus Organisationspflichten zur Vermeidung solcher Interessenkonflikte vor.

IV. Spannungsfeld gesetzlicher Regelungen im Bereich der Finanzanalyse

Gesetzgeberische Eingriffe in den Bereich der Finanzanalyse sind aufgrund der in diesem Bereich vorherrschenden Entgeltstruktur, die stets zu berücksichtigen ist, von besonderer Brisanz. Für Finanzanalysen wird üblicherweise kein direktes Entgelt geleistet. Wie bereits dargestellt, zahlte sich die Erstellung und Verbreitung von Finanzanalysen in der Vergangenheit vor allem mittelbar über die Transaktionsgebühren oder durch die Akquise von Investmentbanking-

---

[33] SEC Fact Sheet on Global Analyst Research Settlement, 28.4.2003; einzusehen unter http://www.sec.gov/news/speech/factsheet.htm .

[34] Für geschädigte Anleger wurde eine Website zum Global Research Analyst Fund eingerichtet, http://www.globalresearchanalystsettlement.com .

[35] RL 2003/125/EG zur Durchführung der Richtlinie 2003/6/EG in Bezug auf die sachgerechte Darbietung von Anlageempfehlungen und die Offenlegung von Interessenkonflikten, ABlEG L339 vom 24.12.2003, S. 73.

[36] Gesetz zur Verbesserung des Anlegerschutzes (Anlegerschutzverbesserungsgesetz – AnSVG) v. 28.10.2004, BGBl. I, 2004 Nr. 56, 2630.

[37] Verordnung über die Analyse von Finanzinstrumenten (Finanzanalyseverordnung – FinAnV) v. 17.12.2004, BGBl I, 2004 Nr. 70, 3522.

[38] Begr. RegE AnSVG, BT-Drucks. 15/3174, S. 26.

Mandaten aus. In Folge des Research-Skandals ist aber inzwischen eine strikte Trennung der Research-Abteilung von der Investmentbanking-Abteilung vorzunehmen, so dass Finanzanalysten die Rolle des Vermittlers zwischen der Investmentbank und Unternehmen verwehrt ist.[39] Das langjährige stillschweigende Übereinkommen, im Gegenzug für veröffentlichte Finanzanalysen die eigenen Transaktionen bei der veröffentlichenden Bank vorzunehmen, hat aufgrund einer zunehmenden Orientierung an Preisen für solche Transaktionen seine Geltung eingebüßt. Damit entfallen für einen der wichtigsten Geschäftszweige die bisherigen Haupteinnahmequellen aus der Erstellung und Verbreitung von Finanzanalysen.
Möglicherweise wird in Zukunft ein direktes Entgelt für Finanzanalysen üblich werden. Ebenso wahrscheinlich ist es aber, dass die Verbreitung von Finanzanalysen mit zunehmender Regelungsdichte und damit einhergehender Kosten weitgehend als unrentabel eingestellt wird.
Gleichzeitig besteht in Folge des Vertrauensverlustes nach dem Research-Skandal ein Bedürfnis nach gesetzlicher Gewährleistung von Mindeststandards hinsichtlich der Transparenz und Unabhängigkeit der Ersteller. Durch das opportunistische Ausnutzen der eigenen Machtposition durch einige Finanzanalysten, die beinahe ausschließlich Kaufempfehlungen, auch entgegen der eigenen Überzeugung, abgaben und sich dabei vielfach auch noch persönlich bereicherten, sank die durchschnittliche Qualität von Finanzanalysen am Markt.[40] Ein deutliches Signal waren die darauf folgenden umfangreichen Entlassungen von Finanzanalysten.[41] Vielfach wechselten die Finanzanalysten auch die Branche und wanderten zu den vormals analysierten Unternehmen ab.[42]

Hier liegt das Spannungsfeld bei Regelungen im Bereich der Finanzanalyse: Einerseits ist die Gewährleistung von Mindeststandards für den Anleger von hohem Nutzen, da er so den ihm vorliegenden Finanzanalysen ausreichende Informationen auch über Hintergründe bzw. mögliche Interessen der Verantwortlichen entnehmen kann. Im Fall des vorliegenden Vertrauensverlustes ist die gesetzliche Regelung solcher Mindeststandards besonders erforderlich. Andererseits verschlechtert sich mit zunehmender Regelungsdichte die Möglichkeit des Zugangs zu Informationen, da aufgrund steigender Kosten weniger Finanzanaly-

---

39 Siehe dazu ausführlicher Handelsblatt vom 24.11.2005, Nr. 228, S. 30.

40 Der dadurch in Gang gesetzte Prozeß wird als „market for lemons" bezeichnet und entwickelt sich, wenn nicht eingegriffen wird, in einer abwärtsgerichteten Spirale weiter, bis am Ende der Markt zusammenbricht. *Akerlof*, QJoE, 84 (1970), 488ff.

41 Zum fortgesetzten Personalabbau im Bereich der Finanzanalyse vgl. *Hoffknecht*, Handelsblatt vom 8.11.2004, Nr. 217, S. 33. Waren nach der von *Hoffknecht* zitierten Studie des US-Analysehauses Starmine in Deutschland im Jahr 2002 noch über eintausend Analysten tätig, sank dieser Wert 2004 auf 866 Analysten.

42 *Schack*, Institutional Investor, 10/2003 Vol. 37, 47ff.

sen verbreitet werden. Dieser Konflikt sollte bei der Bewertung des § 34b WpHG stets berücksichtigt werden.

B. § 34b WpHG

Regelungsgegenstand des § 34b WpHG sind die mit der Erstellung, Weitergabe und Verbreitung von Finanzanalysen verbundenen Pflichten, die in der zugehörigen Verordnung, der FinAnV, konkretisiert werden.

I. Persönlicher Anwendungsbereich

§ 34b I WpHG richtet sich an Personen, die im Rahmen ihrer Berufs- oder Geschäftstätigkeit Finanzanalysen erstellen, weitergeben oder verbreiten.

1. Personen, die im Rahmen ihrer Berufs- oder Geschäftstätigkeit Finanzanalysen erstellen, weitergeben oder verbreiten nach § 34b I WpHG

Zunächst erfaßt der Wortlaut des § 34b I 1 WpHG sämtliche Personen, juristische und natürliche, soweit sie in Berufs- oder Geschäftstätigkeit Finanzanalysen erstellen, weitergeben oder verbreiten. Unter Berufstätigkeit versteht man allgemein eine auf eine gewisse Dauer angelegte, der Schaffung und Erhaltung einer Lebensgrundlage dienende Tätigkeit.[43] Geschäftstätigkeit ist in Abgrenzung dazu die der Schaffung und Erhaltung einer Lebensgrundlage dienende Tätigkeit ohne zeitliche Mindestdauer. Besondere fachliche Qualifikationen oder die ständige Beschäftigung mit Finanzanalysen werden bei der Charakterisierung der Berufs- oder Geschäftstätigkeit nicht verlangt. Auch bedarf es zumindest bzgl. der Geschäftstätigkeit keiner regelmäßigen Ausübung.
Innerhalb dieser durch den Wortlaut gesteckten Grenzen wäre es beispielsweise denkbar, dass ein selbsternannter „Börsen-Spezialist“, der in seiner Freizeit zum Zusatzverdienst eine Analyse zu einem Emittenten verfaßt und dabei lediglich ein Preisziel anstelle einer direkten Empfehlung benennt, unter § 34b I WpHG fällt. Zuvor ist aber zu ermitteln, wie die Begriffe der Berufs- und Geschäftstätigkeit nach systematischer, historischer, teleologischer und vor allem auch richtlinienkonformer Auslegung zu verstehen sind.

§ 34b WpHG bildet zusammen mit den §§ 31 ff WpHG einen Abschnitt des WpHG. Möglicherweise könnte daher der persönliche Anwendungsbereich des § 34b WpHG ebenso wie bei den §§ 31 ff WpHG auf Wertpapierdienstleistungsunternehmen beschränkt sein. Allerdings differenziert bereits die amtliche Überschrift des Abschnitts 6 zwischen „Verhaltensregeln für Wertpapierdienstleistungsunternehmen und hinsichtlich Finanzanalysen [...]“. Zudem richtet sich § 34b VI WpHG ausdrücklich ausschließlich an Wertpapierdienstleistungsunternehmen, während der Wortlaut des § 34b I WpHG keinerlei solche Ein-

[43] BVerfGE 7, 397; 9, 78; 13, 106.

schränkungen aufweist. Zu den Adressaten des § 34b WpHG gehören auch Journalisten, wie an § 34b IV WpHG erkennbar ist.[44]
Nachdem die Erstellung, Weitergabe und Verbreitung von Finanzanalysen Tätigkeiten sind, die im Rahmen der Berufs- oder Geschäftstätigkeit anfallen, muß im Rückschluß zumindest eine gewisse sachliche Nähe zum Bereich der Finanzanalyse gegeben sein. Allerdings ist diese Überlegung zunächst nur eingeschränkt heranzuziehen, da Berufs- und Geschäftstätigkeit ausdrücklich nur in § 34b I 1 WpHG, nicht aber in § 34b I 2 WpHG genannt werden. Möglicherweise bezieht sich diese Einschränkung des persönlichen Anwendungsbereichs mithin nur auf die Erstellung von Finanzanalysen. Zieht man die Gesetzgebungsmaterialien heran, wird jedoch deutlich, dass dem nicht so ist. Vielmehr müssen sowohl die Erstellung als auch die Weitergabe und die Verbreitung von Finanzanalysen im Rahmen der Berufs- oder Geschäftstätigkeit erfolgen.[45]
Aus der Entstehungsgeschichte ergibt sich desweiteren, dass § 34b WpHG der Umsetzung von Art. 6 V der Marktmißbrauchs-RL[46] dient. Letztere sieht allerdings keinerlei Einschränkungen bzgl. der erstellenden Personen vor.[47] Diese offenkundige Diskrepanz läßt sich durch einen Blick auf Art. 1 Nr. 5 der RL 2003/125/EG lösen, die konkretisierende Level 2-RL[48] zu Art. 6 V der Marktmißbrauchs-RL. Darin wird ebenfalls auf die Erstellung und Weitergabe in der Ausübung der Berufs- oder Geschäftstätigkeit abgestellt.
Nicht zu vernachlässigen ist darüber hinaus der Zweck des § 34b WpHG, der vor allem auf den Anlegerschutz abzielt. Unter dieser Prämisse ist zu beachten, dass zur Erstellung von Finanzanalysen theoretisch jeder in der Lage ist, unabhängig von Fachkenntnissen oder einschlägiger Erfahrung. Für den Anleger kann diese Beliebigkeit verborgen bleiben, wenn der Ersteller nicht zur Angabe entsprechender Daten verpflichtet ist. Dem könnte durch möglichst weite Auslegung der Berufs- und Geschäftstätigkeit entgegengewirkt werden. Damit würden gerade auch unerfahrene Ersteller den Pflichten des § 34b WpHG und der FinAnV unterworfen.

---

44 Ausführlicher zu den in § 34b IV WpHG aufgeführten Anforderungen an die Selbstregulierung, *Kämmerer/Veil*, BKR 2005, 380ff.

45 Begr. AnSVG, BT-Drucks. 15/3174, S. 38.

46 RL 2003/6/EG des Europäischen Parlaments und des Rates vom 28.1.2003 über Insider-Geschäfte und Marktmanipulation (Marktmissbrauch), AblEG L 96, S. 16 vom 12.4.2003.

47 Art. 6 V der Marktmißbrauchs-RL richtet sich an „Personen, die Analysen erstellen oder weitergeben...; persons who reproduce or disseminate research...; les personnes qui réalisent ou diffusent des travaux de recherche...; las personas responsables de la realización o difusión de análisis...".

48 Im Rahmen des Komitologieverfahrens werden zu einem Basisrechtsakt, der sog. Level 1-Regelung, durch die Kommission in Zusammenarbeit mit verschiedenen Ausschüssen technische Durchführungsregelungen erarbeitet. Diese Regelungen werden als Level 2-Regelungen bezeichnet. Ausführlicher dazu: *Joerges/Falke*, Das Ausschußwesen der Europäischen Union; *Mensching*, EuZW 2000, 268ff.

Allerdings ist zu berücksichtigen, dass der Gesetzgeber Zuwiderhandlungen mit erheblichen Bußgeldern bewehrt hat. Bei Verstößen gegen § 34b I 2 WpHG in Verbindung mit den entsprechenden Regelungen der FinAnV können Bußgelder bis zu einer Höhe von 200.000 € verhängt werden, § 39 I Nr. 4, VI WpHG. Handelt es sich bei den Erstellern um „Laien", die sich zwar ein Entgelt davon versprechen, aber im Zweifel kaum Chancen auf eine Vermarktung ihrer Analysen haben, erscheinen diese Konsequenzen unverhältnismäßig. Zwar kann der Mangel an Professionalität auch bei der Bestimmung der Bußgelds berücksichtigt werden, trotzdem entspricht die Aufnahme solcher „Laien" nicht dem Zweck des Gesetzes. Im übrigen ist die potentielle Gefahr von Finanzanalysen solcher Personen aufgrund der beschriebenen zu vernachlässigenden Marktwirkung eher akademischen Charakters. Es fehlt an Anlegern, die aufgrund ihrer Beachtung der Analyse schutzbedürftig sind. Insofern sind die Begriffe der Berufs- und Geschäftstätigkeit nicht beliebig auszudehnen, da die schwerwiegenden Folgen für die Adressaten sonst unverhältnismäßig wären.

2. Richtlinienkonforme Auslegung nach Art. 1 Nr. 5 RL 2003/125/EG

„Relevante Person" ist eine natürliche oder juristische Person, die bei der Ausübung ihres Berufs oder im Rahmen ihrer Geschäftstätigkeit Empfehlungen erstellt oder weitergibt.

„Relevant person" means a natural or legal person producing or disseminating recommendations in the exercise of his profession or the conduct of his business.

Par „personne concernée", on entend toute personne morale ou physique produisant ou diffusant des recommandations dans l'exercice de sa profession ou la conduite de son activité.

„Persona pertinente", una persona física o jurídica que presente o divulgue recomendaciones en el ejercicio de su profesión o la gestión de su actividad empresarial.

Mit der Begrenzung des persönlichen Anwendungsbereichs auf Personen, die sich mit Finanzanalysen im Rahmen ihrer Berufs- oder Geschäftstätigkeit beschäftigen, setzt der deutsche Gesetzgeber Art. 1 Nr. 5 der RL 2003/125/EG um. Dementsprechend ist das gemeinschaftsrechtliche Verständnis der Begriffe im Rahmen der Auslegung zumindest als intendierter Mindeststandard zu berücksichtigen.

Relevante Personen, also solche, an die sich die RL 2003/125/EG richtet, sind Personen, die in Ausübung ihres Berufs Empfehlungen[49] erstellen oder weitergeben. Unter Beruf ist gemeinhin eine entgeltliche Tätigkeit zu verstehen, die dem Lebensunterhalt dient. Darüber hinaus betrifft die RL 2003/125/EG auch Personen, die im Rahmen ihrer Geschäftstätigkeit Empfehlungen erstellen oder weitergeben. Hier ist auffällig, dass zwar die deutsche, englische und spanische Fassung übereinstimmend „Geschäftstätigkeit" verlangen, nach der französi-

[49] Der gemeinschaftsrechtliche Begriff der Empfehlung entspricht rechtssystematisch dem Begriff der Finanzanalyse nach § 34b WpHG. In Folge wird zur Vermeidung von Verwechslungen im Kontext der RL 2003/125 stets von Empfehlungen gesprochen.

schen Fassung dagegen jegliche Tätigkeit umfaßt ist. Dieses sehr weite Verständnis der Rahmenhandlung dehnt aber den Anwendungsbereich der RL 2003/125/EG bis zur Beliebigkeit aus. In der Gesamtbetrachtung[50] ist die in Art. 1 Nr. 5 der RL genannte Tätigkeit auf den unternehmerischen bzw. geschäftlichen Bereich beschränkt. Dem Wortlaut nach sind unter relevanten Personen also solche zu verstehen, die entgeltlich und professionell Empfehlungen erstellen.

Inhaltlich wurden Beruf und Geschäftstätigkeit auf Gemeinschaftsebene bereits mit Art. 43 EG, im Rahmen der Niederlassungsfreiheit, eingeführt. Dabei wurde allerdings bewußt der Begriff „selbständige Erwerbstätigkeit" anstelle von „Beruf" gewählt, da es an einem einheitlichen gemeinschaftsweiten Verständnis der berufsbezeichnenden Begriffe fehlte. Erwerbstätigkeit bezeichnet sämtliche Tätigkeiten, die entgeltlich erbracht werden und eine Teilnahme am Wirtschaftsleben darstellen.[51] Bei der RL 2003/125/EG wurde trotz der genannten Divergenzen der Begriff „Beruf" gebraucht, worin eine bewußte Abgrenzung zur selbständigen Erwerbstätigkeit liegen könnte. Zu berücksichtigen ist jedoch, dass zur näheren Umschreibung der Rahmenhandlung zusätzlich der sehr allgemeine Begriff der Geschäftstätigkeit verwendet wurde. Da dieser den Anwendungsbereich gegenüber beiden in Frage stehenden Begriffen erheblich erweitert, erscheint diese Überlegung wenig stichhaltig, so dass ein Rückgriff auf die Definition der selbständigen Erwerbstätigkeit möglich erscheint.

Eine grundsätzliche inhaltliche Einschränkung der Tätigkeit auf finanzanalytische Bereiche kann unter Berücksichtigung von Art. 1 Nr. 4 b RL ausgeschlossen werden, da danach auch in keiner Weise spezialisierte Personen Finanzanalysen erstellen können. Zu beachten ist im übrigen, dass im Bereich der Finanzanalyse in der Regel kein direktes Entgelt für die Finanzanalyse selbst geleistet wird. Insofern muß auch die Absicht der mittelbaren Entgelterzielung ausreichen. Die Anforderungen an die Merkmale des Berufs und der Geschäftstätigkeit sind mithin nicht sehr hoch.

Die Funktion der Definition der „relevanten Personen" ist es, den persönlichen Anwendungsbereich der RL einzugrenzen. Sämtliche Pflichten der RL richten sich, wenn auch nicht immer ausdrücklich,[52] allein an die relevanten Personen.

---

[50] Da Rechtsakte der EG in sämtlichen Amtssprachen der EG rechtsverbindlich sind (Art. 290 EG in Verbindung mit Verordnung Nr. 1 zur Regelung der Sprachenfrage für die Europäische Wirtschaftsgemeinschaft vom 15.04.1958), ist die bekannte grammatikalische Auslegung um das „Gebot der multilingualen Analyse" zu erweitern. So wird dem Erfordernis des EuGH (EuGH, EuZW 1999, 154 Rn. 25) nach einer einheitlichen Auslegung der Sprachfassungen entsprochen. Bei Verständniskonflikten wird dementsprechend eine autonome Auslegung angewandt, die von den nationalen Rechtsordnungen unabhängig ist, sie aber zugrunde legen kann; *Luttermann*, EuZW 1999, 404; *Peter Meyer*, Jura 1994, 456.

[51] Schwarze – *Schlag*, Art. 43 EGV Rn 21f; Lenz/Borchardt – *Scheuer*, Art. 43 EGV Rn 2.

[52] Vgl. beispielsweise Art. 2 I RL. Hier ergibt sich dies aber im Rückschluß aus Art. 2 II RL, der zusätzliche Anforderungen stellt, wenn die in Absatz 1 genannte relevante Person ein

Um nicht bereits bei der Abgrenzung des persönlichen Anwendungsbereichs Regelungslücken zu provozieren, sollte der Begriff der relevanten Personen und damit des Berufs und der Geschäftstätigkeit nicht zu eng ausgelegt werden. Eine Differenzierung nach dem Grad der Professionalität der Mitwirkenden wird ohnehin bei der Definition der „Empfehlung" vorgenommen, indem nach Art. 1 Nr. 4 a, b RL unterschiedliche Anforderungen an die Analysen der verschiedenen Gruppen gestellt werden.
Aus der Entstehungsgeschichte des Art. 1 Nr. 5 RL läßt sich entnehmen, dass die Definition der relevanten Personen das Resultat allgemeiner Kritik am als uferlos empfundenen Anwendungsbereich des Konsultationsvorschlags des CESR war.[53] Der dem Begriff der relevanten Person zugrundeliegende Gedanke ist also die klarere Konturierung des Anwendungsbereichs der RL 2003/125/EG. Der Begriff sollte somit nicht der Beliebigkeit anheimfallen.
Nachdem der Zweck dieser Definition die Eingrenzung des persönlichen Anwendungsbereichs ist, bleibt die Frage nach der diesem am besten gerecht werdenden Auslegung der Begriffe des Berufs und der Geschäftstätigkeit. Eine Regelung wie die der RL 2003/125/EG ist nur bei Analysen von Personen erforderlich, die das Vertrauen der Anleger aufgrund zumindest eines Anscheins von Fachkunde beanspruchen. Wenn es sich erkennbar um eine private oder unentgeltlich erarbeitete Analyse handelt, ist mit dem geringen in sie gesetzten Vertrauen auch die Notwendigkeit einer Regelung nicht gegeben. Allein bei der im Rahmen professioneller oder geschäftlicher Tätigkeit vorgenommenen Erstellung oder Verbreitung von Empfehlungen ist eine besondere Verantwortung der Mitwirkenden gegeben, so dass sie den Regelungen der RL 2003/125/EG unterliegen.

Im Ergebnis ist unter Beruf oder Geschäftstätigkeit nach Art. 1 Nr. 5 RL also eine auf Entgelt gerichtete Tätigkeit, die eine Teilnahme am Wirtschaftsleben darstellt, zu verstehen.
Dabei ist mit der Erstellung oder Verbreitung im Rahmen des Berufs oder der Geschäftstätigkeit eine besondere Verantwortung verbunden, auch wenn der professionelle Kontext dem Anleger möglicherweise nicht offenkundig ist. Besteht andererseits der Anschein oder auch nur die Absicht zukünftiger Geschäftstätigkeit, da beispielsweise auf zukünftig zu verdienendes Entgelt gehofft wird, fällt die Person aufgrund der Absicht, Entgelt zu erzielen, unter den Begriff der relevanten Person nach Art. 1 Nr. 5 RL.

Wertpapierhaus oder ein Kreditinstitut ist. Gleiches gilt für Art. 8 I RL, der im Kontext mit den übrigen Bestimmungen des Art. 8 RL ebenfalls auf relevanten Personen zu beziehen ist.

[53] Feedback Nr. 86 (CESR/02-287b) zum CESR-Consultation Paper, das diesbezüglich keinerlei Einschränkungen enthielt. Im CESR-Advice Nr. 78 (CESR/02-089d) wurde die entsprechende Definition dann erarbeitet und der Kommission vorgeschlagen.

3. Konsequenzen der unterschiedlichen Anknüpfungen von § 34b I 1 WpHG und Art. 1 Nr. 5 RL 2003/125/EG

Trotz der festgestellten begrifflichen Übereinstimmungen zwischen den Vorgaben der RL 2003/125/EG und der nationalen Umsetzung bestehen erhebliche Unterschiede in der gewählten Systematik der Regelungen, genauer gesagt der Anknüpfung der personenbezogenen Merkmale.

In der RL 2003/125/EG wird der persönliche Anwendungsbereich sämtlicher Vorschriften durch den Begriff der „relevanten Personen" eingegrenzt. Nach dem Kriterium der besonderen Qualifikation wird auf anderer Ebene, nämlich der Definition der „Empfehlung", Art. 1 Nr. 4 a, b RL, differenziert.

Die deutsche Umsetzung bestimmt mit der „Berufs- und Geschäftstätigkeit" zwar ebenfalls den persönlichen Anwendungsbereich der gesamten Regelungen in § 34b WpHG und der FinAnV. Allerdings werden in Folge keine unterschiedlichen Begriffe der Finanzanalyse für unterschiedlich qualifizierte Personen geschaffen. Vielmehr gilt für alle derselbe Begriff. Allein im Rahmen der konkretisierenden Verordnung, der FinAnV, wird bzgl. der zu erfüllenden Pflichten auf die Qualifikation abgestellt, § 1 II FinAnV.

Dieses abstrakt skizzierte Problem läßt sich an dem oben beschriebenen Beispiel des selbst ernannten Börsen-„Spezialisten" verdeutlichen:

Nach der RL 2003/125/EG ist zunächst zu prüfen, ob die von ihm erarbeitete Analyse eine „Empfehlung" im Sinne der RL 2003/125/EG ist. Da der Börsen-„Spezialist" nicht zu den in Art. 1 Nr. 4 a RL genannten Personen gehört, ist seine Analyse nach Art. 1 Nr. 4 b RL nur eine Empfehlung im Sinne der RL, wenn sie eine direkte Empfehlung für ein bestimmtes Finanzinstrument enthält. Dies ist im beschriebenen Beispiel zu verneinen, daher ist die Erstellung in seinem Beruf oder im Rahmen der Geschäftstätigkeit irrelevant. Die Analyse des Börsen-„Spezialisten" fällt nicht in den Anwendungsbereich der RL.

Anders bei der deutschen Regelung: So lange die Analyse im Rahmen der Berufs- oder Geschäftstätigkeit erstellt wurde, kann es sich um eine Finanzanalyse im Sinne des § 34b I 1 WpHG handeln. Der Börsen-„Spezialist" hätte somit die einschlägigen Anforderungen und Pflichten nach § 34b WpHG zu erfüllen. Diese Pflichten erfahren durch die FinAnV eine Konkretisierung. Allerdings ist hier zu beachten, dass die von der RL 2003/125/EG vorgegebene Differenzierung in den persönlichen Anwendungsbereich der FinAnV verlagert wurde. Das heißt die in der FinAnV postulierten Pflichten gelten bei den nicht in § 1 II Nr. 1-5 FinAnV genannten Personen nur bei direkten Empfehlungen für bestimmte Finanzinstrumente. Der selbst ernannte Börsen-„Spezialist" ist keiner der dort aufgeführten Personengruppen zuzurechnen - als Folge davon gilt für ihn im beschriebenen Beispiel zwar § 34b WpHG, aber nicht die Konkretisierung in Form der FinAnV.

Man wird davon ausgehen können, dass dieses Ergebnis nicht gewünscht war. Die sachgerechte Erstellung und Darbietung beispielsweise lassen sich ohne

Hinzuziehung der FinAnV kaum aus § 34b WpHG heraus verstehen. Grundsätzlich ist eine erweiternde Umsetzung der Vorgaben der RL selbstverständlich möglich. Mit den hier gegebenen Folgen kann sie aber, auch vom Gesetzgeber, kaum intendiert sein. Als Lösung dieses Problems käme eine Auslegung der „Berufs- und Geschäftstätigkeit" in der Weise in Betracht, dass sie den Vorgaben der RL entsprechen. Allerdings geben die mit Hilfe des klassischen Auslegungskanons erlangten Auslegungsergebnisse, selbst unter Berücksichtigung der Umsetzung der RL als Zweck des Gesetzes, keinen ausreichenden Spielraum für eine solchen Reduktion.[54] Wortlaut und systematische Argumente sprechen im übrigen dagegen. Es bleibt also nur, die Anwendbarkeit des § 34b WpHG hinzunehmen und ggf. die Regelungen der FinAnV mit Indizwirkung heranzuziehen, bis der Gesetzgeber eventuell korrigierend eingreift.

4. Ergebnis

In richtlinienkonformer Auslegung wären die Berufs- und Geschäftstätigkeit zwar grundsätzlich weit auszulegen. Angesichts der beschriebenen Verlagerung der Differenzierung nach den Qualifikationen der Adressaten ist die Grenzziehung aber insgesamt verschoben. So kann die Bewertung der RL direkt kaum sinnvoll auf das angeglichene Recht übertragen werden.
Berufs- und Geschäftstätigkeit sind auf die Erzielung von Entgelt gerichtete Tätigkeiten, die der Schaffung oder dem Erhalt der Lebensgrundlage dienen und eine Teilnahme am Wirtschaftsleben darstellen. Dabei ist diese Tätigkeit im Fall des Berufs auf eine gewisse Dauer angelegt.

II. Sachlicher Anwendungsbereich – Finanzanalyse

Der sachliche Anwendungsbereich des § 34b WpHG wird durch den Begriff der Finanzanalyse in § 34b I 1 WpHG bestimmt. Dabei stellt sich das Problem des äußerst breiten Spektrums der Finanzanalyse, die in der „klassischen" Form einer mehrseitigen, ausformulierten Fundamentalanalyse eines Werts bestehen kann, aber auch bereits in einer einfachen Kaufaufforderung zu einer Aktie gesehen werden kann. Möglicherweise entspricht keines dieser Extreme dem in § 34b WpHG benutzten Begriff der Finanzanalyse .

1. Spektrum der Finanzanalyse

Vor der Erörterung des Begriffs nach § 34b I 1 WpHG soll zunächst dargestellt werden, welche Fallgruppen in Betracht kommen. Als konkrete Beispiele für Finanzanalysen in der Praxis sind denkbar:

---

[54] Zwar kommt der richtlinienkonformen Auslegung im Rahmen des klassischen Auslegungskanons eine besondere Rolle zu, ähnlich der der verfassungskonformen Auslegung; *Ehricke*, RabelsZ 59 (1995), 614, 616. Auch dann gelten aber die Grenzen des Wortlauts.

die bereits genannte „klassische" schriftliche Analyse eines Einzelwerts, basierend auf einer ausführlichen Bilanzanalyse sowie der Auswertung der Kennzahlen;
Werbeanzeigen für einen neu aufgelegten Aktienfonds ohne weitere Angaben zu Zusammensetzung, Management oder ähnlichem;
die bloße Aufforderung zum Kauf eines bestimmten Werts;
eine interne Buy Side-Analyse, die später durch ein verbundenes Unternehmen öffentlich verbreitet wird;
Morning oder Sales Notes[55];
die Abbildung eines Kurscharts mit fortgeführtem prognostizierten Verlauf;
die Empfehlung zu einer Branche (dabei sind Grenzfälle zu berücksichtigen, wie beispielsweise bei einer Branche, die aus zwei dominierenden und mehreren kleineren Unternehmen besteht);
die Veröffentlichung eines Musterdepots;
Ranking-Listen für vergangene Performance;
die Analyse von Rahmensachverhalten aus dem Geschäftsbereich eines Unternehmens, bei Rückversicherern beispielsweise zum Risiko von Naturkatastrophen in einem Tourismusgebiet, ohne konkrete Angabe einer daraus folgenden Anlagestrategie;
Kreditwürdigkeit-Ratings;
durch den Emittenten selbst veröffentlichte Produktinformationen (nicht im Sinne eines Pflichtprospekts nach gesetzlichen Vorschriften), beispielsweise Werbung für eine neue Finanzinnovation eines Kreditinstituts;
die Kaufaufforderung bzgl. eigener Aktien durch den Emittenten, um angesichts der Gefahr einer feindlichen Unternehmensübernahme Kapital zu mobilisieren;
„Analyse-Ticker" mit den Voten verschiedener Analysten zu den aufgeführten Werten, jeweils mit Verantwortlichem und Datum.
Die genannten Beispiele geben eine Vorstellung vom breiten Spektrum und lassen darüber hinaus bereits einige Grundfragen einer rechtlichen Charakterisierung erkennen: Bedarf es für die Finanzanalyse eines gewissen Mindestumfangs? Wie konkret muß die Handlungsaufforderung formuliert sein, um eine Empfehlung darzustellen? Können Angaben, die der Emittent selbst über sein Finanzinstrument macht, Finanzanalysen sein?

2. Finanzanalyse im Sinne des § 34b WpHG

Die in § 34b I 1 WpHG aufgenommene Legaldefinition der Finanzanalyse setzt gewisse Grenzen und schließt einige der genannten Beispiele aus. Demnach ist eine Finanzanalyse im Sinne des § 34b I 1 WpHG „eine Information über Fi-

[55] Dabei handelt es sich um knappe, üblicherweise auf einen kurzfristigen Anlagehorizont ausgelegte Empfehlungen, die für eigene Berater im institutseigenen Intranet stehen und ggf. Kunden des Instituts gegeben werden.

nanzinstrumente oder deren Emittenten [...], die direkt oder indirekt eine Empfehlung für eine bestimmte Anlageentscheidung enthält und einem unbestimmten Personenkreis zugänglich gemacht werden soll (Finanzanalyse)". Diese durch den Wortlaut gesetzten Grenzen sind auslegungsbedürftig.

a) Information, die direkt oder indirekt eine Empfehlung für eine bestimmte Anlageentscheidung enthält

Die „Information, die direkt oder indirekt eine Empfehlung für eine bestimmte Anlageentscheidung enthält", ist für das Verständnis der Finanzanalyse im Sinne des § 34b WpHG von maßgeblicher Bedeutung. Gerade diese Begrifflichkeit wirft viele Fragen auf, deren Beantwortung den Anwendungsbereich des § 34b WpHG prägen wird.

aa) Information

(1) Begriff der Information nach § 34b I 1 WpHG

Kernstück der Definition ist der wertneutrale Begriff der Information, der im allgemeinen Sprachgebrauch für eine Erläuterung oder Belehrung, nicht notwendigerweise mit Erkenntnisgewinn, steht. Ohne nähere Eingrenzung würden sowohl die Werbeanzeige als auch Morning Notes oder ein Analyse-Ticker unter den Begriff der Information fallen.
Ein erster Ansatzpunkt für eine Konkretisierung könnte sich aus der Systematik des § 34b I 1 WpHG ergeben. So zeigt der Kontext, dass die Information im Rahmen der Berufs- oder Geschäftstätigkeit erstellt wird. Dieser Umstand spricht, wenn auch nur oberflächlich, für einen gewissen Grad an Professionalität und Sachkunde. Nachdem es jedoch (zumindest gegenwärtig) ebensowenig eine geschützte Berufsbezeichnung des Finanzanalysten wie überprüfte Zulassungsbedingungen zur Erstellung oder Verbreitung von Finanzanalysen gibt, kann jeder in Geschäftstätigkeit unter den oben beschriebenen Voraussetzungen Finanzanalysen erstellen. Dem Rückschluß auf besondere Sachkunde ist damit die Basis weitgehend entzogen.
Auch die Systematik der konkretisierenden FinAnV ist zu berücksichtigen, so beispielsweise § 4 II, III FinAnV. Danach wird die Offenlegung der Quellen sowie die Zusammenfassung der Bewertungsgrundlagen und -methoden verlangt. Dies deutet auf einen analytischen Vorgang hin, vergleichbar mit der bereits aus der Anwendung des § 34b WpHG a.F. bekannten „Untersuchung"[56].[57] Dieses Argument ist indes unter Berücksichtigung des persönlichen Anwendungsbereichs des § 4 FinAnV nur eingeschränkt heranzuziehen: Die Anforderungen des § 4 FinAnV müssen nur von Personen nach § 1 II Nr. 1-5 FinAnV erfüllt werden. Finanzanalysen können aber auch von anderen Personen erstellt

[56] Bekanntmachung der BaFin zu § 34b WpHG a.F.
[57] So *Schwintek*, Das Anlegerschutzverbesserungsgesetz, S. 88f.

werden, vgl. § 1 II FinAnV. Eine allgemeine Übertragbarkeit des Grundgedankens der analytischen Untersuchung widerspricht demnach der Systematik des § 4 FinAnV. Mithin kann nach systematischen Gesichtspunkten nicht von der Charakterisierung der Information als „Untersuchung" ausgegangen werden.
Aus der Entstehungsgeschichte des § 34b I 1 WpHG ergeben sich hinsichtlich des Begriffs der Information keine Hinweise. Insofern ist auf den Zweck der Norm zurückzugreifen. Der Begriff der Information hat für den sachlichen Anwendungsbereich des § 34b WpHG eine Schlüsselstellung inne. Die durch § 34b WpHG verfolgten Ziele des Anlegerschutzes und der Erhöhung des Anlegervertrauens durch mehr Information und Transparenz können nur effektiv verwirklicht werden, wenn der Anwendungsbereich des § 34b WpHG eröffnet ist. Dabei stellt sich die Frage, ob das Anlegervertrauen stets und vollumfänglich schützenswert ist. Das einleitend vorgestellte Spektrum der möglichen „Finanzanalysen" ist weit und ein Vertrauen ist möglicherweise nicht in jeden der genannten Informationsträger gerechtfertigt. Besonders fragwürdig erscheint dies bei den werbenden Aussagen ohne zusätzliche Informationen zum Gegenstand der Werbung. Inwieweit Anleger in ihrem Vertrauen in Werbung schützenswert sind, bestimmt sich nach dem zugrunde gelegten Anlegerleitbild des Gesetzgebers.

(2) Anlegerleitbild des Gesetzgebers

Das Anlegerleitbild ist eine „normativ-typisierende Modell- oder Zielgröße zur inhaltlichen Kennzeichnung bestimmter Merkmale"[58] des Anlegers, also seiner Kompetenzen oder Inkompetenzen. Streng zu trennen vom Begriff, liefert das Leitbild den Maßstab für die Beurteilung des Erwartungshorizonts, der aus dem Begriff selbst nicht entnommen werden kann. Der Begriff begrenzt den Anwendungsbereich, während das Leitbild die Auslegung bestimmt.[59] Die Suche nach einem Anlegerleitbild des deutschen Gesetzgebers gestaltet sich indes schwierig,[60] da ein Großteil der Gesetzgebung zum Anlegerschutz auf gemeinschaftsrechtlichen Vorgaben beruht. Weder hat der deutsche Gesetzgeber ein autonomes Anlegerleitbild geprägt,[61] noch hat sich ein solches allgemein anerkanntes

[58] Zum Leitbild allgemein: MüKo-BGB – *Micklitz*, Vor §§ 13, 14, Rn 6.

[59] MüKo-BGB – *Micklitz*, Vor §§ 13, 14, Rn 6.

[60] Nachhaltiges Beispiel für diese Problematik bietet das InvestmG. Die auf der OGAW II-RL beruhenden Pflichten für die Vereinfachung des Verkaufsprospekts und den erweiterten Einsatz von Derivaten in Fonds sind auf einen verständigen, Informationen aufnehmenden Anleger ausgerichtet, ansonsten wäre das Zurverfügungstellen von Informationen müßig. Vergleicht man dagegen die originär deutschen Regelungen zu Hedge-Fonds, drängt sich das Bild des um jeden Preis schutzwürdigen Anlegers auf, dem auf keinen Fall die freie Entscheidung zur Investition in solche Anlageformen zu gestatten ist. *Lang*, VuR 2004, 205ff.

[61] Dieser Mangel zeigte sich auch bzgl. des AnSVG, wie an den Plenardiskussionen deutlich wird, siehe 111. Sitzung des Deutschen Bundestags, 15. Wahlperiode, 27.5.2004, 10141 A

in der Folge der bisherigen Gesetzgebung herausgebildet. Gleichwohl gibt es dazu einige Versuche.

Als Lösungsansatz wird teilweise eine Gleichsetzung von Anleger und Verbraucher und der daraus resultierende Rückgriff auf das Verbraucherleitbild vorgeschlagen.[62] Grundlage für diese Gleichsetzung sind die Parallelen zwischen der Position des Verbrauchers und des Anlegers als „schwächerer“ Partei aufgrund ihres immanenten Wissens- und Informationsdefizits. Ebenso wird eine solche Parallelisierung nach anderer Ansicht aber auch als vereinfachend abgelehnt[63] und nach einem originären Leitbild gesucht.

Um den strukturellen Besonderheiten des Kapitalmarkts gerecht zu werden, bedarf es keiner Differenzierung zwischen Verbraucher und Anleger, insofern ist dieses Argument wenig stichhaltig. Im Gegenteil, die Gemeinsamkeiten zwischen Anleger und Verbraucher sind vielmehr zu erheblich, um sie zu ignorieren. In einer Abwägung spricht also mehr für eine Gleichsetzung als dagegen.

Auch beim demgemäß heranzuziehenden Verbraucherleitbild des deutschen Gesetzgebers gibt es allerdings gewisse Unschärfen. Die Ansichten reichen vom strukturell stets unterlegenen und daher immer schutzbedürftigen Verbraucher[64] bis hin zum Verbraucher, der je nach Geschäftskompetenz in der konkreten Situation schutzbedürftig sein kann oder nicht.[65] Allein der Rückgriff auf das Verbraucherleitbild kann also nicht genügen.

Die vorliegend untersuchten Normen wurden in Umsetzung einer gemeinschaftsrechtlichen Richtlinie erarbeitet, mittels derer gemeinschaftsweite Mindeststandards im Bereich der Finanzanalyse eingeführt werden sollen. Vor dem Hintergrund dieser Entstehungsgeschichte ist das Verbraucher- bzw. Anlegerleitbild auf EG-Ebene zumindest zu berücksichtigen. Das über Jahre hinweg auf der Ebene der EG entwickelte Anlegerleitbild geht von einem „durchschnittlich informierten, aufmerksamen und verständigen Durchschnittsverbraucher“[66], also einem mündigen Verbraucher, aus.[67] Dabei wird der Verbraucher nicht rein rollenbezogen verstanden, ist also nicht per se schützenswert, sondern lediglich dann, wenn situative Zusatzaspekte des Sachverhalts konkreten Anlaß geben.[68]

---

für den mündigen Anleger und 10143 B sowie 10144 B zum absolut schutzbedürftigen Anleger.

62 Assmann/Schneider – *Koller*, Vor § 31 Rn 13ff; *Heidrich*, Verbraucherschutz in der Kreditwirtschaft, S. 213f.

63 *Assmann*, ZBB 1989, 61; Assmann/Schütze – *Assmann*, § 1 Rn 62.

64 BVerfGE NJW 1994, 36.

65 Siehe MüKo-BGB – *Micklitz*, Vor §§ 13, 14, Rn 65.

66 EuGH, Rs. C. 219/96, 16.7.1998, Slg. 1998, I-4657, Rn 31, 37 (Gut Springenheide und Tusky), EuZW 1998, 526.

67 So auch *Horn*, Europäisches Finanzmarktrecht, S. 57f.

68 *Pfeiffer*, in: Europäische Rechtsangleichung und nationale Privatrechte, S. 28f.

Anhand dieses Verbraucherleitbildes kann auch vorliegendes Leitbild konturiert werden;[69] Grundlage ist der mündige Anleger. Ausgehend vom strukturellen Ungleichgewicht, das den Verbraucherschutz erst notwendig macht, ist zunächst eine Vermutung der Schutzbedürftigkeit gegeben. Diese Schutzbedürftigkeit ist nur bei situationsspezifischer Ergänzung tatsächlich zu bejahen. Die spezifische Situation am Kapitalmarkt ist allerdings von einer gewissen Ambivalenz geprägt: Einerseits ist gerade am Kapitalmarkt die Gefahr der Übervorteilung des Anlegers aufgrund seiner wirtschaftlich und informationell unterlegenen Position hoch.[70] Andererseits sind an den Kapitalmärkten gehandelte Instrumente äußerst komplex. Gehandelt werden keine Waren, sondern Chancen und Risiken.[71] Von einem mündigen, verständigen Anleger ausgehend, sind diesem zumindest abstrakt die Risiken und besonderen Verhältnisse des Kapitalmarktes bekannt. Entsprechend belegt auch empirische Verbraucherforschung, dass der Verbraucher um so aufmerksamer und informationsgeneigter ist, je komplexer das Produkt und je höher seine Investition ist.[72] Damit geht jedoch nicht einher, dass sich der mündige Anleger auch rational[73] verhalten muß, wie die inzwischen wohl allgemein anerkannten Ergebnisse des relativ jungen Forschungszweiges der Behavioural Finance erkennen lassen.[74] Jedenfalls gilt auch für den nicht

---

[69] Zum Einfluß des situativen Kontextes auf das Verbraucherleitbild, siehe MüKo-BGB – *Micklitz*, Vor §§ 13, 14 Rn 65f.

[70] Zwar gibt es für Anleger stets das sog. exit and voice, also grob umschrieben die Ausübung von Marktmacht und Organisationsmacht, die durchaus eine gewisse Einflußnahme ermöglichen; *Kalss*, Anlegerinteressen, S. 339. Allerdings ist die konkrete Wirkung für den einzelnen Anleger begrenzt.

[71] *Loss*, ZHR 129 (1967), 198; *Fleischer*, Empfiehlt es sich, im Interesse des Anlegerschutzes und zur Förderung des Finanzplatzes Deutschland das Kapital- und Börsenrecht neu zu regeln?, F 23.

[72] Ausführlicher und mit weiteren Nachweisen, *Keßler*, in: Anlegerschutz in Deutschland, Schweiz, Großbritannien, USA und der Europäischen Gemeinschaft, S. 45.

[73] Ausführlicher zum Bild des rationalen Anlegers und dessen Widerlegung: *Kiehling*, Börsenpsychologie und Behavioral Finance, S. 1f.

[74] Das Forschungsfeld der Behavioural Finance setzt sich mit dem tatsächlichen Verhalten von Individuen am Markt auseinander und sucht nach Erklärungsansätzen für irrationales Anlegerverhalten; *Oehler*, Die Erklärung des Verhaltens privater Anleger, S. 24ff. Die Behavioural Finance sucht insbesondere nach Erklärungen für die an Finanzmärkten üblichen kurzfristigen Kursschwankungen, die nicht mit entsprechend schwankenden Fundamentaldaten oder -informationen korrelieren. Darüber hinaus entwickelt sie Theorien, um irrationale Verhaltensmuster am Kapitalmarkt nachvollziehen zu können und in bestehende ökonomische Theorien einzuarbeiten. Damit sollen letztere realitätsnäher werden. Zu den besagten Verhaltensmustern gehören beispielsweise das sog. Herdenverhalten, die Übergewichtung eigener Sachkenntnis und Vorurteile. So neigen Anleger dazu, selektiv nur den eigenen Erwartungen entsprechende Informationen aufzunehmen und anders gelagerte Informationen zu ignorieren oder zumindest unterzubewerten. Eine Übersicht solcher Verhaltensphänomene findet sich bei *Oehler*, a.a.O., S. 26ff und Hockmann/Thießen – *Aulibauer/Thießen*, Investment Banking, S. 126ff. Ausführlicher zu den einzelnen Phänome-

unbedingt rational handelnden Anleger der Grundsatz, dass in bekanntermaßen gefährlichen Situationen verlangt wird, sich selbst in erhöhtem Maß zu informieren – so auch hier.
Das hier zugrunde gelegte Anlegerleitbild ist also das eines mündigen Anlegers, der – situativ in den besonderen Aspekten des Kapitalmarktes begründet – in der Lage ist, Informationen aufzunehmen und auch in gewisser Tiefe zu durchdringen.
Der Annahme dieses gesetzgeberischen Anlegerleitbilds könnte jedoch die Wertung der §§ 31 ff WpHG entgegenstehen, die eine umfassende Information des Anlegers über sämtliche Risiken erfordern, § 31 II 1 Nr. 2 WpHG. Allerdings ist zu berücksichtigen, dass die §§ 31 ff WpHG eine Situation regeln, in der der Anleger aufgrund seines strukturellen Nachteils Beratung sucht und er daher möglichst weitgehend und individuell seinen spezifischen Bedürfnissen entsprechend zu informieren ist. In einem solchen Fall sind auch dem verständigen Anleger vollumfängliche Informationen zuzusichern.
Es bleibt also bei dem Leitbild des mündigen Anlegers. Mithin wird dieser durchschnittliche Anleger sich bewußt machen, dass ein Engagement am Kapitalmarkt in den allermeisten Fällen mit erheblichen Risiken verbunden ist. Damit wird wohl auch am ehesten dem vom Gesetzgeber zugrunde gelegten Anlegerleitbild des „verständigen Anlegers“[75] entsprochen.

(3) Teleologische Auslegung unter Bezug auf den „verständigen Anleger“

Wird dieser verständige Anleger, der unterschiedliche Arten von Informationen einzuordnen weiß, zugrunde gelegt, kann vorausgesetzt werden, dass er rein werbende Aussagen als solche identifiziert. In solche Aussagen wird aber kaum Vertrauen gesetzt werden, soweit nicht zusätzliche sachbezogene Angaben gemacht werden.
Gerade die Vermischung von werbenden und anderen Aussagen erschwert eine Abgrenzung in der Praxis erheblich. Ein Kriterium könnte der Urheber sein: Wurde die Aussage vom Emittenten des Finanzinstrumentes getroffen, könnte dies aufgrund offensichtlicher Eigeninteressen zumindest ein Indiz für eine werbende Aussage sein. Allerdings kann es sich dabei auch um Produktinformationen handeln, die in keiner Weise eingefärbt sind und nur die wesentlichen Charakteristika des Finanzinstrumentes wiedergeben.
Beispielsweise könnte ein Emittent positive Aussagen zur eigenen Aktie anläßlich einer Kapitalerhöhung oder zur Abwehr einer feindlichen Übernahme veröffentlichen. Wie solche Aussagen von der Anlegerschaft wahrgenommen werden, hängt vom Kontext ab. Handelt es sich bei dem Emittenten um eine Person, die

---

nen: *Lux*, Economic Journal 105, 2 (1995), 883f; *Rabin*, Journal of Economic Literature 36, 1 (1998), 26f.

[75] So zumindest bei der § 34b WpHG konkretisierenden FinAnV, Begr. FinAnV, S. 1.

üblicherweise nichts mit der Erstellung oder Verbreitung von Finanzanalysen zu tun hat, ist für jeden Anleger augenfällig, dass der Aussage keine sachkundig und unabhängig erstellte Analyse zugrunde liegt – es handelt sich also um Werbung.
Das Vertrauen der Anleger ist dementsprechend nur insoweit schützenswert, wie auch besonderes Vertrauen in Anspruch genommen wird. Rein werbende Aussagen wären danach keine Informationen im Sinne des § 34b I 1 WpHG.

(4) Richtlinienkonforme Auslegung nach Art. 1 Nr. 3 RL

Analyse oder sonstige Information; research or other information; des travaux de recherche ou d'autres informations; investigación u otra información.

§ 34b WpHG setzt die RL 2003/125/EG in das deutsche Recht um; § 34b I 1 WpHG setzt konkret Art. 1 Nr. 3 RL um. Hinsichtlich der Vorgabe zum Begriff der Information im angeglichenen Recht spricht Art. 1 Nr. 3 RL von „Analyse oder sonstige Information" und deutet damit auf eine systematische Untersuchung mit gewisser wissenschaftlicher Tiefe hin. Gleiches implizieren auch die anderen Sprachfassungen (research, recherche, investigación). Allerdings fehlt es an näheren Angaben, die für besondere Anforderungen an die Tiefe der Untersuchung sprächen. Ferner ist die Stellung des Begriffs zu berücksichtigen: Die Analyse stellt nach Art. 1 Nr. 3 RL einen Spezialfall der Information dar. Das so gebildete Begriffspaar und die ausdrückliche Nennung der Analyse sprechen dafür, ähnliche inhaltliche Anforderungen wie die bei der Analyse genannten auch an die sonstige Information zu stellen. Eine Einschränkung auf solche Informationen, die im Rahmen der Berufs- oder Geschäftstätigkeit erstellt wurden, gibt es nicht, vgl. Art. 1 Nr. 4 b RL.
Der Wortlaut wurde an Art. 6 V der Marktmißbrauchs-RL angelehnt, um dessen Durchführung es sich der Entstehungsgeschichte nach hier handelt.[76] Ursprünglich wurde ein sehr weites Verständnis des Begriffs der Information angedacht, unter das auch Aussagen der Beteiligten im Falle von Unternehmensübernahmen fielen.[77] Darauf wurde aber in der folgenden Entwicklung kein Bezug mehr genommen, so dass von einem weniger breiten Verständnis ausgegangen werden darf.
Ziel sowohl der Marktmißbrauchs-RL als auch der RL 2003/125/EG ist der Anlegerschutz, wobei hier das gemeinschaftsrechtliche Leitbild des verständigen Anlegers stets zu berücksichtigen ist. Rein werbende Aussagen werden von diesem Anleger sicher entsprechend gering gewichtet. Daher genügt zur Gewähr-

[76] Dies wird bereits im Arbeitstitel des ersten Entwurfs der Kommission deutlich, „... on the implementation of Article 6 Paragraph 5 of the European Parliament and Council Directive 2003/6/EC...", Working Document ESC 13/2003.

[77] CESR-Consultation Paper, Nr. 96, CESR/02.089b.

leistung eines effektiven Anlegerschutzes die Erfassung aller nicht ausschließlich werbenden Informationen.

Die deutsche Umsetzung, die auf eine Aufnahme der Analyse als Sonderfall der Information verzichtete, ist mangels konkreter Bestimmungen zur analytischen Tiefe angemessen. Ebenso angemessen erscheint eine einschränkende Auslegung unter Berücksichtigung qualitativer Mindeststandards.

(5) Ergebnis

Eine Information im Sinne des § 34b I 1 WpHG ist gegeben, wenn zweckorientierte Aussagen gemacht werden, die zumindest den Anschein besonderer Sachkunde erwecken.

Wird diese Schlußfolgerung konkret auf die eingangs beschriebenen Fallgruppen bezogen, heißt das für Morning oder Sales Notes, dass sie trotz der üblicherweise äußerst knappen Gestaltung Informationen in diesem Sinn sind. Werbung, die sich in der Anpreisung des Produkts erschöpft, aber keine zusätzlichen Angaben liefert, fällt nicht unter den Informationsbegriff des § 34b I 1 WpHG. Die oben genannte Aufforderung „XY-Fonds neu aufgelegt, steigen Sie jetzt ein!" ist ein Beispiel für solch eine rein werbende Aussage. Anders zu bewerten wäre dagegen „Dax-Werte mit bester Performance-Prognose, ausgewählt von unseren Analysten", da zusätzliche, den Anschein von Sachkunde erweckende, Angaben gemacht werden.
Bei Aussagen des Emittenten selbst ist zu differenzieren: Ist der Emittent üblicherweise nicht mit der Erarbeitung oder Verbreitung von Finanzanalysen beschäftigt, handelt es sich für den Anleger erkennbar um Werbung. Wird der Emittent dagegen in der Öffentlichkeit allgemein mit der Erarbeitung von Finanzanalysen in Verbindung gebracht, kann ein unabhängiges Urteil und eine sachkundige Analyse erwartet werden. In einem solchen Fall handelt es sich um eine Information im Sinne des § 34b I 1 WpHG. Allerdings muß auch Emittenten, die im finanzanalytischen Bereich tätig sind, die Möglichkeit zur Bewerbung eigener Produkte bleiben. Diese muß dann aber eindeutig als Werbung gekennzeichnet werden.

bb) Direkte oder indirekte Empfehlung für eine bestimme Anlageentscheidung

Die Information muß, um dem Begriff der Finanzanalyse im Sinne des § 34b I 1 WpHG zu unterfallen, eine direkte oder indirekte Empfehlung für eine bestimmte Anlageentscheidung enthalten.

(1) Empfehlung für eine Anlageentscheidung nach § 34b I 1 WpHG

Empfehlung bezeichnet dem deutschen Sprachgebrauch zufolge den Vorschlag eines bestimmten Vorgehens, hier in Bezug auf Anlageentscheidungen, also den

Entschluß, ein bestimmtes Finanzinstrument zu erwerben, zu veräußern oder zu halten. Eine direkte Empfehlung wäre demnach ein ausdrücklicher Vorschlag des Kaufs, Verkaufs oder Haltens. Eine indirekte Empfehlung wäre demgegenüber dann gegeben, wenn sich ein solcher Vorschlag aus dem Kontext entnehmen läßt, beispielsweise aus der Wertung, den Erwartungen oder den Prognosen zum Gegenstand der Information. Denkbar sind desweiteren indirekte Empfehlungen mittels einer Beschreibung der Branche oder durch Angabe des erwarteten Kursziels. Zusammenfassend bedarf es bei einer indirekten Empfehlung einer gewissen Eigenleistung des Anlegers, der daraus eine direkte Handlungsempfehlung ableiten muß.
Nach dieser Grenzziehung durch den Wortlaut sind verschiedene Fallgruppen denkbar, die möglicherweise, aber nicht zwingend die Voraussetzungen einer solchen Empfehlung erfüllen. Dazu gehören etwa die Abbildung eines Kurscharts mit fortgeführtem zukünftigen Verlauf oder die Einrichtung und Veröffentlichung eines Musterdepots, in dem Finanzanalysten mit einem vorgegebenen Grundbetrag Werte ihrer Wahl fiktiv handeln. Weitere Beispiele sind die pauschale Empfehlung einer gesamten Branche, Kreditwürdigkeits-Ratings sowie die Produktbeschreibung einer Finanzinnovation mit dem Zusatz „für konservative Anleger ein Geheim-Tip". Darüber hinaus sind Ranking-Listen zur vergangenen Performance von Einzelwerten als implizite Empfehlung für die zukünftige Entwicklung dieser Werte denkbar. Inwieweit diese Fallgruppen Empfehlungen im Sinne des § 34b I 1 WpHG darstellen, ist zu ermitteln.

Aus der Systematik des § 34b I 1 WpHG ergibt sich, dass Empfehlungen immer in einer Information „über Finanzinstrumente oder deren Emittenten" enthalten sein müssen, d.h. die Empfehlung muß einem oder mehreren Finanzinstrumenten bzw. Emittenten zuzuordnen sein. Demnach wäre der Beitrag zur wirtschaftlichen Situation einer Branche grundsätzlich keine solche Empfehlung. Anders könnte aber die Charakterisierung bei einer Branche ausfallen, die beispielsweise nur aus zwei börsennotierten Unternehmen und mehreren Kleinstunternehmen besteht; denn in diesem Fall ist eine gewisse Konkretisierung erfolgt. Ähnliches gilt für die Empfehlung des Kaufs eines Indexes, der als solcher nicht direkt handelbar ist. Wird dabei allerdings gleichzeitig ein Indexzertifikat genannt, liegt eine Empfehlung vor.
Aus der Entstehungsgeschichte ergibt sich, dass der Begriff der Empfehlung auch Anregungen zu Anlagestrategien umfaßt.[78] Während bei einer Empfehlung ein für den Adressaten günstiger Vorschlag erwartet wird, ist eine Anregung ein neutralerer Begriff. Eine Anregung lenkt lediglich die Aufmerksamkeit des Adressaten auf eine bestimmte Möglichkeit. Desweiteren bezieht sich die Empfehlung auf eine bestimmte Anlageentscheidung. Eine Anlagestrategie umfaßt

[78] Begr. AnSVG, BT-Drucks. 15/3174, S. 38.

ein Bündel solcher Entscheidungen, die gemeinsam zu einem mittel- bis langfristigen Ziel führen sollen. Im Gegensatz zur Empfehlung ist eine Anregung also eine weniger starke Vorgabe. Da sie sich aber auf Anlagestrategien bezieht, hat sie einen größeren inhaltlichen Umfang als die Empfehlung.
Zudem ist zu berücksichtigen, dass die Regelung eine Vermeidung der Irreführung von Anlegern bezweckt. Auch ohne die Abgabe einer direkten Empfehlung ist es möglich, erheblichen Einfluß auf die Anlageentscheidung anderer zu nehmen. Insofern sollte die indirekte Empfehlung nicht zu eng verstanden werden. Allerdings ist eine solche Einflußnahme nur bei entsprechendem Renommee und daraus folgender öffentlicher Beachtung möglich. So gilt: Je bekannter der Ersteller bzw. Verantwortliche ist, desto schwächere Andeutungen genügen. Je mehr die Person also in der Öffentlichkeit wahrgenommen wird, desto niedriger sind die Anforderungen an die Annahme einer indirekten Empfehlung.

(2) Richtlinienkonforme Auslegung nach Art. 1 Nr. 3 RL 2003/125/EG

Analyse oder sonstige explizite oder implizite Information mit Empfehlungen oder Anregungen zu Anlagestrategien.

Research or other information recommending or suggesting an investment strategy, explicitly or implicitly.

Des travaux de recherche ou d'autres informations recommandant ou suggérant une stratégie d'investissement, explicitement ou implicitement.

Investigación u otra información que recomiende o sugiera una estrategia de inversión, de manera explícita o implícita.

Die dem § 34b I 1 WpHG zugrunde liegende gemeinschaftsrechtliche Vorgabe des Art. 1 Nr. 3 RL spricht in der deutschen Fassung – etwas ungenau – von expliziten oder impliziten Informationen. In der Gesamtbetrachtung mit den anderen Sprachfassungen ist die einzige sinnvolle Lesart aber der Bezug von „explizit oder implizit" auf die „Empfehlungen oder Anregungen zu Anlagestrategien". Empfehlungen sind Vorschläge eines bestimmten Vorgehens, während Anregungen lediglich auf die Möglichkeit des Vorgehens aufmerksam machen. Unter einer Anlagestrategie ist die Summe mehrerer Anlageentscheidungen zu verstehen, die ein mittel- bis langfristiges Anlageziel verfolgen.
Auch hier werden als Bezugspunkte „ein oder mehrere Finanzinstrumente oder Emittenten von Finanzinstrumenten"[79] genannt, so dass nur Empfehlungen oder Anregungen mit konkretem Bezug auf bestimmte Finanzinstrumente oder deren Emittenten unter Art. 1 Nr. 3 RL fallen. Eine explizite Empfehlung ist nach Erwägungsgrund (2) der RL 2003/125/EG gegeben, wenn beispielsweise „Kaufen,

[79] In anderen Sprachfassungen: „concerning one or several financial instruments or the issuers of financial instruments", „concernant un ou plusieurs instruments financiers ou les émetteurs d'instruments financiers", „relacionada con uno o varios instrumentos financieros o con los emisores de éstos".

Halten oder Verkaufen“ empfohlen wird, also bei ohne weiteres verständlichen Handlungsvorschlägen. Exemplarisch für eine implizite Empfehlung wird in Erwägungsgrund (2) die Bezugnahme auf ein angestrebtes Kursziel genannt.
Die Regelung beruht auf Art. 6 V der Marktmißbrauchs-RL, in dem sich allerdings ein anderes Begriffspaar wiederfindet: „Analyse“ und „Information mit Empfehlungen oder Anregungen zu Anlagestrategien“. Diese Formulierung impliziert, dass auch Analysen ohne Empfehlungen unter Art. 6 V der Marktmißbrauchs-RL fallen. Fraglich ist, ob Art. 1 Nr. 3 RL 2003/125/EG ebenso zu verstehen ist. Danach sind unterschiedliche Bezugspunkte des Merkmals „mit Empfehlungen“ möglich. Einerseits wäre eine Gegenüberstellung der „Analyse“ und der „sonstigen Information“ denkbar; in dem Fall bezöge sich „mit Empfehlung“ auf beide Begriffe. Andererseits könnte „Analyse“ den „sonstigen Informationen mit Empfehlung“ gegenüberstehen. Dann wäre die Analyse aber eine Spezialfall einer sonstigen Information mit Empfehlung, müßte also ebenfalls eine Empfehlung beinhalten. Unabhängig von dem konkreten Bezugspunkt bleibt das Ergebnis gleich. Der Wortlaut der RL 2003/125/EG ist somit enger gestaltet als die Vorgabe. Nachdem diese Einschränkung auf einen Ratschlag des CESR zurückzuführen ist,[80] wurde sie wohl bewußt vorgenommen. Dieses Vorgehen entspricht durchaus den Regeln des Komitologieverfahrens: Der Rahmenrechtsakt wird möglichst weit gefaßt, um bei der Ausarbeitung der Durchführungsmaßnahme ausreichenden Spielraum zu haben. Dieser muß nicht zwingend ausgenutzt werden – der Level 2-Rechtsakt kann enger gestaltet werden, wenn die hinzugezogene Sach- und Fachkompetenz dies vorschlägt.
Das Ziel der Regelung ist es, das Risiko der Verbreitung irreführender Informationen möglichst zu verringern und so das Anlegervertrauen in den Markt zu stärken. Das Anlegervertrauen ist aber gemeinhin nur betroffen, wenn der Anleger seine Anlageentscheidung auf einen konkreten Auslöser zurückführen kann, also auf eine bestimmte Information vertraut hat. Das ist aber vor allem dann möglich, wenn die Information ihm auch zumindest die Anregung für eine Anlageentscheidung gibt. Um das Anlegervertrauen zu stärken, ist eine besondere Regelung im Umkehrschluß auch nur bei Informationen, auf die eine Anlageentscheidung gestützt werden kann, nötig. Bei der Ermittlung, ob eine implizite Empfehlung gegeben ist oder nicht, ist zu berücksichtigen, wie ein objektiver Dritter die Aussage einordnen würde.
Bei der Umsetzung des Art. 1 Nr. 3 RL 2003/125/EG in nationales Recht ist die Aufnahme von Analysen ohne Empfehlungen somit nicht erforderlich. Im übrigen sprechen für eine engere Auslegung der RL ähnliche Argumente wie bereits bei § 34b I 1 WpHG.

[80] CESR-Advice Nr. 77, CESR/02-089d.

(3) Ergebnis

Eine Empfehlung für eine bestimmte Anlageentscheidung im Sinne des § 34b I 1 WpHG ist gegeben, wenn ein Vorschlag für ein bestimmtes Anlageverhalten abgegeben wird. Dieser Vorschlag kann direkt, durch „Kaufen", „Verkaufen", „Halten" oder ähnliche Voten, oder indirekt, durch Andeutungen oder die Angaben von Kurszielen etc., unterbreitet werden. Der Begriff der Empfehlung ist dabei weit zu verstehen, allerdings muß sie sich stets auf ein oder mehrere Finanzinstrumente bzw. deren Emittenten beziehen.

Ranking-Listen für vergangene Performance fallen damit nicht unter § 34b WpHG. Zwar wird durch den Hinweis auf die bisherige Performance implizit auch eine positive Prognose abgegeben, das charakteristische subjektive Element der Empfehlung fehlt aber. Allein die Auflistung von Werten nach deren vergangener Entwicklung, auch unter Berücksichtigung der Eigenleistung der Festsetzung des Beobachtungszeitraums, ist ungenügend. Es fehlt an der Empfehlung.
Bei der Analyse von wirtschaftlichen Rahmenverhältnissen, also beispielsweise Analysen zur Wahrscheinlichkeit von Naturkatastrophen in einem Tourismusgebiet, ist § 34b WpHG ebenfalls nicht einschlägig. Soweit keine konkreten Konsequenzen für einzelne Werte daraus gezogen werden, fehlt es am Bezug auf einen bestimmten Wert, für den die Empfehlung ausgesprochen wird. Eine solche Analyse ist also nur dann eine Information mit Empfehlung im Sinne des § 34b WpHG, wenn zusätzlich beispielsweise ein Hinweis auf ein bestimmtes Rückversicherungsunternehmen und dessen Rücklagen für die untersuchte Problematik aufgenommen wird.
Produktinformationen durch den Emittenten selbst sind differenziert zu bewerten. Handelt es sich lediglich um eine sachlich-objektive Darstellung der Charakteristika, liegt keine Empfehlung vor. Wichtigstes Abgrenzungskriterium zur Finanzanalyse ist die Aufnahme subjektiv wertender Bestandteile wie beispielsweise „besonders günstig ist die Ausgestaltung...". Zwar ist auch die Zusammenstellung der Datenbasis für den Sachverhalt eine eigene Leistung, aber erst durch die subjektive Bewertung dieses Sachverhalts wird die charakteristische Leistung des Analysten erbracht.
Kreditwürdigkeits-Ratings sind üblicherweise nur ein Bestandteil von vielen bei einer Fundamentalanalyse. Isoliert betrachtet ist ein Rating allenfalls ein möglicher, noch dazu recht schwacher Anhaltspunkt für eine Anlageentscheidung, aber keine eigenständige Empfehlung.

cc) Ergebnis

Eine „Information, die direkt oder indirekt eine Empfehlung für eine bestimmte Anlageentscheidung enthält", § 34b I 1 WpHG, ist dann gegeben, wenn ein ausdrücklicher oder angedeuteter Vorschlag für ein bestimmtes Investitionsverhalten (Erwerb, Veräußerung oder Halten eines Finanzinstruments) vorliegt, der zumindest den Anschein von Sachkunde erweckt.

b) Finanzinstrumente oder deren Emittenten

Eine Finanzanalyse im Sinne des § 34b WpHG ist, wie bereits kurz angesprochen wurde, nur dann gegeben, wenn die Information und die darin enthaltene Empfehlung sich auf bestimmte Finanzinstrumente oder deren Emittenten beziehen. Finanzinstrumente sind gem. § 34b III WpHG solche, die an einem organisierten Markt im Inland oder einem EU- bzw. EWG-Mitgliedsstaat zugelassen oder im Inland in den geregelten Markt oder den Freiverkehr einbezogen sind. Der Zulassung oder Einbeziehung ist der entsprechende Antrag auf Zulassung bzw. dessen öffentliche Ankündigung gleichgestellt. § 34b III WpHG selbst enthält allerdings keine eigenständige Definition der Finanzinstrumente, sondern begrenzt lediglich den Begriff der Finanzinstrumente für § 34b WpHG auf solche, die die genannten Anforderungen an die Handelsmodalitäten erfüllen. Eine Legaldefinition der Finanzinstrumente für das gesamte WpHG findet sich in § 2 II b WpHG.

aa) Finanzinstrumente nach § 2 II b WpHG

Finanzinstrumente im Sinne des WpHG sind nach § 2 II b 1 WpHG Wertpapiere, § 2 I WpHG, Geldmarktinstrumente, § 2 I a WpHG, Derivate, § 2 II WpHG, sowie Rechte auf Zeichnung von Wertpapieren. Darüber hinaus gelten nach § 2 II b 2 WpHG auch sonstige Instrumente als Finanzinstrumente, die zum Handel an einem organisierten Markt im Sinne des § 2 V WpHG im Inland oder in einem anderen Mitgliedsstaat der EU zugelassen sind oder für die eine solche Zulassung beantragt wurde.

(1) Wertpapiere im Sinne des § 2 I WpHG

Hinsichtlich der Definition der Wertpapiere im Sinne des § 2 I WpHG bediente sich der Gesetzgeber anstelle der abstrakten Beschreibung der Merkmale eines typologischen Ansatzes, verbunden mit abstrahierenden Elementen.[81] Wertpapiere werden damit losgelöst von ihren wertpapierrechtlichen Aspekten als Handelsobjekte des Kapitalmarktes behandelt.[82] Während ein Wertpapier im wertpapierrechtlichen Sinne eine Urkunde ist, die ein privatrechtliches Recht so verbrieft, dass zur Geltendmachung des Rechts die Innehabung der Urkunde erforderlich ist,[83] steht hier die Handelbarkeit im Vordergrund. Im übrigen ist eine Verbriefung gemäß § 2 I 1 WpHG ausdrücklich nicht erforderlich.

---

[81] Schwark – *Beck*, § 2 WpHG Rn 3.
[82] *Lenenbach*, Kapitalmarkt- und Börsenrecht, Rn 2.1.
[83] *Zöllner*, Wertpapierrecht, 18f.

Wertpapieren im Sinne des § 2 I WpHG ist demnach gemeinsam, dass sie an einem Markt handelbar sind. Voraussetzung dafür sind Fungibilität, also Austauschbarkeit, und Zirkulationsfähigkeit.[84] Mit Fungibilität bezeichnet man nach internationalem Verständnis die Vertretbarkeit des Wertpapiers.[85] Im Sinne des § 91 BGB liegt ein vertretbares Wertpapier dann vor, wenn es im Verkehr wegen seiner Gleichartigkeit mit anderen nach Zahl oder Stück bestimmt wird,[86] beispielsweise mittels der Wertpapierkennummer. Kann das gehandelte Wertpapier aufgrund der individuellen Ausgestaltung nicht ohne weiteres durch ein anderes ersetzt werden, ist es nicht vertretbar[87] und somit auch nicht fungibel.[88] Zirkulationsfähigkeit bezeichnet die gesteigerte Umlauffähigkeit des Wertpapiers, die durch seine Verbriefung zwar erhöht, aber nicht bedingt wird. An der Zirkulationsfähigkeit fehlt es beispielsweise bei Namensschuldverschreibungen und anderen Rektapapieren, bei denen der Berechtigte in der Urkunde namentlich benannt ist und die gemäß § 398 BGB durch schriftliche Abtretungserklärung übertragen werden.[89]

Im übrigen stellt § 2 I WpHG ausdrücklich darauf ab, dass die Wertpapiere sich zum Handel am Markt eignen sollen. Somit ist es nicht erforderlich, dass das jeweilige Wertpapier tatsächlich gehandelt wird; es genügt die potentielle Handelbarkeit.[90] Wertpapiere im Sinne des § 2 I WpHG können Aktien, aktienvertretende Zertifikate, Schuldverschreibungen, Genußscheine, Optionsscheine und andere Wertpapiere, die mit Aktien oder Schuldverschreibungen vergleichbar sind, sowie Anteile an Investmentvermögen sein. Diese werden in Folge kurz vorgestellt.

(i) Aktien und aktienvertretende Zertifikate

Als Wertpapiere werden zunächst Aktien und diese vertretende Zertifikate genannt. Dabei werden sowohl in- als auch ausländische Aktien umfaßt. Nebenpapiere wie Kupons oder Kuponbögen fallen mangels rechtlicher Selbständigkeit nicht unter den Begriff der Wertpapiere.

Aktienvertretende Zertifikate werden ausgestellt, um den Handel von vinkulierten Namensaktien oder, in Form von American Depository Receipts, den Handel

---

84 Assmann/Schneider – *Assmann*, § 2 Rn 10.

85 *Kümpel*, Bank- und Kapitalmarktrecht, Rn 16.17.

86 Assmann/Schneider – *Assmann*, § 2 Rn 10.

87 Palandt – *Heinrichs*, § 91 BGB, Rn 1, 3.

88 Wechsel und Scheck beispielsweise müssen jeweils auf ihre individuellen Eigenschaften hin überprüft werden, sind also nicht fungibel.

89 *Lenenbach*, Kapitalmarkt- und Börsenrecht, Rn 2.6; Assmann/Schneider – *Assmann*, § 2 Rn 10.

90 Assmann/Schneider – *Assmann*, § 2 Rn 10, Schwark – *Beck*, § 2 WpHG Rn 4.

US-amerikanischer Namensaktien zu ermöglichen.[91] Sie können auch als Global- oder Sammelaktien der Depotverwahrung dienen. Ebenfalls als aktienvertretende Zertifikate werden Zwischenscheine behandelt, die gemäß §8 VI AktG zur vorläufigen Verbriefung von Mitgliedschaftsrechten erteilt werden, bevor Aktien ausgegeben werden dürfen. Somit sind sie nach § 2 I 1 Nr. 2 WpHG mit Aktien vergleichbar. Nicht zu verwechseln mit diesen aktienvertretenden Zertifikaten sind jedoch Finanzinstrumente wie beispielsweise Bonus-, Index- oder Discount-Zertifikate, bei denen es sich um Schuldverschreibungen handelt.[92]

(ii) Schuldverschreibungen

Schuldverschreibungen, die Gläubigerrechte verbriefen, werden auch als Anleihen, Rentenpapiere, Bonds oder Obligationen bezeichnet.[93] Anleihen sind volumenmäßig die wichtigsten Kapitalmarkttitel. Es handelt sich dabei um verzinsliche Darlehen des Anlegers an den Emittenten, die als Wertpapiere ausgestaltet werden.[94] Ihre Begebung erfolgt zur langfristigen Aufnahme von Fremdkapital in größerem Umfang. Bei Anleihen handelt es sich üblicherweise um festverzinsliche Papiere mit einer Laufzeit von fünf bis zehn Jahren, die in Hochzinsperioden auch geringer ausfallen kann.[95] Am Ende der Laufzeit wird der Nominalbetrag der Anleihe ausbezahlt. Hinzu treten üblicherweise die meist festgelegten Zinszahlungen, Kuponzahlungen genannt.[96]
Die Mehrzahl der Anleihen werden zur Haushaltsfinanzierung von der öffentlichen Hand begeben,[97] also von Bund, Ländern, Gebietskörperschaften oder Sondervermögen. Solche Staatsanleihen werden fast immer als festverzinsliche Inhaberschuldverschreibungen begeben.[98] Sie zeichnen sich durch sehr hohe Liquidität aus und sind zudem die am häufigsten auftretenden gehandelten Anleihen. Darüber hinaus können Kreditinstitute Schuldverschreibungen begeben, beispielsweise in Form von Pfandbriefen[99]. Eine weitere wichtige Gruppe bilden die Auslandsanleihen, also auf dem deutschen Kapitalmarkt aufgelegte Anleihen

[91] Schwark - *Beck*, § 2 WpHG Rn 5; *Schlüter*, Börsenhandelsrecht, S. 58f; Assmann/Schütze - *Roth*, § 11 Rn 32.

[92] *Beike*, Index-Zertifikate, S. 95f.

[93] *Spremann/Gantenbein*, Zinsen, Anleihen, Kredite, S. 30; *Claussen*, Bank- und Börsenrecht, § 9 Rn 133.

[94] *Lenenbach*, Kapitalmarkt- und Börsenrecht, Rn 2.20.

[95] *Gabler*, Anleihen.

[96] Spremann/Gantenbein, a.a.O., S. 30.

[97] Spremann/Gantenbein, a.a.O., S. 38.

[98] Staatsanleihen treten meist als Bundesobligationen, Bundesanleihen oder Bundesschatzbriefe auf.

[99] Pfandbriefe stehen in Deutschland auf gleicher Stufe mit Staatsanleihen hinsichtlich Sicherheit und finanzwirtschaftlicher Bedeutung. Lediglich in ihrer Liquidität sind sie gegenüber Staatsanleihen benachteiligt; *Spremann/Gantenbein*, a.a.O., S. 39f.

ausländischer Emittenten.[100] Anleihen der gewerblichen Wirtschaft werden als Industrieobligationen, Gewinnwandelschuldverschreibungen oder Optionsanleihen emittiert. Sie machen zwar bislang nur einen relativ geringen Anteil der emittierten Anleihen aus, mittelfristig ist aber wohl mit einem erheblichen Anstieg zu rechnen.[101]
Auch Schatzanweisungen von Bund und Ländern zählen, obwohl eher als Geldmarktpapiere einzuordnen, aufgrund ihrer rechtlichen Qualifikation nach § 793 I 1 BGB zu den Schuldverschreibungen.[102] Insofern sind sämtliche Schuldverschreibungen nach § 793 BGB auch solche im Sinne des § 2 I 1 Nr. 1 WpHG, soweit sie an einem Markt handelbar sind.[103] Keine Schuldverschreibungen im Sinne des § 2 I 1 Nr. 1 WpHG sind dagegen Rektapapiere wie Hypothekenpfandbriefe, Kommunalobligationen, Grund- und Rentenschuldbriefe, da sie nicht fungibel sind.[104]
Auf dem internationalen Markt ist die Emission von Anleihen inzwischen erheblich kreativer. Aufgrund eines langjährigen Trends an den Kapitalmärkten, der seit den 1970er Jahren weg vom traditionellen Bankkredit hin zur wertpapiermäßigen Finanzierung führt, wurden im Rahmen der sog. securitisation[105] zahllose neue Finanzprodukte entwickelt, die unter dem Sammelbegriff der Finanzinnovationen geführt werden.[106]

(iii) Genußrechte

Weitere in § 2 I 1 Nr. 1 WpHG ausdrücklich genannte Wertpapiere sind Genußscheine, die eigentlich den Schuldverschreibungen zuzuordnen sind. Genuß-

---

[100] *Gabler*, Auslandsanleihen.

[101] Im Jahr 2000 waren 6 % aller Anleihen Industrieobligationen; *Beck/Seitz*, in: Handbuch Finanzierung, S. 46.

[102] Assmann/Schneider – *Assmann*, § 2 Rn 14.

[103] Schwark – *Beck*, § 2 WpHG Rn 5.

[104] Hinsichtlich der Handelbarkeit von Anleihen ist grundsätzlich anzumerken, dass die Kurse anders notiert werden als allgemein bei handelbaren Wertpapieren üblich: Die Zinsen werden separat ausgewiesen. Zum notierten Kurs hinzu muß der Käufer den sog. Stück- oder Marchzins zahlen. Dieser Zins ist die Summe der auf die bereits vergangenen Tage seit der letzten Kuponzahlung rechnerisch entfallenen Zinsen. *Spremann/Gantenbein*, Zinsen, Anleihen, Kredite, S. 45f.

[105] Securitisation bezeichnet die Verbriefung von Cash Flows aus bestimmen Aktiva (assets), die die daraufhin emittierten Wertpapiere (securities) besichern, *Fischer*, in: Handbuch Finanzierung, S. 267.

[106] Dazu werden als Abwandlungen der klassischen Anleihe beispielsweise Wandelanleihen (sie werden nach Ende der Laufzeit in Aktien getauscht), Zero-Bonds (ohne Auszahlung laufender Zinsen), Zertifikate, Floating Rate Notes (variabel verzinsliche Anleihen) und Asset Backed Securities (ABS, verbriefte Cash Flows aus bestimmten Aktiva) gezählt. Ausführlicher: *Fischer*, a.a.O., S. 264 ff; *Spremann/Gantenbein*, a.a.O., S. 30 ff; *Beike*, Index-Zertifikate, S. 95 ff; *Büschgen*, in: Neue Instrumente an den Finanzmärkten: Geldpolitische und bankenaufsichtliche Aspekte, S. 18f.

scheine verbriefen Genußrechte bzw. Genußrechtsverhältnisse, bei denen es sich nach h.M. um Verträge sui generis schuldrechtlichen Charakters handelt. Sie können beispielsweise bei einer AG jede vermögensrechtliche Forderung, die typischerweise auch Aktionären zustehen würde, zum Inhalt haben.[107] Als Finanzinstrument verleiht ein Genußrecht seinem Inhaber einen schuldrechtlichen Anspruch gegen eine Gesellschaft ohne eine mitgliedschaftliche Stellung innerhalb dieser.[108]

(iv) Optionsscheine

Ebenfalls in die Gruppe der Wertpapiere aufgenommen wurden die Optionsscheine. Diese verbriefen Optionsrechte, die im Gegensatz zur hochkomplexen Option wie normale Wertpapiere selbständig an der Börse gehandelt werden können.[109] Sie verbriefen unterschiedliche Bezugsrechte und sind üblicherweise mit einer Optionsprämie zu bezahlen.[110] Der Inhaber eines Optionsscheins kann einen der Option zugrundeliegenden Basiswert, das sog. Underlying,[111] also beispielsweise USD, Gold oder Aktien, zu festgelegten Kursen kaufen.[112] Optionsscheine werden auch als Hebelprodukte[113] bezeichnet, da mit geringem Einsatz

---

[107] Siehe *Hüffer*, § 221 Rn 26ff; KK – *Lutter*, § 221 Rn 21. A.A. statt vieler *Schott*, Genußscheine, Inhaltsbestimmung von Genußrechtsverhältnissen, S. 31ff, 46, der aufgrund vereinbarter Verlustbeteiligung von einer gesellschaftsrechtlichen Natur des Genußrechtsverhältnisses ausgeht. Andere nehmen dagegen eine stille Gesellschaft an, so beispielsweise *Habersack*, ZHR 155 (1991), 394.

[108] *Lenenbach*, Kapitalmarkt- und Börsenrecht, Rn 2.42; *Golland/Gehlhaar/Grossmann/-Eickhoff-Kley/Jänisch*, BB-Special 4/2005, S. 17; *Frantzen*, Genußscheine, S. 9ff.

[109] DSG/*Dahmen*, Derivate Finanzinstrumente in der Praxis, S. 23f

[110] *Binkowski/Beeck*, Finanzinnovationen, S. 22.

[111] *Lenenbach*, Kapitalmarkt- und Börsenrecht, Rn 6.22f.

[112] DSG/*Dahmen*, Derivate Finanzinstrumente in der Praxis, S. 23f.

[113] Mit Hebelwirkung bezeichnet man allgemein die Möglichkeit, mit relativ geringem Kapitaleinsatz überproportional hohe Gewinne zu erzielen. Klassische Hebelprodukte sind die Derivate. Obwohl nur die Prämie für das jeweilige Derivat gezahlt wird, ist schon bei geringen Kursschwankungen wertmäßig in Höhe des gesamten vereinbarten Geschäftes zu profitieren. Der Hebel gibt an, um welchen Faktor prozentuale Wertschwankungen des Underlyings sich auf den Wert des Derivats auswirken. Bei einem Hebel von beispielsweise 12,5 bewirkt eine Änderung des Basiswerts um 4 % eine Wertänderung des Hebelprodukts um 50 %. *Heussinger/Klein/Raum*, Optionsscheine, Optionen und Futures, S. 69f, am Beispiel der Option. Die erforderliche Höhe des Hebels, um von einer das Finanztermingeschäft charakterisierenden Hebelwirkung zu sprechen, wurde bislang nicht näher erörtert; *Melzer*, BKR 2003, 368. Offensichtlich muß der Hebel mindestens größer als 1 sein, um überhaupt von einem Hebel ausgehen zu können. Im übrigen ist die Aussagekraft des Hebeleffekts ohnehin stark begrenzt, da er sich mit jeder Schwankung des Underlyings verändert, vor allem wenn der Wert des Underlyings weit vom Ausübungspreis entfernt ist, das Derivat also „aus dem Geld“ ist; *Heussinger/Klein/Raum*, a.a.O., S. 70.

überproportional hohe Gewinnchancen bestehen, denen allerdings der ebenso wahrscheinliche Totalverlust des Optionspreises samt Spesen gegenübersteht.[114]

(v) Andere, mit Aktien oder Schuldverschreibungen vergleichbare Wert-papiere

Mit der Auffangregelung des § 2 I 1 Nr. 2 WpHG werden Wertpapiere, die in ihrer Ausgestaltung den Hauptcharakteristika der Aktien oder Schuldverschreibungen entsprechen, dem WpHG unterstellt. Entscheidend für die Vergleichbarkeit mit Aktien ist die Verkörperung von Mitgliedschaftsrechten.[115] Einschränkungen hinsichtlich der Organisationsform oder der Ausgestaltung der Einheit, an der das Mitgliedschaftsrecht erworben wird, bestehen nicht.
Mit Schuldverschreibungen vergleichbare Wertpapiere sind solche, die einen Anspruch auf ein schuldrechtliches Forderungsrecht beinhalten.[116] Auch hier ist die Art der Forderung offen, es kann sich um Geld- oder Sachforderungen handeln.[117] Ein entsprechendes Forderungsrecht verkörpern beispielsweise Zinsstrips[118], von Anleihen losgelöste und unabhängig handelbare Zinsansprüche.[119] Der Auffangtatbestand des § 2 I 1 Nr. 2 WpHG dient vorrangig dazu, im Ausland emittierte Wertpapiere, die sich den deutschen Begrifflichkeiten entziehen, zu umfassen.

(vi) Anteile an Investmentvermögen

§ 2 I 2 WpHG bezieht zusätzlich Anteile[120] an Investmentvermögen in die Gruppe der Wertpapiere im Sinne des WpHG ein. Eine Legaldefinition des Investmentvermögens findet sich bereits in § 1 S. 2 InvG. Investmentvermögen ist danach Vermögen zur gemeinschaftlichen Kapitalanlage, das nach dem Grundsatz der Risikomischung in Vermögensgegenständen im Sinne des § 2 IV InvG

---

[114] *Claussen*, Bank- und Börsenrecht, § 9 Rn 182f.

[115] Begr. RegE 2. FMFG, BT-Drucks. 12/6679, S. 39. Die bereits genannten Zwischenscheine sind mit Aktien vergleichbare Wertpapiere. Zwar müssen diese gemäß § 10 III AktG den Namen des Berechtigten enthalten, sind aber als Orderpapiere trotzdem fungibel; Assmann/Schneider – *Assmann*, § 2 Rn 16.

[116] Begründung zum RegE des 2. FMFG, BT-Drucks. 12/6679, S. 39.

[117] Assmann/Schneider – *Assmann*, § 2 Rn 17.

[118] „Strips" steht für „Separate Trading of Registered Interest and Principal of Securities"; ausführlicher dazu, vgl. *Scheurle*, DB 1997, 1839.

[119] Der zugrunde liegende Prozeß der Trennung, seit 1997 in Deutschland zulässig, wird als Bond-Stripping bezeichnet. Dabei wird aus der traditionellen Anleihe mit Stammrecht und Zinsanspruch, hier Anleihe cum genannt, eine Anleihe ohne Zinsanspruch, Anleihe ex bzw. Stripped Bond, neben die die unabhängigen Strips, die abgezinsten Zinsscheine, treten. Diese Strips funktionieren markttechnisch wie Zero-Bonds, allerdings mit der Möglichkeit kürzerer Laufzeiten. *Kußmaul*, BB 1998, 1869.

[120] Hier wurde mit der Änderung der „Anteilscheine" in „Anteile" lediglich eine redaktionelle Anpassung an das InvG vorgenommen, BT-Drucks. 15/1553, S. 133.

angelegt ist. Die redaktionelle Anpassung an das InvG spricht für einen Rückgriff auf diesen Begriff. Allerdings differenziert das InvG zwischen inländischem und ausländischem Investmentvermögen – eine Unterscheidung, die § 2 I 2 WpHG nicht aufgreift. Insofern ist davon auszugehen, dass hier Anteile sowohl inländischer als auch ausländischer Investmentvermögen umfaßt sind. Darüber hinaus deutet der Wortlaut des § 2 I 2 WpHG darauf hin, dass die Handelbarkeit an einem Markt für Investmentanteile nicht erforderlich ist, nachdem die Vorschrift als Satz 2 und nicht einfach als dritter Aufzählungspunkt eingefügt wurde und auf die Einschränkung des Satz 1 verzichtet wurde.

(2) Geldmarktinstrumente

Zu den Finanzinstrumente im Sinne des § 2 IIb 1 WpHG gehören desweiteren Geldmarktinstrumente im Sinne des § 2 I a WpHG, d.h. solche Forderungen, die nicht zu den Wertpapieren im Sinne des Absatzes 1 gehören und üblicherweise auf dem Geldmarkt gehandelt werden. Abgestellt wird hier also auf den entsprechenden Marktbezug,[121] wobei die bloße Handelbarkeit nicht genügt.[122] Die Geldmarktinstrumente müssen „üblicherweise [...] gehandelt werden", § 2 I a WpHG.

Bislang mangelt es an einer allgemein anerkannten positiven Definition des Geldmarkts, u.a. begründet durch die kontinuierliche Entwicklung in diesem Bereich.[123] Nach der wohl am häufigsten vertretenen Definition dient der Geldmarkt dem Liquiditätsausgleich, im Gegensatz zum Kapitalmarkt, der die Umwandlung von Kapital in Sachinvestitionen verfolgt.[124] Diese relativ weite Definition entspricht auch einer wichtigen Zielsetzung des WpHG, eine möglichst lückenlose Überwachung der Marktteilnehmer zu gewährleisten.[125] Aufgrund der Entwicklung des Geldmarktes handeln nur institutionelle Teilnehmer mit sehr hoher Bonität[126] an ihm, vor allem Zentralbanken, Kreditinstitute, Kapitalsammelstellen und Unternehmen, soweit deren entsprechende Bonität gewährleistet ist. Geldmarktinstrument als Begriff deutet, im Gegensatz zum Wertpa-

---

[121] Assmann/Schneider – *Assmann*, § 2 Rn 21.

[122] Assmann/Schneider – *Assmann*, § 2 Rn 21; Schwark – *Beck*, § 2 Rn 8.

[123] Ausführlich zu der historischen Entwicklung des Begriffs sowie den konkurrierenden Definitionen: *Schinke*, Der Geldmarkt im Euro-Währungsraum, S. 23, 27ff. Als Abgrenzungskriterium zwischen Kapitalmärkten und dem Geldmarkt sind Teilnehmer, Handelsobjekte sowie das Marktgebiet verwendet worden, mit unterschiedlichen Ergebnissen, je nach Untersuchungsgegenstand.

[124] *Lenenbach*, Kapitalmarkt- und Börsenrecht, Rn 1.24.

[125] So schon zur Parallelvorschrift § 1 XI 2 KWG: Anhang zum Rundschreiben 17/99 des BAKred vom 08.12.1999, S. 2.

[126] Die hohen Bonitätsanforderungen sind systemimmanent, da bei einem Abschluß nach Geldmarktusancen das Geschäft telefonisch, über mindestens sechsstellige Beträge und ohne Sicherheiten geschlossen wird; *Lenenbach*, Kapitalmarkt- und Börsenrecht, Rn 1.24, 1.28; *Hasewinkel*, Geldmarkt und Geldmarktpapiere, S. 72.

pier, auch nicht auf eine erforderliche Verbriefung hin. So werden am Geldmarkt sowohl Geschäfte über verbriefte Geldmarktpapiere als auch Geschäfte ohne Verbriefung im Geldhandel abgeschlossen.
Zum Handel der für den Geldmarkt typischen Primärliquidität[127] werden besonders Finanzinstrumente mit kurzer Laufzeit herangezogen.[128] Diese Grenze der „kurzen Laufzeit“ als Indiz für die Unterscheidung zwischen Kapital- und Geldmarkt wird allerdings völlig uneinheitlich gezogen: Sie liegt je nach vertretener Ansicht zwischen drei und 24 Monaten. Angesichts der Charakteristika der Finanzinstrumente erscheint diese Trennung noch willkürlicher, da beispielsweise FRN durchaus lange Laufzeiten haben, aber durch die periodischen Zinsanpassungen an Geldmarktzinssätze wie EURIBOR auch geldmarktabhängig sind.[129] Im übrigen werden Kapitalmarktinstrumente mit kurzer verbleibender Restlaufzeit bei nur noch einem Kupontermin und damit einfachem Cash Flow als sog. Kurzläufer dem Geldmarkt zugeordnet.[130]
Viele der rein finanzwirtschaftlich dem Geldmarkt zuzuordnenden Instrumente wie Commercial Papers, Einlagenzertifikate oder Schatzanweisungen fallen aber ohnehin unter § 2 I WpHG und sind damit keine Geldmarktinstrumente im Sinne des § 2 Ia WpHG. Termingelder und Sparbriefe scheiden mangels Fungibilität aus.[131] Als Geldmarktinstrumente im Sinne des § 2 Ia WpHG kommen somit noch kurzfristige Schuldscheindarlehen und Schatzwechsel in Betracht.[132]

(3) Derivate

Finanzwirtschaftlich sind Derivate von Finanzprodukten wie Aktien, Anleihen, Rohstoffen oder Indices abgeleitete künstliche Finanzinstrumente. Derivate im Sinne des § 2 II WpHG sind Termingeschäfte[133], deren Preis unmittelbar oder mittelbar von dem Preis anderer Finanzprodukte abhängt. Unter Rückgriff auf eine typologische Lösung wird als charakteristisch für Termingeschäfte genannt, dass sie u.a. Hebelwirkung, sowie das Risiko des Totalverlusts und einer mögli-

---

[127] Handelsobjekt am Geldmarkt war ursprünglich Zentralbankgeld, inzwischen sind die Sichtguthaben von Banken hinzugetreten. Grundsätzlich wird am Geldmarkt also diese Primärliquidität gehandelt, um beispielsweise Bankabhebungen der Kunden nachkommen zu können; Gabler, Geldmarkt.
[128] *Merkt/Rossbach*, JuS 2003, 219; *Lenenbach*, a.a.O., Rn 1.26ff.
[129] *Lenenbach*, Kapitalmarkt- und Börsenrecht, Rn 1.24.
[130] *Hasewinkel*, Geldmarkt und Geldmarktpapiere, S. 81f.
[131] BR-Drucks. 963/96, S. 100.
[132] Assmann/Schneider – *Assmann*, § 2 Rn 22.
[133] Kassageschäfte sind innerhalb von zwei Börsenarbeitstagen nach Vertragsschluß zu erfüllen; § 15 I Bedingungen für Geschäfte an der Frankfurter Börse. Termingeschäfte zeichnen sich im Gegensatz zu Kassageschäften dadurch aus, dass ihre Erfüllung nicht mit oder kurz nach Vertragsschluß erfolgt, sondern erst zu einem vereinbarten späteren Termin; *Lenenbach*, a.a.O., Rn 6.23; *Schlüter*, Börsenhandelsrecht, G Rn 1098.

chen Nachschuß- oder Verlustdeckungspflicht vereinen.[134] Nachdem Termingeschäfte ohnehin als Fest- oder Optionsgeschäfte näher auszugestalten sind, ist die finanzwirtschaftliche Definition des Termingeschäfts als Geschäft, dessen Erfüllung mehr als zwei Tage hinausgeschoben wird, ausreichend.[135] Eine Verbriefung der Derivate ist nicht erforderlich.[136]

§ 2 II WpHG differenziert zunächst nach dem Risikoprofil zwischen Festgeschäften und Optionen, die sich durch die feste Verpflichtung bzw. die Wahl hinsichtlich Erfüllung oder Nichterfüllung unterscheiden. So wird bei einem Festgeschäft die Lieferung eines bestimmten Finanzproduktes in festgelegter Menge und Preis zu einem bestimmten zukünftigen Zeitpunkt vereinbart. Durch diese beidseitige, spiegelbildliche Verpflichtung spricht man von einem symmetrischen Risikoprofil.[137] Festgeschäfte sind beispielsweise Futures, Forwards[138] und regelmäßig auch Swaps[139].

Bei einer Option dagegen entsteht der vorher ausgehandelte Vertrag erst durch eine Gestaltungserklärung des Optionsinhabers;[140] der Optionsvertrag ist somit aufschiebend bedingt durch die Optionsrechtsausübung. Hier liegt ein asymmetrisches Risikoprofil vor, da der Käufer den Verlust der Optionsprämie riskiert, der Verkäufer dagegen ein theoretisch unbegrenztes Risiko eingeht.[141]

Als weitere Differenzierung stellt § 2 II Nr. 1-5 WpHG auf die verschiedenen Underlyings ab, d.h. Wertpapiere, Geldmarktinstrumente, Zinssätze oder andere Erträge, Waren oder Edelmetalle sowie Devisen. Sowohl unmittelbare als auch mittelbare Abhängigkeiten sind erfaßt, also auch Derivate, die sich auf einen Index beziehen und damit nur mittelbar von den enthaltenen Werten im Index abhängen. Anzumerken ist, dass jedes dieser Underlyings in seinem Wert ebenfalls Schwankungen unterliegt.

---

[134] BT-Drucks. 14/8017, S. 85.
Ungeklärt ist hinsichtlich der Typuslehre bislang, inwieweit die Typusmerkmale erfüllt sein müssen, um ein Termingeschäft zu bejahen. Einigkeit herrscht dahingehend, dass nicht notwendigerweise alle Merkmale erfüllt sein müssen (LG Frankfurt a.M., Urt. v. 20.4.2000, ZIP 2000, 1247; Begr. RegE 4. FMFG, BT-Drucks. 14/8017, S. 85), andererseits bei Vorliegen keines der Merkmale definitiv kein Termingeschäft vorliegt (BGH, Urt. v. 12.3.2002 – XI ZR 258/01, BKR 2002, 393, zur vergleichbaren Thematik bzgl. der Aktienleihe). Die Notwendigkeit dieser näheren Charakterisierung ist allerdings umstritten.

[135] *Heussinger/Klein/Raum*, Optionsscheine, Optionen und Futures, S. 29; Lenenbach, a.a.O., Rn 6.23.

[136] BT-Drucks. 12/6679, S. 39.

[137] *Kümpel*, Bank- und Kapitalmarktrecht, Rn 14.81.

[138] Wird ein Festgeschäft an der Börse gehandelt, wird es Futures genannt, im außerbörslichen Handel Forward, *Lenenbach*, Kapitalmarkt- und Börsenrecht, Rn 6.30.

[139] *Fleckner*, ZBB 2005, 101; *Kümpel*, Bank- und Kapitalmarktrecht, Rn 14.81.

[140] *Lenenbach*, a.a.O., Rn 6.43.

[141] *Kümpel*, Bank- und Kapitalmarktrecht, Rn 14.81f.

Als sog. Finanzinnovationen entwickeln sich Derivate bzw. damit kombinierte Finanzprodukte ständig weiter und entziehen sich so einer abschließenden allgemeinen Definition.[142] Zwar werden selten radikal neue Produkte geschaffen, aber schon die Nutzung des Vorhandenen nach dem Baukastenprinzip führt zu äußerst differenzierten und komplexen Innovationen. Bestandteile sind dabei die klassischen Kapitalmarktprodukte, also beispielsweise Wertpapiere im Sinne des § 2 I 1 Nr. 1 WpHG, klassische und strukturierte Optionen, Zinsbegrenzungsinstrumente etc.[143] Die inzwischen[144] sehr weit gefaßte Regelung trägt dem Rechnung.

(4) Rechte auf Zeichnung von Wertpapieren

Die Zeichnung von Wertpapieren anläßlich einer Emission mit öffentlicher Platzierung ist die schriftliche Verpflichtung, eine bestimmte Anzahl von neu emittierten Wertpapieren zu einem bestimmten Betrag zu kaufen, wobei diese Zeichnung noch keinen Anspruch auf entsprechende Zuteilung verleiht.[145] Ein Recht auf eine solche Zeichnung im Sinne des § 2 II b 1 WpHG ist ein „Bezugsrecht ex Emission"[146], das beispielsweise den Aktionären das Recht gewährt, bei einer Kapitalerhöhung junge Aktien in einem bestimmten Umfang zu kaufen.[147] Zeichnungsrechte können gesetzliche, wie §§ 186, 203 AktG oder vertragliche, vgl. § 187 AktG, Bezugsrechte sein.[148]

(5) Sonstige Instrumente

Der Begriff der Finanzinstrumente wird darüber hinaus auf nicht konkreter beschriebene „sonstige Instrumente" erweitert, soweit diese an einem organisierten Markt in der EU zugelassen sind oder für sie eine solche Zulassung beantragt ist, § 2 II b 2 WpHG. Ein organisierter Markt ist gemäß § 2 V WpHG ein von staatlich anerkannten Stellen geregelter und überwachter Markt, der regelmäßig stattfindet und für das Publikum mittelbar oder unmittelbar zugänglich ist. Damit wurden die Vorgaben der Wertpapierdienstleistungs-RL 93/22/EWG umgesetzt, allerdings mit veränderter Terminologie. Der „geregelte Markt" der RL wurde, aufgrund begrifflicher Kollision mit dem gleichnamigen börsenrechtlichen

---

[142] Schwark – *Beck*, § 2 Rn 9.

[143] *Lenenbach*, a.a.O., Rn 6.73; *Hanker*, Bankinformation, 2/1994, 64.

[144] So wurde zuletzt 1998 der Regelungsbereich des § 2 II WpHG a.F. erheblich erweitert, indem auch OTC-Derivate sowie Warentermingeschäfte und Derivate auf Devisen aufgenommen wurden; BR-Drucks. 963/96, S. 100. Im Rahmen des 4. FMFG wurden nun die Devisen von einem eigenen Absatz II in die Aufzählung der Underlyings als Ziffer 5 aufgenommen.

[145] *Kümpel*, Bank- und Kapitalmarktrecht, Rn 9.33.

[146] BT-Drucks. 12/6679, S. 45.

[147] Zum Beispiel des § 186 AktG, *Hüffer*, § 186 Rn 1.

[148] Assmann/Schneider – *Assmann*, § 12 Rn 10.

Marktsegment nach §§ 49ff BörsG, in das deutsche Recht als „organisierter Markt“ aufgenommen.[149]
Durch die Legaldefinition sind organisierte Märkte von nur gelegentlich stattfindenden Veranstaltungen wie Messen abgegrenzt sowie von Veranstaltungen, die nicht uneingeschränkt allen institutionellen und privaten Anlegern offenstehen.[150]
Derzeit gehören zu den geregelten bzw. nach § 2 V WpHG organisierten Märkten[151] die Marktsegmente des amtlichen und des geregelten Marktes an den deutschen Wertpapierbörsen sowie der Startup Market der Wertpapierbörse Hamburg und die Terminbörse Eurex.[152] Durch das RL-Umsetzungsgesetz[153] wurden 1997 auch die nicht standardisierten Over the counter (OTC)-Geschäfte aufgenommen. Allerdings fehlt Wertpapieren im OTC-Handel durch die in diesem Segment gerade gesuchte individuelle Aushandlung der Konditionen die beispielsweise für § 2 I WpHG erforderliche Fungibilität. Damit ist die Relevanz dieser Erweiterung des Marktbegriffs begrenzt.

bb) Hinreichende Umsetzung der RL 2003/125/EG?

Fraglich ist, ob mit dieser Definition der Finanzinstrumente die Vorgaben der RL 2003/125/EG hinreichend umgesetzt wurden. Diese verweist in Art. 1 RL hinsichtlich solcher Begriffsbestimmungen, die nicht in der RL selbst enthalten sind, umfassend auf die Marktmißbrauchs-RL. Eine eigene Definition der Finanzinstrumente ist in der RL 2003/125/EG nicht zu finden, dementsprechend ist auf Art. 1 Nr. 3 der Marktmißbrauchs-RL zurückzugreifen. Danach sind Finanzinstrumente:
Wertpapiere im Sinne der RL 93/22/EWG. Diese werden von § 2 I WpHG umfaßt.
Anteile an Organismen für gemeinsame Anlage in Wertpapieren. Solchen Anteilen entsprechen die in § 2 I WpHG genannten Anteile an Investmentvermögen.
Geldmarktinstrumente, die mit § 2 I a WpHG ebenfalls Finanzinstrumente im Sinne des § 2 I b WpHG sind.

---

[149] Begr. RegE RL-Umsetzungsgesetz, BR-Drucks. 963/96, S. 103.
[150] Schwark – *Beck*, § 2 Rn 46.
[151] Nach Art. 16 WpDiL-RL ist jeder Mitgliedsstaat zur Führung eines aktuellen Verzeichnisses der von ihm genehmigten „geregelten Märkte“ verpflichtet. Diese der Kommission mitzuteilenden Märkte werden einmal jährlich im Amtsblatt der EU veröffentlicht und darüber hinaus als aktualisierte Fassung auf der offiziellen Internetseite zugänglich gemacht. http://europa.eu.int/comm/internal_market/en/finances/mobil/isd .
[152] Abl.EG C 112/4 vom 12.05.2005.
[153] BT-Drucks. 13/7142, S. 100.

Finanzterminkontrakte (Futures) sowie gleichwertige bar abgerechnete Instrumente. Dabei handelt es sich um Derivate im Sinne des § 2 II WpHG, wobei die Art der Auszahlung nach deutschem Recht keine Rolle spielt.
Zinsausgleichsvereinbarungen (Forward Rate Agreements). Solche FRA sind Derivate im Sinne des § 2 II Nr. 3 WpHG.
Zins- und Devisenswaps sowie Swaps auf Aktien oder Aktienindexbasis (Equity Swaps). Dabei handelt es sich ebenfalls um Derivate im Sinne des § 2 II WpHG, mit unterschiedlichen Underlyings. Da die mittelbare Abhängigkeit der Derivate von den aufgeführten Underlyings umfaßt ist, fallen auch Swaps auf Aktienindizes darunter.
Kauf- und Verkaufsoptionen auf die bereits genannten Instrumente, einschließlich gleichwertiger bar abgerechneter Instrumente, insbesondere Devisen- und Zinsoptionen. Dabei handelt es sich um Derivate in Form von Optionsgeschäften auf die in § 2 II WpHG genannten Underlyings.
Warenderivate. Diese sind als Derivate unter § 2 II Nr. 4 WpHG genannt.
Alle sonstigen Instrumente, die zum Handel auf einem geregelten Markt in einem Mitgliedsstaat zugelassen sind oder für die ein entsprechender Antrag gestellt wurde. Unter Berücksichtigung der anderslautenden Begrifflichkeiten[154] wurde diese Vorgabe mit § 2 II b 2 WpHG durch Aufnahme der an einem organisierten Markt gehandelten Instrumente umgesetzt bzw. mit solchen, für die entsprechend der Handel beantragt ist.
Die deutsche Legaldefinition der Finanzinstrumente in § 2 II b WpHG setzt die Vorgaben des Art. 1 Nr. 3 der Marktmißbrauchs-RL somit angemessen um.

cc) Einschränkung durch § 34b III WpHG

(1) Finanzinstrumente nach § 34b III WpHG

Wie bereits angedeutet, sind diese Finanzinstrumente im Sinne des § 2 II b WpHG für den Anwendungsbereich des § 34b WpHG durch zusätzliche Anforderungen an ihre Handelbarkeit qualifiziert. So müssen sie nach § 34b III WpHG entweder an einem organisierten Markt in einem EU- bzw. EWG-Mitgliedsstaat zugelassen sein oder im Inland in den geregelten Markt oder den Freiverkehr einbezogen sein. Der Zulassung oder Einbeziehung ist der entsprechende Antrag auf Zulassung oder Einbeziehung bzw. dessen öffentliche Ankündigung gleichgestellt, § 34b III 2 WpHG. Damit wird der Primärmarkt und dementsprechend Finanzanalysen dazu in den Anwendungsbereich des § 34b WpHG aufgenommen.

---

[154] Der „geregelte Markt“ der RL wurde, wie bereits erwähnt, aufgrund begrifflicher Kollision mit dem gleichnamigen börsenrechtlichen Marktsegment nach §§ 49ff BörsG als organisierter Markt aufgenommen; Begr. RegE RL-Umsetzungsgesetz, BR-Drucks. 963/96, S. 103.

Wie die Genese zeigt, handelt es sich bei § 34b III WpHG um die Umsetzung von Art. 9 S. 1 Marktmißbrauchs-RL. § 34b III WpHG begrenzt den sachlichen Anwendungsbereich des § 34b WpHG durch die Qualifikation der Finanzinstrumente. Dabei wurden laut Gesetzgeber über die Marktmißbrauchs-RL hinaus Finanzinstrumente aufgenommen, die in den geregelten Markt oder in den Freiverkehr einbezogen sind oder bei denen dies beantragt oder öffentlich angekündigt ist.[155] Gerade in diesem Segment wurde die Schutzbedürftigkeit der Anleger als besonders hoch wahrgenommen, da Finanzanalysen dort erfahrungsgemäß große Marktwirkung entfalten. Nicht nur der Antrag auf Zulassung, schon dessen Ankündigung genügt, um Analysen zum betroffenen Finanzinstrument oder Emittenten ggf. als Finanzanalysen im Sinne des § 34b I 1 WpHG einzuordnen. Bedenkt man die Gegebenheiten am Primärmarkt und dem vorgelagerten Grauen Markt, ist dies durchaus zu begrüßen.

(2) Richtlinienkonforme Auslegung des Art. 9 I der Marktmißbrauchs-RL

Diese Richtlinie gilt für jedes Finanzinstrument, das zum Handel auf einem geregelten Markt in mindestens einem Mitgliedsstaat zugelassen ist oder für das ein entsprechender Antrag auf Zulassung zum Handel auf einem solchen Markt gestellt wurde, unabhängig davon, ob das Geschäft selbst auf diesem Markt getätigt wird oder nicht.

This Directive shall apply to any financial instrument admitted to trading on a regulated market in at least one Member State, or for which a request for admission to trading on such a market has been made, irrespective of whether or not the transaction itself actually takes place on that market.

La présente directive s'applique à tout instrument financier admis à la négociation sur un marché réglementé d'au moins un État membre, ou pour lequel une demande d'admission à la négociation sur un tel marché a été présentée, que l'opération elle-même soit effectivement exécutée sur ce marché ou non.

La presente Directiva se aplicará a cualquier instrumento financiero admitido a negociación en un mercado regulado de al menos un Estado miembro, o para el que se haya cursado una solicitud de admisión a negociación en dicho mercado, con independencia de si la operación realmente tiene lugar en ese mercado o no.

Nach Art. 9 I der Marktmißbrauchs-RL wird nach allen untersuchten Sprachfassungen ein bereits gestellter Antrag auf Zulassung ebenso bewertet wie die Zulassung, unabhängig davon, ob später tatsächlich die Durchführung des Geschäfts auf dem geregelten Markt vorgenommen wird oder nicht. Mit der Bezugnahme auf den Antrag auf Zulassung wird auch der Primärmarkt umfaßt.
Die spätere Wahl eines anderen Marktsegments ist irrelevant – bereits mit der Stellung eines Antrags zur Zulassung am geregelten Markt ist das Vertrauen der Anleger in Anspruch genommen.

[155] Begr. AnSVG, BT-Drucks. 15/3174, S. 38.

Ursprünglich bedurfte es der Zulassung bzw., dass das Finanzinstrument „vor dieser Zulassung steht"[156]. Dabei war unklar, ob ein Finanzinstrument bereits mit der Ankündigung der Antragstellung oder erst der voraussichtlichen Positiv-Bescheidung kurz vor der Zulassung stehen sollte. Im Licht der Begründung ist ersteres anzunehmen: Der Geltungsbereich sollte durch Art. 9 nicht strikt auf geregelte Märkte begrenzt werden, sondern auch nicht geregelte Märkte, Handelsplattformen, Instrumente zur laufenden Verbreitung kursrelevanter Informationen, außerbörsliche Geschäfte sowie alle sonstigen Instrumente umfassen, die dazu benutzt werden, ein zum Handel auf einem geregelten Markt zugelassenes oder vor der Zulassung stehendes Finanzinstrument zu manipulieren.[157] Der Anwendungsbereich nach Art. 9 der Marktmißbrauchs-RL sollte also für den Sekundär- und Primärmarkt und auch für Aktivitäten des Grauen Marktes gelten. Für Akteure der beiden letzteren sollte keine Möglichkeit der Vorteilsziehung aus privilegierten Informationen gegeben sein.[158]
Um das Vertrauen in die geregelten Märkte wiederherzustellen, ist es unumgänglich, sämtliche Bereiche zu erfassen, in denen die Nutzung relevanter Informationen möglich ist. Zwar mag sich die Problematik im Rahmen des Research-Skandals stärker auf die gängigsten Märkte beschränkt haben als beispielsweise hinsichtlich des Insider-Handels. Scalping wurde üblicherweise direkt mit Hilfe des empfohlenen Finanzinstruments begangen. Dennoch ist die Einbeziehung auch der vorgelagerten Märkte sinnvoll.

§ 34b III WpHG läßt die Aufnahme der Fälle vermissen, bei denen die Finanzinstrumente am geregelten Markt zugelassen sind bzw. der Antrag gestellt wurde, das Geschäft selbst aber nicht auf dem geregelten Markt getätigt wurde. Hier könnte die gemeinschaftsrechtliche Vorgabe lückenhaft umgesetzt worden sein. Fraglich ist die Relevanz dieses Zusatzes für die RL 2003/125/EG, denn darin fehlt es ohnehin an einer der US-amerikanischen Handelsbeschränkung[159] für Analysten und ihre Haushalte vergleichbaren Regelung. Im Fall einer solchen wären Geschäfte wie die beschriebenen zu befürchten. Allerdings könnten gerade solche Geschäfte unter „sonstige nennenswerte finanzielle Interessen" im Sinne des Art. 6 I b der RL 2003/125/EG subsumiert werden. Damit bedarf es hier einer erweiternden Auslegung des § 34b III WpHG im Sinne des Art. 9 Marktmißbrauchs-RL.

(3) Ergebnis

Finanzinstrumente im Sinne des § 34b III WpHG sind solche Finanzinstrumente nach § 2 II b WpHG, die an einem organisierten Markt im Inland oder einem

[156] Vorschlag zur Marktmißbrauchs-RL, KOM (2001) 281 endg.
[157] Begründung zu Art. 9 des Vorschlags zur Marktmißbrauchs-RL, KOM (2001) 281 endg.
[158] Vorschlag zur Marktmißbrauchs-RL, KOM (2001) 281 endg.
[159] NYSE Rule 472 (e); NASD Rule 2711 (g).

EU- bzw. EWG-Mitgliedsstaat zugelassen oder im Inland in den geregelten Markt oder den Freiverkehr einbezogen sind, sowie solche, für die ein entsprechender Antrag auf Zulassung oder Einbeziehung gestellt oder öffentlich angekündigt ist, auch wenn das Geschäft selbst letztendlich nicht auf dem geregelten Markt getätigt wird.

dd) Ergebnis

Die Information und die darin enthaltene Empfehlung müssen auf eines oder mehrere Finanzinstrumente im Sinne des § 2 II b WpHG, die auf einem in § 34b III WpHG genannten Markt gehandelt werden, bzw. deren Emittenten bezogen sein.

Nicht unter § 34b WpHG fällt damit von den genannten Fallgruppen zunächst die Bewertung eines Indexes, in der keine Angaben zu den einzelnen Werten gemacht werden. Dies gilt insbesondere, da Indizes sich häufig nicht aus thematisch homogenen Werten wie beispielsweise Unternehmen einer bestimmten Branche zusammensetzen, sondern statt dessen auf die Marktkapitalisierung oder ähnliche Kriterien abstellen. Bewertungen eines Indexes, die zusätzlich ein auf diesen Index bezogenes Finanzinstrument nennen, können dagegen Informationen im Sinne des § 34b I 1 WpHG sein.
Ebenso fehlt der Bezug auf ein oder mehrere Finanzinstrumente bei allgemeinen Empfehlungen aufgrund gesamtwirtschaftlicher Entwicklungen, beispielsweise der Empfehlung, aufgrund fallender Ölpreise alle erdölabhängigen Investments abzubauen.

c) Einem unbestimmten Personenkreis zugänglich gemacht

Die Information ist nur dann eine Finanzanalyse im Sinne des § 34b I 1 WpHG, wenn sie einem unbestimmten Personenkreis zugänglich gemacht werden soll. Mit Hilfe dieses Merkmals ist eine Abgrenzung gerade zu internen Analysen oder solchen, die nur Kunden zugänglich gemacht werden sollen, möglich.

aa) Unbestimmter Personenkreis

Ein unbestimmter Personenkreises wird nach allgemeinem Sprachgebrauch dann angenommen, wenn zu einem bestimmten Personenkreis zumindest eine unbekannte Person hinzutritt. Im Kontext des § 34b WpHG stellt sich aber die Frage, auf wen hinsichtlich der Bestimmtheit der Personen abzustellen ist, wem mit anderen Worten diese Person unbekannt sein muß. Dabei ist grundsätzlich derjenige maßgeblich, der die Entscheidung zum Zugänglichmachen verantwortet.
Vor diesem Hintergrund ist zu klären, wie beispielsweise die Versendung eines Newsletters mit vorangegangener e-mail-Registrierung der einzelnen Adressaten einzuordnen ist.

Ebenfalls schwierig erscheint die Bewertung einer Analyse, die per Handzetteln in den Geschäftsräumen einer Bank ausgelegt wird, wenn diese Räume tagsüber offen und nachts mit Hilfe einer EC-Karte zugänglich sind. Möglicherweise genügt es für die Bestimmbarkeit der einzelnen Personen, dass jede von ihnen Zugang zu einer EC-Karte hat.

Der Begriff des unbestimmten Personenkreises weist von der erforderlichen Abgrenzung eines bestimmten von einem unbestimmten Personenkreis her eine gewisse Ähnlichkeit mit dem Merkmal des öffentlichen Angebots nach § 1 I WpPG auf. So wurde in der Vorgängernorm im VerkProspG a.F. ein begrenzter Personenkreis u.a. dann bejaht, wenn die betreffenden Personen dem Anbieter im Einzelnen bekannt waren und aufgrund einer gezielten Auswahl nach individuellen Kriterien angesprochen wurden.[160] Allerdings ist bei der Betrachtung dieser Abgrenzung zu beachten, dass im Falle des WpPG potentielle Vertragspartner mit einer erheblich engeren Bindung betroffen sind, als zwischen Anleger und Analyst üblicherweise mangels vertraglicher Beziehungen besteht. Insofern ist die im WpPG und zuvor im VerkProspG geregelte Situation nur begrenzt mit der Situation des § 34b WpHG vergleichbar, wenn sie auch zumindest hilfreiche Anhaltspunkte bieten mag.
Aus der Entstehungsgeschichte lassen sich keine näheren Angaben zum unbestimmten Personenkreis entnehmen. Allein zu § 34b VI WpHG konkretisierte der historische Gesetzgeber, dass die darin genannten „anderen" dem Begriff der bestimmten Personen entsprechen.[161] Darunter sind Kunden zu verstehen; im Umkehrschluß muß der unbestimmte Personenkreis mithin über diese Gruppe hinausgehen.
Fraglich ist, ob die bislang gefundenen Abgrenzungskriterien auch zweckmäßig sind. Der Begriff des unbestimmten Personenkreises trennt die Anlegerschaft in zwei Gruppen: Die erste Gruppe wird umfassend über sämtliche als relevant erachteten Interessenkonflikte, Methoden und Hintergründe informiert. Die zweite Gruppe des bestimmten Personenkreises dagegen erhält allenfalls die nach § 34b VI WpHG vorgegebenen Informationen. Die Grenze des unbestimmten Personenkreises sollte somit sorgfältig gezogen werden. Um das Vertrauen in die Finanzanalysen wieder aufzubauen, ist die Meßlatte für das Merkmal der Bestimmtheit hoch zu hängen.
Die Angaben und offenzulegenden Informationen in der Finanzanalyse haben die Funktion, die Distanz und Informationsasymmetrie zwischen Anleger und Ersteller bzw. Verantwortlichem auszugleichen. Ein solcher Ausgleich ist nur dann nicht erforderlich, wenn die entsprechende Nähe durch schon vorhandene Beziehungen gegeben ist und der Anleger dadurch die Möglichkeit zur einfa-

[160] Brinkhaus/Scherer – *Pfüller/Schmitt*, § 1 Rn 12.
[161] Begr. AnSVG, BT-Drucks. 15/3174, S. 38.

chen Kontaktaufnahme hat. So kann er die für ihn relevanten Informationen auf andere Weise erlangen.
Ein unbestimmter Personenkreis liegt danach dann vor, wenn zu mindestens einer Person vom für die Erstellung Verantwortlichen keine vorherige Beziehung bestanden hat, die ein gewisses Vertrauensverhältnis begründet. Beim erwähnten Beispiel des Newsletter mit vorangegangener e-mail-Registrierung wäre die bloße Aufnahme der e-mail-Adressen der Anleger nicht ausreichend. Es würde sich dennoch um einen unbestimmten Personenkreis handeln.

bb) Zugänglichmachen

Zugänglich gemacht ist eine Information üblicherweise dann, wenn der betreffenden Person die Kenntnisnahme ermöglicht wird. Da der Wortlaut keinerlei Einschränkungen enthält, ist dies auf jegliche Weise, ob schriftlich, mündlich oder fernmündlich, möglich. Fraglich ist, wie beispielsweise Morning oder Sales Notes hinsichtlich des Zugangs Dritter zu beurteilen sind.
Unter Berücksichtigung des § 34b II WpHG bezieht sich dieses Zugänglichmachen nur auf die vollständige Finanzanalyse; denn die Pflichten bei der Zusammenfassung von Finanzanalysen sind in § 34b II WpHG geregelt. Weder zur Art noch zum Umfang des Zugangs lassen sich den Gesetzgebungsmaterialien Informationen entnehmen.
Grundsätzlich ist zu bedenken, dass in der Praxis der Kapitalmarktinformation viele Informationsverbreitungswege genutzt werden. Es ist sinnvoll, alle zu umfassen, da ansonsten der bezweckte Anlegerschutz äußerst lückenhaft wäre. Für den Tatbestand des § 34b I 1 WpHG sollte daher auch das mittelbare Zugänglichmachen ausreichen, etwa indem die Information an eine informationsverbreitende Person übermittelt wird. Diese mag im Gegensatz zum unbestimmten Personenkreis noch eine bestimmte Person sein. Handelt es sich aber um jemanden, der typischerweise Informationen verbreitet, beispielsweise einen Journalisten, ist bereits in der Übermittlung an ihn ein Zugänglichmachen an den daran anschließenden unbestimmten Personenkreis zu sehen.

cc) Richtlinienkonforme Auslegung nach Art. 1 Nr. 3, Nr. 7 RL 2003/125/EG

Für Informationsverbreitungskanäle oder die Öffentlichkeit [...].

„Informationsverbreitungskanal" ist ein Kanal, durch den die Information der Öffentlichkeit tatsächlich oder wahrscheinlich zugänglich gemacht wird; „wahrscheinlich der Öffentlichkeit zugänglich gemachte Information" ist eine Information, die für eine große Anzahl von Personen zugänglich ist.

Intended for distribution channels or for the public [...].

„Distribution channels" shall mean a channel through which information is, or is likely to become, publicly available. „Likely to become publicly available information" shall mean information to which a large number of persons have access.

Destinés aux canaux de distribution ou au public [...].

Par „canaux de distribution", on entend les canaux par lesquels l'information est rendue publique ou est susceptible de l'être, et par „information susceptible d'être rendue publique", toute information à laquelle ont accès un grand nombre de personnes.
Los canales de distribución o el público [...].
„Canales de distribución", un canal a través del cual la información se divulgue o pueda divulgarse públicamente. „Información que pueda divulgarse públicamente", la información a la que tenga acceso un gran número de personas.

(1) Auslegung der Art. 1 Nr. 3, Nr. 7 RL 2003/125/EG

Ist eine Empfehlung für einen Informationsverbreitungskanal oder die Öffentlichkeit bestimmt, wird sie der Allgemeinheit zugänglich gemacht. Fraglich ist, ob mit dem Begriff des Informationsverbreitungskanals ein bestimmter Verbreitungsmodus verbunden ist. Der Begriff Kanal beschreibt ein Instrument, das den Fluß eines Mediums steuert. Allein aus seiner Zusammensetzung ist keine inhaltliche Begrenzung dieses Kunstwortes zu erkennen. Sämtliche Verbreitungsarten sind damit erfaßt.
In näherer Bestimmung ist das Tatbestandsmerkmal nach Art. 1 Nr. 7 RL dann gegeben, wenn die Empfehlung „für eine große Anzahl von Personen zugänglich ist". Wann diese große Anzahl von Personen vorliegt, wird nicht näher spezifiziert. Nach dem Wortsinn ist von einer großen Anzahl von Personen auszugehen, wenn das Hinzu- oder Wegtreten einzelner Personen für die Gesamtmenge unwesentlich ist. Zugänglich gemacht ist die Empfehlung damit, wenn die Kenntnisnahme durch diese Personen möglich ist.
Eingeschränkt wird der sachliche Anwendungsbereich in Bezug auf Kunden durch den Erwägungsgrund (3) der RL 2003/125/EG: Wird eine Anlageberatung gegenüber einem Kunden der Öffentlichkeit wahrscheinlich nicht zugänglich gemacht, ist sie nicht als Empfehlung im Sinne der RL anzusehen. Angesichts der Vielzahl an Tatbestandsmerkmalen, die bei dieser Einschränkung erfüllt sein müssen – eine persönliche Empfehlung, gegenüber einem Kunden, wahrscheinlich der Öffentlichkeit nicht zugänglich – wird die praktische Relevanz dieser Ausnahme gering ausfallen. Durch den Bezug auf die Wahrscheinlichkeit der öffentlichen Kenntnisnahme handelt es sich faktisch um einen inhaltlichen Rückverweis auf Art. 1 Nr. 7 RL.
Die Untersuchung der Entstehungsgeschichte zeigt, dass der Begriff des Informationsverbreitungskanals bereits in Art. 6 V der Marktmißbrauchs-RL Verwendung fand. Im Rahmen der CESR-Consultation wurde dieser Begriff zunächst konkretisiert durch die Anforderungen, dass die Information „weit verbreitet, d.h. über eine sehr kleine Anzahl von Empfängern hinaus"[162] bekannt gemacht werden müsse. Ausgehend von diesem ersten Vorschlag änderte das CESR die Formulierung unter Übernahme des Begriffs des Informationsver-

---

[162] Original-Wortlaut der englischen Fassung: „distributed broadly, i.e. beyond a very small number of recipients", CESR/02.089b.

breitungskanals zu „großer Anzahl von Personen".[163] Damit wurde der Schwerpunkt verschoben und zumindest eine gewisse Größe der betroffenen Gruppe vorausgesetzt. Darüber hinaus wurden im CESR-Advice Nr. 80 sämtliche Formen der Ermöglichung des Zugangs berücksichtigt und dabei insbesondere die schriftliche oder elektronisch gleichwertige Form genannt.[164] Zusammenfassend ist im CESR-Advice eine weite Auslegung des Art. 6 V der Marktmißbrauchs-RL in diesem Bereich zu beobachten.
Fraglich ist, ob die Regelung auch dem Zweck des Anlegerschutzes gerecht wird. Inhaltlich stellt die Reduktion auf die große Anzahl von Personen eine erhebliche Abweichung vom Wortsinn des Tatbestandsmerkmals „für Informationsverbreitungskanäle oder die Öffentlichkeit bestimmt" dar. Je nach konkreter Bezifferung der „großen Anzahl" sind unterschiedliche Konsequenzen zu bedenken: Geht man bereits ab zwanzig Personen von einer großen Anzahl aus, ist das Tatbestandsmerkmal praktisch wertlos, da nahezu jede Information darunter fiele. Damit würde den tatsächlichen Gegebenheiten der Kapitalmarktinformation nicht ausreichend Rechnung getragen. Es handelt sich dabei um ein „Massengeschäft" – Finanzanalysen sind nur rentabel, wenn sie direkt bezahlt werden, sich über Transaktionsgebühren institutioneller Investoren mittelbar rechnen oder eine erhebliche Menge von Anlegern von ihnen Kenntnis erlangt. Zieht man die Grenze dagegen bei einhundert oder mehr Personen, ist die Gewährleistung des Anlegerschutzes nur noch in begrenztem Umfang gegeben. Bereits bei einhundert Personen könnte die Regelung im Einzelfall zu weit gefaßt sein. Diese Abwägung zeigt, dass eine bezifferte Grenze in diesem Bereich zwar erhöhte Rechtssicherheit bringen mag, aber nicht unbedingt sinnvoll sein muß.
Grundsätzlich ist von einer großen Anzahl von Personen auszugehen, wenn mindestens fünfzig Personen gegeben sind. Damit wird der Verschiebung des Schwerpunktes von „mehr als eine sehr kleine Anzahl" zur „großen Anzahl" Rechnung getragen. Allerdings ist diese Festsetzung ausnahmsweise im Einzelfall anzupassen, da durchaus auch bei weniger Personen in schweren Fällen die Erforderlichkeit besonderer anlegerschützender Regelungen gegeben sein kann.

(2) Folgen der richtlinienkonformen Auslegung des Begriffs des „unbestimmten Personenkreises"

Im Rahmen der richtlinienkonformen Auslegung stellt sich hier allerdings ein Problem, das über die üblichen Schwierigkeiten, die verschiedenen Auslegungsergebnisse in Einklang zu bringen bzw. gegeneinander abzuwägen, hinausgeht. Während die deutsche Regelung mit dem unbestimmten Personenkreis eine Gruppe qualitativ beschreibt, handelt es sich bei dem gemeinschaftsrechtlichen Merkmal der großen Anzahl von Personen um die quantitative Einordnung die-

[163] CESR-Advice Nr. 77, CESR/02-089d.
[164] CESR/02-089d.

ser Gruppe. Die beiden Regelungen beziehen sich damit auf völlig unterschiedliche Ebenen und sind somit nicht vergleichbar.
Fraglich ist, wie weit die Erfordernis der richtlinienkonformen Auslegung reicht. So könnte vorliegend nach einer Möglichkeit der richtlinienkonformen Auslegung zu suchen sein, so dass der unbestimmte Personenkreis diesem quantitativen Merkmal entspricht. Anknüpfungspunkt des § 34b WpHG ist jedoch nicht wie in der RL 2003/125/EG die Erstellung der Finanzanalyse, sondern erst die Weitergabe und Verbreitung, § 34b I 2 WpHG. Dennoch ist der Gegenstand dieser Weitergabe oder Verbreitung stets eine Finanzanalyse nach der Definition des § 34b I 1 WpHG; insofern muß bereits diese Definition eine angemessene Umsetzung des Art. 1 Nr. 3 der RL 2003/125/EG sein.
Der unbestimmte Personenkreis ist dementsprechend so auszulegen, dass zunächst auf die Anzahl der zugehörigen Personen abgestellt wird.

dd) Ergebnis

Nach richtlinienkonformer Auslegung ist eine Information dann einem unbestimmten Personenkreis zugänglich gemacht, wenn einer großen Anzahl von (mindestens fünfzig) Personen, bei denen zumindest zu einer Person keine vorherigen Beziehungen zum für die Erstellung Verantwortlichen vorhanden sind, die Kenntnisnahme in jeglicher Form ermöglicht ist.

Im Einzelnen heißt das für die beschriebenen Fallgruppen: Werden Informationen auf Handzetteln während der Geschäftszeiten und über Nacht in den Geschäftsräumen ausgelegt, sind diese stets für einen unbestimmten Personenkreis gedacht. Sowohl die tägliche Laufkundschaft als auch die Gruppe der EC-Karten-Inhaber sind potentiell deutlich mehr als fünfzig Personen. Darüber hinaus fehlt es auch an dem für die Bestimmbarkeit qualitativ erforderlichen, bereits bestehenden Näheverhältnis.
Bei der Bereitstellung eines Newsletters auf der Homepage, für den sich Interessierte mit ihrer e-mail-Adresse registrieren lassen müssen, ist aufgrund der Möglichkeit des allgemeinen Zugriffs ebenfalls von einem unbestimmten Personenkreis auszugehen. Im übrigen erfüllt die Kenntnis der e-mail-Adresse auch die qualitativen Anforderungen an die Bestimmbarkeit des Personenkreises nicht. Die Aufnahme der e-mail-Adresse ist nicht mit einem bereits bestehenden Vertrauens- oder zumindest Näheverhältnis zu vergleichen.
Morning Notes dagegen werden üblicherweise intern oder allenfalls in der Anlageberatung gegenüber Kunden verwendet. Da es meist unwahrscheinlich ist, dass diese knappen kurzfristigen Anlageempfehlungen einer breiten Öffentlichkeit zugehen, sah bereits das CESR darin keine relevanten Informationen im Sinne der Regelung.[165] Soweit sie also nicht entgegen der üblichen Praxis ver-

[165] CESR-Advice Nr.82, CESR/02-089d.

breitet werden, sind Morning oder Sales Notes keine Finanzanalysen im Sinne des § 34b I 1 WpHG.

3. Erstellen, Weitergeben und Zusammenfassen von Finanzanalysen

a) Erstellen von Finanzanalysen

In § 34b I 1 WpHG werden Finanzanalysen erstellende Personen zur Einhaltung der erforderlichen Sachkenntnis, Sorgfalt und Gewissenhaftigkeit verpflichtet. Fraglich ist jedoch, wann genau die Erstellung einer Finanzanalyse vorliegt.

aa) Erstellen im Sinne des § 34b I 1 WpHG

Unter der Erstellung einer Finanzanalyse versteht man allein nach dem Wortsinn das Erschaffen der Finanzanalyse, also die Erarbeitung von der Anlageidee über die zur Sachverhaltsbasis führende Recherche mit anschließender Bewertung bis hin zum fertigen Produkt.
In der Realität ist mithin nicht immer eindeutig, worin genau die Erstellung der Finanzanalyse liegt, also ob es sich nur um die Veränderung einer bereits vorhandenen Finanzanalyse handelt oder ob tatsächlich eine neue Finanzanalyse geschaffen wird.
Diese Problematik soll folgendes Beispiel verdeutlichen: Unternehmen A verfaßt eine Buy Side-Analyse für den internen Gebrauch des eigenen Fondsmanagements. Die Analyse wird auch dem verbundenen Unternehmen B für dessen vergleichbaren Gebrauch zur Verfügung gestellt. Unternehmen B entscheidet sich jedoch, die eigentlich von vornherein für den internen Gebrauch bestimmte Analyse zu veröffentlichen. Offen ist, wer hier der Ersteller ist. Ganz grundsätzlich stellt sich in der Praxis die Frage, ob eine Analyse bereits bei beabsichtigter Übermittlung allein an institutionelle Kunden erstellt wird oder ob hier eine Erstellung im Sinne des § 34b WpHG erst dann vorliegt, wenn die Analyse für die Öffentlichkeit bestimmt ist.
Ein weiterer, in der Praxis häufig auftretender Problemkomplex ist die Sekundäranalyse. Dabei zieht der Analyst mehrere Analysen Dritter, sog. Primäranalysen, heran und verarbeitet deren Ergebnisse zusammen mit zusätzlichen Daten in seiner Analyse. Bei der Bewertung dieser Tätigkeit kommen sowohl ein Erstellen, Zusammenfassen als auch Weitergeben in Betracht.

Um eine klarere Vorstellung des Begriffs „Erstellen" zu erhalten, ist zunächst die Systematik des § 34b WpHG heranzuziehen. Erstellen wird in § 34b I 1 und S. 2 WpHG genannt. Es ist anzunehmen, dass der Begriff auf identische Weise gebraucht wird. Weiterhin läßt sich aus der parallelen Nennung von „erstellen" und „darbieten" in Satz 2 schließen, dass die Erstellung nicht mit der Darbietung gleichzusetzen ist.

Nach Vorgabe des historischen Gesetzgebers beinhaltet die Erstellung einer Finanzanalyse die Erarbeitung, die wesentliche Veränderung einer Analyse sowie deren Darbietung.[166] Allerdings bedürfen auch diese Begriffe einer Konkretisierung.

Der Begriff der Erarbeitung umfaßt im Zweifel eine Vielzahl von Aspekten; er muß praktisch auf jedes Tatbestandsmerkmal des Produkts Finanzanalyse Bezug nehmen. So ist beispielsweise die Entscheidung, die Analyse einem unbestimmten Kreis von Personen zukommen zu lassen, ein Element der Erarbeitung und somit auch der Erstellung.

Eine wesentliche Veränderung liegt vor, wenn die ursprüngliche Finanzanalyse noch erkennbar ist; denn ansonsten handelt es sich um die Erarbeitung einer völlig neuen Finanzanalyse. An die wesentliche Veränderung von Finanzanalysen sind nach § 7 II FinAnV zusätzliche Pflichten geknüpft. Dabei beschreibt der Verordnungsgeber in seiner Begründung eine Veränderung dann als wesentlich, wenn sie aus Sicht eines verständigen Anlegers, der die Finanzanalyse zur Grundlage seiner Anlageentscheidung macht, von Bedeutung ist.[167] Als Beispiele werden die Änderung des zugrunde gelegten Sachverhalts inklusive Kennzahlen und Unternehmensdaten genannt, aber auch die Änderung der enthaltenen Prognosen, Bewertungen und vor allem der Empfehlung für eine Anlageentscheidung. Bei derart wesentlichen Änderungen wie den aufgezählten entspricht die Vornahme der Veränderungen der Erstellung einer neuen Finanzanalyse.

Die Darbietung der Finanzanalyse bezeichnet nach Angaben des Gesetzgebers das „‚Aussehen' des Produkts dieser Tätigkeit"[168], also die Gestaltung des Erscheinungsbildes der Finanzanalyse, auch „Layout" genannt.

Das sich bei der Konturierung dieser drei Begriffe ergebende Spektrum möglicher Tätigkeiten, die Teil der Erstellung einer Finanzanalyse sind, ist also durchaus umfangreich. Es entspricht mithin den vielfältigen Faktoren, die den Gesamteindruck der Finanzanalyse auf den Anleger bestimmen. So ist zwar vor allem der Inhalt, aber auch dessen Formulierung und optische Gestaltung dafür verantwortlich, welche Informationen vom Anleger aufgenommen werden. Für den Umfang dieser Wahrnehmung ist gerade beim flüchtigen Lesen oft die optische Gestaltung ausschlaggebend.

Der Vielzahl wichtiger Elemente der Finanzanalyse entsprechend sind meist viele Mitwirkende am Produkt Finanzanalyse beteiligt. Sämtliche dieser Mitwirkenden zu erfassen und den Pflichten des § 34b WpHG zu unterstellen, ist sinnvoll, da nur dann die Einhaltung der gesetzlich vorgegebenen Pflichten zugunsten der Anleger effektiv gewährleistet ist. Insofern entspricht ein relativ

---

166 Begr. AnSVG, BT-Drucks. 15/3174, S. 38.
167 Begr. FinAnV, S. 16.
168 Begr. AnSVG, BT-Drucks. 15/3174, S. 38.

weites Verständnis des Begriffs der Erstellung durchaus dem Zweck der Regelung.

bb) Abwägung der sich widersprechenden Argumente

Im Ergebnis geht die systematische Auslegung von unterschiedlichen Tätigkeiten der Darbietung und Erstellung aus, womit sie im Widerspruch zum gesetzgeberischen Willen in der amtlichen Begründung sowie zum Ergebnis der teleologischen Auslegung steht. Hier überwiegen die Argumente aus letzteren Methoden, vor allem da ansonsten der Anwendungsbereich um eine wichtige Gruppe der Ersteller verringert würde. Die Darbietung von Finanzanalysen ist somit ein Element ihrer Erstellung.

cc) Richtlinienkonforme Auslegung nach Kapitel II der RL 2003/125/EG

Erstellung von Empfehlungen;
Production of recommendations;
Production de recommendations;
Elaboración de las recomendaciones.

Dem Begriff der Erstellung in § 34b WpHG liegt die in Kapitel II der RL 2003/125/EG geregelte „Erstellung" zugrunde. Möglicherweise sind aber die Begriffe nicht deckungsgleich.
Zunächst fällt im Vergleich der verschiedenen Sprachfassungen auf, dass bei der englischen und französischen Fassung die Herstellung des Produkts im Vordergrund steht; im Spanischen wird dagegen die Ausarbeitung betont. In der Gesamtbetrachtung der Sprachfassungen wird mit dem Begriff der Erstellung die Erzeugung des Produkts „Empfehlung" verbunden.
Unter Berücksichtigung der Entstehungsgeschichte, also zunächst des Wortlauts des Art. 6 V der Marktmißbrauchs-RL,[169] liegt der Schwerpunkt bei der Verwirklichung der Finanzanalyse. Darin ist aber keine signifikante inhaltliche Unterscheidung zu sehen. Aus Art. 6 V Marktmißbrauchs-RL ergibt sich desweiteren, dass die sachgerechte Darbietung bei der Erstellung zu gewährleisten ist und damit als ein Element der Erstellung zu behandeln ist.
Da sämtliche Pflichten der RL 2003/125/EG mit der Erstellung, Art. 2-6 RL, oder der Weitergabe der Empfehlungen Dritter, Art. 7-9 RL, verknüpft sind, ist der Begriff der Erstellung maßgeblich für den Anwendungsbereich der Normen. Um deren maximale Wirkung zu erzielen, ist die Erstellung begrifflich weit zu fassen:

[169] Danach sind Empfehlungen zu erstellen (produce, réalisent, realización), Art. 6 V der Marktmißbrauchs-RL.

Erstellen im Sinne der RL 2003/125/EG ist jede Handlung, die der Herstellung des Endprodukts Empfehlung in seiner konkreten Form dient. Erstellen umfaßt dabei auch die Darbietung der Empfehlung.

dd) Ergebnis

Erstellen im Sinne des § 34b WpHG ist somit jede Tätigkeit, deren angestrebtes Ziel die Erzeugung des Endprodukts Finanzanalyse in seiner konkreten Form ist.

Auf die eingangs beschriebenen Fallgruppen übertragen bedeutet dies, dass bei der Gestaltung des Layouts einer Finanzanalyse durch eine Werbe-Agentur auch diese Tätigkeit ein Teil der Erstellung im Sinne des § 34b I WpHG ist; denn die Darbietung ist ein wichtiges Element des Endprodukts Finanzanalyse.
Bei der Buy Side-Analyse des Unternehmens A wird das Tatbestandsmerkmal „einem unbestimmten Personenkreis zugänglich gemacht werden soll" erstmals durch das Unternehmen B bei dessen Entscheidung für eine Veröffentlichung erfüllt. Solange sich die Analyse noch im Unternehmen A befand und nur für den internen Gebrauch bestimmt war, war die Arbeit an der internen Buy Side-Analyse dementsprechend kein „Erstellen" einer Finanzanalyse im Sinne des § 34b I 1 WpHG, da eines der wesentlichen Merkmale nicht erfüllt war.
Fraglich ist allerdings, ob bei diesem Verständnis des Begriffs Regelungslücken auftreten können. Von Relevanz ist hier beispielsweise die Erhebung von Daten hinsichtlich möglicher Umstände, die Interessenkonflikte begründen können. Allerdings sind dabei auch die Daten verbundener Unternehmen aufzunehmen und offenzulegen, § 34b I 2 Nr. 2 WpHG.
Sämtliche Pflichten zur sachgerechten Erstellung und Darbietung sind explizit mit der Weitergabe oder Verbreitung verknüpft, so dass das Unternehmen B im genannten Beispiel für die Einhaltung dieser Pflichten verantwortlich wäre. Der Informationsgehalt der Finanzanalyse sowie die Transparenz bzgl. wirtschaftlicher Hintergründe ist für die Anleger also identisch. Die Sorgfaltspflichten bei der Erstellung sind im vorliegenden Fall zwar auf den Zeitpunkt der Entscheidung zur Veröffentlichung verlagert, beziehen sich aber auch dann auf sämtliche Aspekte der Finanzanalyse.

ee) Einordnung von Sekundäranalysen

Von besonderer Relevanz ist die Frage, ob die Erarbeitung von Sekundäranalysen das Erstellen einer neuen Finanzanalyse oder die Veränderung, möglicherweise auch die Zusammenfassung von Finanzanalysen Dritter ist.
Von der Finanzanalyse eines Dritten ausgehend gibt es verschiedene Grade der Bearbeitung. Zunächst kann auf gleicher Sachverhaltsbasis eine andere Bewertung erfolgen. In dem Fall handelt es sich um die veränderte Weitergabe einer Finanzanalyse, geregelt in § 7 I 2 FinAnV. Wird dagegen die Sachverhaltsbasis um zusätzliche Informationen erweitert oder zumindest geändert, beispielsweise

durch Verwendung aktualisierter Daten, wird vom Bearbeiter eine eigene Leistung erbracht, die der Erstellung einer Finanzanalyse gleich steht. Hier ist von der Erstellung einer eigenständigen Finanzanalyse auszugehen.[170]
Desweiteren kann eine Finanzanalyse bei unveränderter Sachverhaltsbasis auf ihre wesentlichen Aussagen reduziert werden; dann handelt es sich um eine Zusammenfassung.
Werden Sekundäranalysen erarbeitet, sind Primäranalysen nur eine Informationsquelle unter vielen. Somit sind üblicherweise neue Finanzanalysen das Ergebnis und die Tätigkeit als Erstellen zu bewerten.

b) Erforderliche Sachkenntnis, Sorgfalt und Gewissenhaftigkeit

Gem. § 34b I 1 WpHG sind Finanzanalysen mit der erforderlichen Sachkenntnis, Sorgfalt und Gewissenhaftigkeit zu erstellen.

aa) Sorgfältige Erstellung von Finanzanalysen

Bei einem so weiten Feld wie der Finanzanalyse stellt sich zunächst die Frage, wie Finanzanalysen sorgfältig erstellt werden. Es gibt eine Vielzahl anerkannter Methoden, die ein breites Spektrum theoretischer Ansätze zugrunde legen und sich teilweise gegenseitig ausschließen. Die wichtigsten und am häufigsten angewandten Methoden lassen sich entweder der technischen Analyse oder der Fundamentalanalyse zuordnen. Üblicherweise entscheiden sich Analysten für eine dieser beiden Vorgehensweisen als Grundlage der eigenen Analysen. Nach anderen Methoden erzielte Ergebnisse werden aber häufig zur Unterstützung herangezogen, beispielsweise bei der Ermittlung des günstigsten Handlungszeitpunktes oder um die Investition in insolvenzgefährdete Unternehmen zu vermeiden.[171]

(1) Technische Analyse

Die technische Analyse wertet ausschließlich Informationen über den Kapitalmarkt bzw. die Wertpapierkurse aus. Grundlage der technischen Analyse ist die Annahme, dass sich alle kursrelevanten Faktoren unmittelbar in den Kursen niederschlagen. Der Kurs als Reflexion anlegerpsychologischer Vorgänge[172] spiegelt danach die rationalen und irrationalen Hoffnungen, Befürchtungen, Vermutungen und Stimmungen von potentiellen und tatsächlichen Käufern und Verkäufern wider.[173] Desweiteren geht die technische Analyse davon aus, dass

---

[170] Siehe dazu auch Begr. FinAnV, S. 16.
[171] *Heussinger/Klein/Raum*, Optionsscheine, Optionen und Futures, S. 182ff.
[172] *Eller/Dreesbach*, Technische und quantitative Wertpapieranalyse, S. 15, 19.
[173] *Edwards/Magee*, Technische Analyse von Aktientrends, S. 7.

sich Kurse in zyklischen Trends bewegen und sich das Verhalten von Marktteilnehmern wiederholt.[174]
Anwendungsfelder der technischen Finanzanalyse sind die „klassische“ charttechnische Analyse, die „moderne“ Indikatorenanalyse sowie die Errechnung quantitativer Kennzahlen. Darüber hinaus sind Indizes[175] als Hilfsmittel aus der technischen Analyse hervorgegangen.

(i) Charttechnik

Die „klassische“ charttechnische Analyse wurde aus den verschiedenen Verfahren zur grafischen Darstellung von vergangenen Kursverläufen entwickelt. Ursprünglich dienten diese Charts nur dazu, die unübersichtlichen Zahlenkolonnen der Kurse durch Linien leichter verfolgbar zu machen.[176] Daraus entwickelten sich Darstellungsverfahren, die beispielsweise Tagesumsätze einbeziehen oder logarithmische[177] anstelle linearer Skalierung verwenden, um die Vergleichbarkeit von Wachstumsraten oder verschiedener Aktien zu ermöglichen.[178]
Die Darstellungsformen sind ebenso vielfältig wie die abgebildeten Daten. Die allgemein bekannteste Form, der Linienchart, verbindet die einzelnen Tageskurse. Daneben gibt es Kerzen- (oder Candlestick-) charts, die mittels der Höhe der Eintragung das Handelsvolumen wiedergeben. Point & Figure Charts haben mit den übrigen Modellen optisch wenig gemein, sie stellen nur Kursanstieg und -abfall mit Hilfe von „x“ und „o“ dar, bereinigt um unwesentliche Kursbewegungen.[179]
Innerhalb der erstellten Charts sucht der technische Analyst nach Formationen, die in der Vergangenheit bestimmte Kursverläufe mit sich brachten. Diese Formationen stellen bereits bekannte Situationen dar, bei deren Wiederholung auch das bereits bekannte Marktverhalten erwartet wird.[180] Zu nennen sind dabei Schlagworte wie die Kopf-Schulter-Formationen, Dreiecke, Flaggen, Wimpel, W- und M-Formationen.[181] Die größte Schwierigkeit bei der Identifikation solcher Formationen liegt in der Wahl des zeitlichen Ausschnitts, die das Ergebnis maßgeblich bestimmt. So ist diese Art der Wertpapieranalyse vor allem ex post in der Lage, Kursverläufe zu erklären.[182]

---

[174] *Perridon/Steiner*, Finanzwirtschaft der Unternehmung, S. 221f, 243f.
[175] Indizes zielen in der Regel darauf ab, durch entsprechende Gewichtung bestimmter Werte den jeweiligen Markt repräsentativ wiederzugeben. Zu unterscheiden sind reine Kursindizes, die nur die Kurse der Aktien im Durchschnitt wiedergeben, von sog. Performance-Indizes, die Dividenden- bzw. Zinszahlungen korrigierend berücksichtigen.
[176] *Hruby*, Kritische Betrachtung der Chart-Analyse, S. 2.
[177] *Hruby*, a.a.O., S. 25f.
[178] *Welcker*, Technische Aktien-Analyse, S. 29.
[179] *Perridon/Steiner*, Finanzwirtschaft der Unternehmung, S. 244f.
[180] *Eller/Dreesbach*, Technische und quantitative Wertpapieranalyse, S. 21f.
[181] *Eller/Dreesbach*, a.a.O., S. 79ff; *Perridon/Steiner*, a.a.O., S. 260f; *Hruby*, a.a.O., S. 108ff.
[182] *Esser*, Das Börsenlexikon, Technische Analyse.

Im übrigen arbeitet die Chartanalyse mit sog. Trendlinien bzw. Trendkanälen, die als Schranken nachhaltig durchbrochen werden müssen, bevor stärkere Kursbewegungen zu erwarten sind.[183] Wann ein nachhaltiger Durchbruch gegeben ist, ist umstritten. Die Spanne liegt zwischen 3 % und 10 % Abweichung von der Linie[184] und hängt auch von der bisherigen Beständigkeit der Trendlinie ab. Auch hier beeinflußt die Wahl des Referenzzeitraums die Lage der zu durchbrechenden Trendlinie erheblich. Trendlinien und die daraus resultierenden Unterstützungs- und Widerstandszonen[185] im Kursverlauf sind allgemein anerkannte Instrumente, mit denen auch Analysten arbeiten, die ansonsten die Prognosefähigkeit der technischen Analyse grundsätzlich in Frage stellen.[186]

(ii) Indikatorenanalyse

In den letzten Jahren gewann eine weitere Form der technischen Analyse, die sog. Indikatorenanalyse, zunehmend an Bedeutung. Dabei werden Kennzahlen mittels technischer Studien ermittelt, also Berechnungen aus den Kursreihen bzw. ableitbaren oder ergänzenden Größen wie dem Umsatz. Ziel der Indikatorenanalyse ist die Optimierung der Anlageentscheidung durch Bestimmung des besten Handlungszeitpunktes oder der besten Werte innerhalb einer eingegrenzten Gruppe möglicher Anlagewerte, beispielsweise innerhalb verschiedener Unternehmen einer Branche.

Zu den technischen Indikatoren gehören die sog. Oszillatoren, die Kurstrends möglichst frühzeitig identifizieren sollen.[187] Daneben gibt es sog. Overbought-/Oversold-Indikatoren, die ein Übergewicht von Käufern oder Verkäufern anzeigen. Entsprechend der Contrary Opinion wird dabei der Maxime gefolgt, dass entgegen der vorherrschenden Marktmeinung zu handeln ist. Angesichts eines starken Käufer- bzw. Verkäufer-Überschusses ist nach dieser Theorie keine Steigerung des Trends mehr zu erwarten. Die ersten Marktteilnehmer werden aus- bzw. einsteigen; eine Trendumkehr folgt.

Weitere Instrumente der Indikatorenanalyse sind gleitende Durchschnitte (Moving Averages), die laufend den arithmetischen Mittelwert der Kurse fortschreiben.[188] Durch Vergleich der Kurve dieses gleitenden Durchschnitts mit dem Kursverlauf selbst werden Handlungsempfehlungen gewonnen. Dabei werden Trends allerdings erst identifiziert, wenn sie bereits eingetreten sind. Zum Aus-

---

183 *Eller/Dreesbach*, a.a.O., S. 59ff; *Perridon/Steiner*, a.a.O., S. 257ff; *Welcker*, a.a.O., S. 87ff.

184 *Eller/Dreesbach*, a.a.O., S. 61.

185 *Welcker*, a.a.O., S. 104ff.

186 *Eller/Dreesbach*, Technische und quantitative Wertpapieranalyse, S. 77.

187 Die Bezeichnung ergibt sich daraus, dass die bei diesen Studien errechneten Werte wie bei einem Oszillator um eine Null-Linie schwanken.

188 *Hruby*, Kritische Betrachtung der Chart-Analyse, S. 80ff; *Welcker*, Technische Aktien-Analyse, S. 48f.

gleich wird daher meist zusätzlich auf Untersuchungen nach dem Momentum-Konzept zurückgegriffen. Daraus ergibt sich wiederum eine oszillierende Kurve, die die „Schwungkraft" einer Kursbewegung quantifiziert. Damit hat dieser Indikator die seltene Eigenschaft, bevorstehende Trends zu signalisieren.
Relative-Stärke-Indikatoren dienen innerhalb eines Marktsegments mit gegebenem Trend der Auswahl relativ stärkerer Werte.[189] Eine ähnliche Funktion erfüllen auch Stochastik-Indikatoren.

(iii) Weitere Methoden

Ein älteres, in der Vergangenheit durchaus aufsehenerregendes[190] Verfahren ist die Elliot-Wave-Theorie, beruhend auf dem Fibonacci-Zahlenverhältnis, dem sog. „Goldenen Verhältnis" von 1,618 bzw. 0,618 zu 1.[191] Danach folgen Aktienmärkte einem bestimmten Wellenmuster von fünf Aufwärts- und drei Abwärtswellen,[192] die auf neun verschiedenen Zeitebenen zu verfolgen sind. Allerdings liegt eine erhebliche Unschärfe in der Identifikation der entsprechenden Wellen.[193]
Eine andere aus der technischen Analyse hervorgegangene Vorgehensweise ist die Nutzung mechanischer Handelssysteme, die meist mehrere Ansätze der Indikatorenanalyse verknüpfen und dann mit Hilfe von Rechnern automatische Handlungsempfehlungen abgeben.[194] Allerdings kranken solche Trading-Systeme vor allem daran, dass in der Vergangenheit bestätigte Marktwahrheiten keine Bestandsgarantie haben. Die starke Dynamik der Märkte in alle Richtungen macht das ständige Entwerfen neuer Modelle nötig, die mit zunehmender Präzision der Prognosen meist eine abnehmende Gültigkeitsdauer haben.
Ein weiterer Zweig der technischen Analyse sind neuronale Netze, lernfähige Netzwerke, die an den Aufbau des menschlichen Gehirns angelehnt sind. Sie sind extrem komplex und treten in ebenso vielfältigen Formen auf. Üblicherweise werden sie zunächst mit Kursverläufen der Vergangenheit „trainiert", um dann für folgende Kurse möglichst schnell und präzise die erwarteten wiederkehrenden Muster zu erkennen. Dabei tritt oft das Problem des sog. Overfitting auf, da zu viele Informationen aus der Vergangenheit verarbeitet wurden. So werden zwar die vergangenen Einflußfaktoren perfekt identifiziert, aber die Wahrscheinlichkeit einer zukünftigen Übereinstimmung sinkt mit der Aufnahme jeder zusätzlichen Information.

---

[189] *Hruby*, a.a.O., S. 86; *Welcker*, a.a.O., S. 84f.
[190] Ausführlicher zu den ersten Ergebnissen und der öffentlichen Resonanz: *Eller/Dreesbach*, Technische und quantitative Wertpapieranalyse, S. 171; *Hruby*, S. 37.
[191] *Frost/Prechter*, Das Elliot-Wellen-Prinzip, S. 87ff.
[192] *Frost/Prechter*, a.a.O., S. 24ff.
[193] *Eller/Dreesbach*, a.a.O., S. 161ff; *Frost/Prechter*, a.a.O., S. 64f, 76ff.
[194] *Eller/Dreesbach*, a.a.O., S. 145ff.

(iv) Kritik an der technischen Analyse: Random-Walk-Hypothese

Die technische Analyse ist eine äußerst umstrittene Methode. Ihre Gegner ziehen auf theoretischer Basis vor allem die Random-Walk-Hypothese als Beleg für die mangelnde Aussagekraft der technischen Analyse heran. Die Random-Walk-Hypothese[195], bezogen auf den Kapitalmarkt, besagt, dass zeitlich aufeinanderfolgende Wertpapierkurse keinerlei serielle Korrelation aufweisen, also die Veränderung zwischen solchen Zufallsvariablen einem reinen Zufallsprozeß folgt.[196] Diese These ist der Theorie der schwachen Informationseffizienz des Marktes zuzuordnen. Danach sind sämtliche Informationen aus der Vergangenheit bereits eingepreist. Kursveränderungen können also nur aufgrund neuer Informationen auftreten und sind ebenso zufällig wie deren Auftreten.[197]
Vertreter der technischen Analyse, welche ausschließlich aus vergangenen Daten Rückschlüsse auf zukünftiges Kursverhalten zieht, bestreiten selbstverständlich die Relevanz der Random-Walk-Hypothese für Kapitalmärkte. Bislang wurde ein abschließender positiver Nachweis in der Praxis weder für die Hypothese noch für die Prognoseerfolge der technischen Analyse erbracht.[198]

(2) Fundamentalanalyse

Weitaus häufiger[199] als technische Analysen werden jedoch Fundamentalanalysen[200] veröffentlicht, meist zu börsennotierten Unternehmen. So anerkannt die Fundamentalanalyse grundsätzlich sein mag, so unterschiedlich ist das Verständnis bzw. konkrete Vorgehen im einzelnen. Die Bandbreite möglicher Ansätze und Schwerpunkte ist weit. Dennoch gibt es bestimmte Elemente, die einhellig als notwendige Bestandteile der Fundamentalanalysten betrachtet werden. Zweck der Fundamentalanalyse ist die Ermittlung der Risikocharakteristika der Anlage sowie des sog. „inneren Wertes" eines Unternehmens, um den nach An-

---

[195] Die Bezeichnung dieser Theorie bezieht sich auf 1905 von Karl Pearson angestellte Überlegungen zur Erforschung der optimalen Methode, um einen in der Mitte eines Feldes ausgesetzten Betrunkenen zu finden. Bewegt sich der Betrunkene wie erwartet völlig unberechenbar und willkürlich, liegt sein letzter Aufenthaltsort näher an seinem Ausgangspunkt als an irgendeinem anderen Punkt im Feld. *Dimson/Mussavian*, European Financial Management, Vol. 4 No. 1, 1998, p. 92f.

[196] Knapps-*Neus*, Random-Walk-These; *Eller/Dreesbach*, Technische und quantitative Wertpapieranalyse, S. 25.

[197] Die Anwendbarkeit dieser Theorie auf die Preisbildung bestätigte *Fama* in seiner Dissertation, abgedruckt in: 1970 Journal of Finance 25,1, S. 383ff.

[198] *Perridon/Steiner*, Finanzwirtschaft der Unternehmung, S. 222.

[199] Dies ist bereits daran zu erkennen, dass in einschlägigen Fachmedien ungefähr im Verhältnis eins zu zehn Fundamentalanalysen die Grundlage der Beiträge sind. Im übrigen gaben beispielsweise 90 % der befragten britischen Analysten 1984 an, vor allem mit der Fundamentalanalyse zu arbeiten; *Arnold/Moizer*, Accounting & Business Research, 14 (1984), 200.

[200] *Steiner/Bruns*, Wertpapier-Management, S. 228.

sicht der Fundamentalanalysten der Kurs pendelt.[201] Je nachdem, ob der Kurs unter oder über dem inneren Wert liegt, werden Kauf- oder Verkaufempfehlungen abgegeben, um dem informationseffizienten Markt vorzugreifen. Bei der Fundamentalanalyse werden entweder der Top-Down- oder der Bottom-Up-Ansatz angewandt.[202] Letztendlich liegt der Schwerpunkt aber stets beim Unternehmen selbst, zu dem eine Reihe von Faktoren untersucht werden, um eine Differenzierung zwischen ähnlich aufgestellten Unternehmen zu ermöglichen.
Ganz grundsätzlich ist also jeder Analyse die Frage vorangestellt, mit welchen Daten zu arbeiten ist. So kann mit schon exakt vorhandenen Größen aus der Vergangenheit oder mit prognostizierten Zahlen gearbeitet werden. Die Nachteile beider Alternativen sind offensichtlich: Vergangene Werte sind bereits im Aktienkurs eingepreist, und Prognosen zeichnen sich durch massive Unsicherheiten aus. Keine Alternative ist ideal, doch beide sind vertretbar.

(i) Ermittlung des „inneren Wertes"

Bewertungsfaktoren für den inneren Wert sind das Niveau der normalen Ertragskraft und Rentabilität bei der Nutzung des investierten Kapitals, der Wachstumstrend der Ertragskraft, die tatsächlich gezahlte Dividende sowie die Stabilität und Visibilität der drei vorstehend genannten qualitativen und quantitativen Projektionen.[203]
Zur Ermittlung des inneren Wertes werden verschiedene Ansätze herangezogen. Wurde früher noch eine substanzwertorientierte[204] Bilanzanalyse vorgenommen oder eine potentielle Liquidation bewertet, wird das Unternehmen inzwischen ertragswertorientiert untersucht.[205]

---

201 *Perridon/Steiner*, a.a.O., S. 282.

202 Der Top-Down-Ansatz beginnt mit der Einschätzung der Gesamtwirtschaft. Unter Berücksichtigung dieser Bewertung finden Analysen des Marktes, der Sektoren und zuletzt des Einzelwerts selbst statt. Dabei liegt die Abhängigkeit der folgenden Bewertungsergebnisse von den Resultaten der übrigen Analysen auf der Hand. Nachdem jede Prognose mit einem gewissen Fehlerquotienten behaftet ist, die folgenden Aussagen aber jeweils auf den Prognosen der vorherigen Untersuchungen basieren, potenziert sich der Fehlerquotient. Dementsprechend ist bei der Analyse des Einzelwertes der Schwerpunkt klar auf das Unternehmen selbst zu legen; die übrigen Bewertungen können nur als Anhaltspunkte dienen. Die gegenteiligen Rückschlüsse zieht die sog. Bottom-Up-Methode, deren Vertreter von Bewertungsergebnissen bei Einzelwerten auf den Zustand der Gesamtwirtschaft schließen; *Cottle/Murray/Block*, Graham and Dodd's Wertpapieranalyse, S. 5; *Steiner/Bruns*, Wertpapier-Management, S. 230. Offensichtlich ist die Untersuchung einer Vielzahl von Einzelwerten deutlich kosten- und personalintensiver als der entgegengesetzte Top-Down-Ansatz, der dementsprechend häufiger Anwendung findet.

203 *Cottle/Murray/Stock*, a.a.O., S. 45f, *Perridon/Steiner*, Finanzwirtschaft der Unternehmung, S. 282.

204 Substanzwert ist derjenige Betrag, der zur identischen Reproduktion des Unternehmens aufzubringen ist; *Thommen/Achleitner*, Allgemeine Betriebswirtschaftslehre, S. 624.

205 *Klein*, Aktien-Analysemethoden versus Effizienzmarkttheorie, S. 74.

(a) Ertragswertverfahren

Im Gegensatz zu anderen vergangenheitsorientierten Verfahren richtet sich das Ertragswertverfahren auf die Ermittlung des Zukunftserfolgswerts, d.h. der Summe aller abgezinsten Ertragserwartungen.[206] Die Verzinsung erfolgt stets auf die Gegenwart hin, also auf den Bewertungszeitpunkt.[207] Dabei werden hinsichtlich des Zinssatzes gewisse Risikoab- bzw. -zuschläge vorgenommen. Die Diskontierung selbst erklärt sich daraus, dass die prognostizierten Erträge erst in den kommenden Jahren zur Verfügung stehen können und gegenwärtig weniger wert sind als schon verfügbare Erträge. Um dem Rechnung zu tragen, sind die prognostizierten Erträge also abzuzinsen. Kritikpunkt am sog. Ertragswertverfahren ist die stark subjektive Risikobewertung, die eine Vergleichbarkeit der Studien untereinander nahezu unmöglich macht.[208]

(b) DCF-Methode

In den letzten Jahren wurde das Ertragswertverfahren in der Praxis der Unternehmensbewertung häufig durch die Discounted Cash Flow-Methode ersetzt, die sog. DCF-Methode.[209] Nach dieser Methode wird zunächst der Unternehmenswert als Differenz aus den Werten des Gesamtkapitals und des Fremdkapitals des Unternehmens ermittelt.[210] Das Gesamtkapital des Unternehmens wird durch Diskontierung des freien Cash Flow[211] mit den durchschnittlichen gewogenen Kapitalkosten, den WACC,[212] errechnet.

Problematisch an der DCF-Methode ist die Bezugnahme auf Marktgrößen, die ihrerseits ebenfalls über marktabhängige Größen wie die WACC zu ermitteln sind. Je nach Lösungsansatz wird das Ergebnis auf eine theoretisch relativ dürftig fundierte Grundlage gestellt oder aber es ist stark abhängig von Einzelfaktoren wie steuerlichen Änderungen oder der Kapitalstruktur des Unternehmens.[213]

---

206 *Thommen/Achleitner*, a.a.O., S. 625.

207 *Perridon/Steiner*, a.a.O., S. 223.

208 *Thommen/Achleitner*, Allgemeine Betriebswirtschaftslehre, S. 627.

209 Ca. 40 % aller Unternehmensbewertungen wurden 1997 mittels der DCF-Methode vorgenommen, *Thommen/Achleitner*, a.a.O., S. 637.

210 *Thommen/Achleitner*, a.a.O., S. 628f.

211 Als freien Cash Flow bezeichnet man die tatsächliche Größe, die dem Unternehmen entzogen werden kann um beispielsweise Dividenden auszuschütten oder Zins- und Tilgungszahlungen zu tätigen. Die konkrete Errechnung dieses Wertes aus Buchgrößen ist umstritten. Schon hinsichtlich der zugrundezulegenden Größe besteht keine Einigkeit; *Behringer*, Cash-flow und Unternehmensbeurteilung, S. 138f.

212 Diese werden auch als weighted average capital costs bezeichnet, daher die Abkürzung WACC. Die Einbeziehung der WACC gibt dem DCF-Modell ein erhöhtes Maß an Authentizität, da Fremdkapitalzinsen meist steuerlich abzugsfähig sind und die finanzielle Struktur eines Unternehmens somit durchaus erheblichen Einfluß auf den Unternehmenswert hat. Ausführlicher dazu: *Behringer*, a.a.O., S. 151.

213 *Thommen/Achleitner*, a.a.O., S. 632, detaillierter zu den Lösungsansätzen S. 630f.

Trotz aller Kritikpunkte erhöht aber die DCF-Methode schon allein aufgrund ihres Bekanntheitsgrades und der daraus folgenden Überprüfbarkeit fremder Studien die internationale Transparenz, insbesondere auch wegen der dadurch notwendigen stichhaltigen Begründungen der Bewertungsparameter.

(c) EVA

Eine weitere Bewertungsmethode für den Unternehmenswert ist die Errechnung des Economic Value Added (EVA), der im Gegensatz zur DCF-Methode nicht den freien Cash Flow zugrundelegt, sondern vom operativen Ergebnis vor Zinsen und nach Steuern ausgeht. Dieser korrigierte Jahresüberschuß wird wiederum um die Fremdkapitalkosten des Unternehmens vermindert. Der EVA ist ein Indikator dafür, inwieweit in der Berechnungsperiode Wert geschaffen wird. Insbesondere zur Performance-Beurteilung des Managements wird der EVA häufig herangezogen.[214]

(d) Marktorientierte Unternehmensbewertung

Die marktorientierte Unternehmensbewertung wurde zwar ebenfalls zur Ermittlung des Unternehmenswerts entwickelt. Üblicherweise wird sie jedoch vor allem zur ersten Sondierung der Eckpunkte genutzt. Es handelt sich dabei um eine Vergleichsanalyse in Bezug auf ähnliche Unternehmen, die die sog. Peer Group bilden. Zunächst wird ein Multiplikator gewählt, der unter Zuhilfenahme der Peer Group zum Durchschnittsmultiplikator des Marktsegments gemittelt wird. Bezugsgrößen für einen solchen Multiplikator können beispielsweise Gewinn, Umsatz oder die Kundenanzahl sein. Der Marktwert jedes Unternehmens wird dann durch die jeweilige Bezugsgröße dividiert. Mit dem resultierenden gemittelten Durchschnittsmultiplikator wird die Bezugsgröße des untersuchten Unternehmens multipliziert, um einen näherungsweisen Unternehmenswert zu erlangen.[215]

Sowohl die Vor- als auch die Nachteile dieser Methode liegen auf der Hand. Die vorzunehmenden Berechnungen sind äußerst simpel; die Informationsrecherche ist mit wenig Aufwand zu bewältigen. Allerdings ist die Auswahl der Peer Group schwierig; die Vergleichbarkeit verschiedener Unternehmen ist immer nur sehr bedingt gegeben. Dabei spielen die Größe der Unternehmen, Eigenkapitalbasis, Absatzmärkte, Produktpalette etc. eine Rolle. Auch hier besteht darüber hinaus das Problem der divergierenden Bilanzierungsvorschriften, die eine auf Buchgrößen basierende Bewertung stark beeinflussen können. Zudem sollte berücksichtigt werden, dass eine ausschließlich auf einen Peer Group-Vergleich abstellende Aktienbewertung die faire Bewertung der Peer Group am Kapital-

---

[214] *Thommen/Achleitner*, Allgemeine Betriebswirtschaftslehre, S. 632f; *Born*, Bilanzanalyse international, S. 451f.

[215] *Thommen/Achleitner*, a.a.O., S. 635f.

markt unterstellt. Dies ist nach den Grundannahmen der Fundamentalanalyse allerdings regelmäßig zu bezweifeln.

(ii) Gesamtwirtschaftlicher Kontext

Unabhängig von der gewählten Methode steht der ermittelte „innere Wert" stets in Abhängigkeit von Gesamtmarktgegebenheiten. Grundsätzlich zu berücksichtigende Faktoren sind dabei gesamtwirtschaftliche, aber auch branchenspezifische Einflüsse, da diese aufgrund des hohen Grades an globaler Vernetzung ein isoliert erlangtes Ergebnis völlig umstürzen können. Zur Auswertung entsprechender konjunktur-, zins- und entwicklungsbezogener Rahmendaten, der Beeinflussung durch eine schwankende Geldmenge und der Lebenshaltungskosten werden üblicherweise eigene Analysten beschäftigt. So kann beispielsweise der Wechselkurs des USD starken Einfluß auf deutsche Unternehmen haben, soweit es sich um Exportunternehmen handelt oder das Unternehmen in USD gehandelte Rohstoffe verarbeitet. Je nach Branche wirken sich Verteuerungen positiv oder negativ aus. Darüber hinaus kann sich jedes Unternehmen intern durch Hedging[216] oder Fremdfinanzierung in USD bereits gegen Währungskursschwankungen abgesichert haben.[217] Gerade am Beispiel der Auswirkungen von Wechselkursschwankungen wird deutlich, wie wichtig die Konzentration auf das analysierte Unternehmen selbst ist.
Jedes Unternehmen steht somit im Kontext seines nationalen Marktes sowie seiner internationalen Branche, wobei häufig der Einfluß des nationalen Umfelds überwiegt.[218] Zwar unterliegen die Branchen in ihrer Gesamtheit Einflußfaktoren wie Rohstoffpreisen oder Währungsschwankungen. Steuerliche Regelungen oder umweltrechtliche Vorgaben, die wiederum auf Ebene der nationalen Märkte gelten und damit nur einen Ausschnitt der Branche betreffen, sind aber oft entscheidender.

(iii) Kennzahlen

Darüber hinaus sind Kennzahlen[219] ein wichtiges Hilfsmittel der Fundamentalanalyse. Üblicherweise werden Kennzahlen gebildet, um im Rahmen der Bi-

---

216 Hedging, „Absichern", bezeichnet den Versuch, bestehende Risiken des Kassamarktes mit Hilfe des Terminmarkts zu verlagern; *Heussinger/Klein/Raum*, Optionsscheine, Optionen und Futures, S. 133.

217 *Steiner/Bruns*, Wertpapier-Management, S. 232f.

218 *Steiner/Bruns*, a.a.O., S. 237f.

219 Kennzahlen im Sinne der Finanzanalyse können absolute Zahlen, Verhältniszahlen oder statistische Maßgrößen sein; *Perridon/Steiner*, Finanzwirtschaft der Unternehmung, S. 552; detaillierter *Meyer*, Betriebswirtschaftliche Kennzahlen und Kennzahlen-Systeme, S. 6ff sowie *Bussiek/Fraling/Hesse*, Unternehmensanalyse mit Kennzahlen, S. 33ff. Sie sind das Ergebnis zueinander in Beziehung gesetzter betriebswirtschaftlich relevanter Größen. Im Vergleich zu absoluten Zahlen, die nur einen Zeitpunkt und eine direkt der Bilanz

lanzanalyse Unternehmen unterschiedlicher Größe und Struktur vergleichen zu können. Bei der Nutzung von Kennzahlen sind gewisse Grundprinzipien zu beachten. Die zugrundeliegende Berechnung muß konstant bleiben, die verwendeten Größen müssen klar präzisiert sein und der Informationsgehalt muß jeweils richtig eingeordnet werden.[220]

Analysten stellen bei der Bilanzanalyse als wichtigstem Bestandteil der Fundamentalanalyse zunächst auf die Ertragslage ab. Zwar gibt es Interpendenzen zwischen einer stabilen finanziellen Situation und einer positiven Ertragslage, so dass auch die Finanzlage berücksichtigt wird.[221] Entscheidend für Analysten ist jedoch die Ertragslage[222] des Unternehmens, da der Aktienkurs bei börsennotierten Gesellschaften mittel- bis langfristig eng mit der Gewinnentwicklung des Unternehmens zusammenhängt.[223]

Hinsichtlich der Gewinnentwicklung können eine Vielzahl von Ergebnisgrößen und Kennzahlen herangezogen werden. Es liegt beim einzelnen Analysten, die geeignete zu finden.

Mit der Gewinnentwicklung wird häufig der Jahresüberschuß oder Unternehmensgewinn assoziiert. Dieser ist allerdings eine stark manipulierbare Größe, die durch Bewertungswahlrechte, Bildung und Auflösung stiller Reserven etc. beeinflußt werden kann.[224] Insofern bietet er sich nur begrenzt als Bewertungsbasis an.

Eine äußerst beliebte Kennzahl ist der Gewinn pro Aktie, auch als Earnings per Share (EPS)[225] bekannt. Die Berechnung dieser Kennzahl wird jedoch ständig

---

etc. entnommene Information wiedergeben, haben Kennzahlen den Vorteil erhöhter Aussagekraft, da ihnen bereits ein Vergleichsmaßstab zugrunde liegt. Bei der Bildung von Kennzahlen wird gemäß dem Entsprechungsprinzip nach Zähler und Nenner gesucht, die sich entsprechen, also in einem sinnvollen inneren Zusammenhang stehen. Ein Beispiel ist die Prüfung der Gesamtkapitalrentabilität, bei der der Gewinn dem Gesamtkapital gegenübergestellt wird; *Coenenberg*, Jahresabschluss und Jahresabschlussanalyse, S. 893f.

[220] *Bussiek/Fraling/Hesse*, a.a.O., S. 31f.

[221] *Born*, Bilanzanalyse international, S. 5.

[222] Zur Ermittlung des so entscheidenden zukünftigen Ertragswerts wird häufig das oben erläuterte sog. Discounted Cash Flow-Modell (DCF) angewandt, bei dem der zukünftige Cash Flow eines Unternehmens je nach Branche auf 5-10 Jahre geschätzt und abgezinst wird. Mit dem DCF läßt sich der Unternehmenswert unter Berücksichtigung von Unternehmensführung und zukünftiger Projekte bzw. Strategien ermitteln. Da seine Basis der Cash Flow, also eine reale Größe, ist, bleiben Bilanzierungsdifferenzen weitgehend außen vor.

[223] *Coenenberg*, a.a.O., S. 876; *Perridon/Steiner*, Finanzwirtschaft der Unternehmung, S. 552; Fachgespräch mit Herrn Schickentanz, Dresdner Bank, Anlagestrategie.

[224] *Perridon/Steiner*, a.a.O., S. 225.

[225] Eine Veröffentlichung des EPS war in Deutschland bislang nicht gesetzlich vorgeschrieben, die Deutsche Vereinigung für Finanzanalyse und Asset Management e.V. (DVFA) gab aber bereits 1968 ein Berechnungsschema dafür heraus; *Ostmeier*, Das Informationspotenzial neuerer Rechnungslegungsinstrumente in International Financial Reporting

verändert, so dass ein internationaler Vergleich schwerfällt. Der Gewinn pro Aktie wird grob beschrieben durch Division des Periodengewinns nach Steuern durch die Anzahl der Stammaktien errechnet.

Eine der Vergleichbarkeit auf operativer Ebene dienende Kennzahl aus dem angelsächsischen Raum ist EBIT (Earnings before interest and tax), auch als Operating Income oder Operating Profit bezeichnet. Dahinter steht als Größe der Gewinn vor Ertragssteuern und Zinsen.[226] Damit wird eine sowohl von der Finanzstruktur des Unternehmens als auch von steuerlichen und bilanziellen Einflüssen unabhängige Beurteilung verfolgt.[227] Aufgrund der unterschiedlichen Abschreibungspraxis ist dies allerdings nur begrenzt möglich, daher wird inzwischen oftmals auf das EBITDA[228] fokussiert.

Für grundlegende Vergleiche frei von bilanzpolitischen Einflüssen wird häufig der Cash Flow herangezogen. Begriffstechnisch handelt es sich dabei um eine äußerst umstrittene Größe, bedingt durch die unterschiedlichen damit verfolgten Erkenntnisziele. Grundgedanke des Cash Flow ist es, Klarheit über die Ertragslage eines Unternehmens zu erlangen, ohne dass bilanzpolitische Maßnahmen die Sicht verstellen. Die am häufigsten vertretene Definition sieht den Cash Flow als Ergebnis einer Periode nach Zinsen, Steuern und betriebsnotwendigen Investitionen.[229]

Ebenfalls oft herangezogen wird die Eigenkapitalquote bzw. ihr Gegenstück, die Fremdkapitalquote. Die Eigenkapitalquote ist das Ergebnis der Division des Eigenkapitals durch das Gesamtkapital bzw. dessen Bilanzsumme. Diese Kennzahl läßt Rückschlüsse auf die finanzielle Struktur des Unternehmens zu. Je geringer die Quote, desto geringer ist die unternehmerische Disposition oder anders gesagt, desto höher ist die Abhängigkeit von Kreditgebern.[230] Hinsichtlich der idealen Höhe der Eigenkapitalquote können allerdings keine pauschalen Aussagen getroffen werden, da insbesondere branchenabhängig völlig unterschiedliche Verhältnisse herrschen. So ist beispielsweise in der Baubranche eine hohe Verschuldung üblich, da dem Fremdkapital wertvolle Maschinen und Geräte sowie größere Mengen an Baustoffen gegenüberstehen.[231]

Eine weitere Gruppe der Kennzahlen sind Rentabilitätskennzahlen, die Auskunft über die Ertragslage des Unternehmens geben und darüber, wie effizient die ein-

---

Standards (IAS/IFRS) basierten Jahresabschlüssen und seine Nutzung für die Abschlussanalyse, S. 218.

[226] *Gabler*, EBIT.

[227] *Steiner/Bruns*, Wertpapier-Management, S. 268.

[228] Earnings before Interest, Taxes, Depreciation and Amortisation; *Steiner/Bruns*, a.a.O., S. 268.

[229] *Born*, Bilanzanalyse international, S. 347f.

[230] *Disselkamp*, AiB 2003, 304.

[231] Fachgespräch mit Herrn Bernd Schröder, Dresdner Bank, Anlagestrategie.

gesetzten Mittel verwertet werden.[232] Eine gerade für Aktionäre ausschlaggebende Kennzahl ist die Eigenkapitalrentabilität (auch Return on Equity, RoE genannt). Dabei wird der Gewinn des Unternehmens durch das Eigenkapital geteilt; sie zeigt also die Profitabilität des Eigenkapitals des Unternehmens und seiner Gesellschafter an.[233] Das Ergebnis stellt praktisch die Verzinsung der Anlage dar, die daraufhin mit Werten anderer, immer auch festverzinslicher, Anlagen verglichen wird.[234] Gerade bei Beachtung eines gewissen Risikoabschlags kann sich eine festverzinsliche Anlage als attraktiver herausstellen.
Die wohl bei Anlegern beliebteste Kennzahl ist das Kurs-Gewinn-Verhältnis, das KGV, auch price-earnings ratio, PER, genannt. Das KGV ist das Ergebnis der Division des Börsenkurses durch den Gewinn je Aktie, es zeigt also den Kehrwert der Rentabilität auf den Börsenkurs an.[235] Dabei gilt eine Aktie mit niedrigem KGV grundsätzlich als kaufenswert. Die Vorteile des KGV liegen in der einfachen Berechnung und in der ausschließlichen Verwendung von Erfolgsgrößen. Allerdings werden Bilanzierung, Kapitalstruktur und Besteuerung völlig vernachlässigt, womit die auf dem KGV beruhenden Empfehlungen sehr oberflächlich sind.
Die beschriebenen Kennzahlen werden in unterschiedlichem Maße von den einzelnen Analysten genutzt. Üblicherweise wird ein Gesamtbild anhand mehrerer Kennzahlen erarbeitet, wobei die unterschiedlichen Werte der gegenseitigen Überprüfung dienen.

(3) Fehlen allgemeiner Maßstäbe

Der kurze Überblick zeigt, dass bereits bei der Wahl einer bestimmten Methode mehrere Möglichkeiten gegeben sind. Entscheiden sich beispielsweise zwei Analysten für die Fundamentalanalyse, können sie allein aufgrund der Auswahl unterschiedlicher Kennzahlen bei der Bewertung desselben Unternehmens zu völlig unterschiedlichen Ergebnissen kommen. Darüber hinaus gibt es Vorgehensweisen, die allgemein anerkannt sind, von denen aber mit entsprechender Argumentation auch abgewichen werden kann, so beispielsweise bei dem Vergleich mit anderen Unternehmen der Branche. Ist der Analyst der Ansicht, dass sämtliche Unternehmen der Branche aus unterschiedlichen Gründen unfair bewertet sind, ist ein brancheninterner Vergleich tatsächlich wenig hilfreich. Aufgrund der genannten Umstände ist es besonders schwierig, für die Erstellung von Finanzanalysen allgemeingültige Sorgfaltsstandards zu setzen.

---

[232] *Kirsch*, BB 2004, 266; *Ammann/Müller*, IFRS – International Financial Reporting Standards, S. 338f.
[233] *Kirsch*, BB 2004, 262.
[234] *Disselkamp*, AiB 2003, 303.
[235] *Born*, Bilanzanalyse international, S. 242.

bb) *Auslegung der erforderlichen Sachkenntnis, Sorgfalt und Gewissenhaftigkeit nach § 34b I 1 WpHG*

Dem Wortlaut des § 34b I 1 WpHG lassen sich nur wenige Anhaltspunkte entnehmen, aber üblicherweise beinhaltet Sachkenntnis eine durch entsprechende Ausbildung bzw. Weiter- oder Fortbildung erlangte Fachkunde. Unter Sorgfalt und Gewissenhaftigkeit wird allgemein die Genauigkeit bei der Ausführung einer Tätigkeit verstanden. Konkret könnte darunter hier das Erstellen der Finanzanalyse unter Nutzung sämtlicher Informationen nach anerkannten Methoden und Denksätzen fallen. Erforderlich sind diese Merkmale, soweit sie für die Erstellung vertrauenswürdiger Finanzanalysen notwendig sind.
Hinsichtlich der praktischen Grenzen der Sorgfaltspflichten bleiben bei diesem Verständnis der Begriffe allerdings viele Fragen offen, wie folgendes Beispiel verdeutlicht: Anhand eines Rechenmodells wird ein bestimmtes Unternehmen analysiert und für dieses auf der Basis einer Prognose des Ertrags des nächsten Quartals eine Finanzanalyse ausgegeben. Der tatsächlich erzielte Ertrag bleibt in Folge aber weit hinter der Prognose zurück. Angesichts dieser offensichtlichen Fehleinschätzung könnte an der Sorgfalt bei der Erstellung oder zumindest an der Sachkenntnis des Erstellers gezweifelt werden.
Ähnliche Probleme wirft eine Finanzanalyse auf, in der der Analyst seine Ergebnisse auf die Untersuchung von nur zwei Kennzahlen stützt. Sämtliche anderen Werte und Daten ignoriert er. Dieses Vorgehen könnte eine Verletzung von Mindeststandards der Finanzanalyse darstellen.
Auch die Frage nach den Adressaten dieser Sorgfaltspflichten ist von Relevanz. Geht beispielsweise eine Finanzanalyse, in der die veralteten Bilanzdaten des vorherigen Quartals zugrunde gelegt wurden, an eine Werbe-Agentur zur Überarbeitung des Layouts, könnte der Werbe-Fachmann als an der Erstellung Beteiligter zur Überprüfung der Einhaltung dieser Sorgfaltsanforderungen verpflichtet sein. Um diese Fragen beantworten zu können, bedarf es einer systematischen, historischen und teleologischen Auslegung der Begriffe der erforderlichen Sachkenntnis, Sorgfalt und Gewissenhaftigkeit.

Bei diesen Begriffen handelt es sich um unbestimmte Rechtsbegriffe, bzgl. derer zumindest eine gewisse Konturierung anzustreben ist. Wie sich aus der Entstehungsgeschichte des § 34b I 1 WpHG erkennen läßt, wurden diese Begriffe aus § 34b WpHG a.F. übernommen. Ursprünglich waren sie in Anlehnung an die Wertpapierdienstleistungs-RL und deren Umsetzung in den § 31 I Nr. 1 WpHG aufgenommen worden. Dort beinhaltete dieses Begriffstrio in richtlinienkonformer Auslegung eine Pflicht zum Handeln im Interesse des Anlegers.[236] Da es sich bei § 34b WpHG a.F. aber nicht um angeglichenes nationales Recht handelte, bestand diesbezüglich keine Pflicht zur richtlinienkonformen Auslegung.

---

[236] Detaillierter hierzu, siehe zu § 31 WpHG a.F.: Assmann/Schneider – *Koller*, § 31 Rn 4ff.

Darüber hinaus galt für die geregelte Materie bereits damals und gilt auch derzeit noch, dass zwischen Anleger und Analyst keinerlei nähere Beziehung besteht, im Gegensatz zum Verhältnis zwischen Anleger und Anlageberater. Dennoch kann die Vorgabe hinsichtlich des Sorgfaltsmaßstabs als Anhaltspunkt herangezogen werden, der danach am ordentlichen Finanzanalysten auszurichten ist.

Um das Ziel, zusätzliches Vertrauen der Anleger in Finanzanalysen zu schaffen, zu erreichen, ist die Gewährleistung gewisser Mindeststandards erforderlich. Diese Intention ist allerdings stets vor dem Hintergrund der Vielzahl anerkannter Methoden zur Erstellung von Finanzanalysen zu sehen.

Bei der Bestimmung der erforderlichen Sachkenntnis erschwert das Fehlen eines klaren Berufsbildes des Finanzanalysten die Konturierung der Anforderungen. Üblicherweise hat ein Finanzanalyst ein wirtschaftswissenschaftliches Hochschulstudium und/oder Fachkenntnisse in seiner untersuchten Branche. Allerdings wird auch einschlägige Erfahrung im Bereich der Finanzanalyse hoch geschätzt, so dass langjährige Erfahrungen eine entsprechende spezifische Ausbildung aufwiegen können. Wird eine ungewöhnliche Branche analysiert, für die besonderer Sachverstand nötig ist, muß zur Gewährleistung der erforderlichen Sachkenntnis zusätzlicher, ggf. externer Sachverstand herangezogen werden.

Allgemeine Anforderungen an die sorgfältige und gewissenhafte Erstellung zu formulieren, ist nur in sehr geringem Maß möglich, wie bereits durch den kurzen Überblick über die Methoden zur Erstellung von Finanzanalysen verdeutlicht wurde. Eine Feststellung von Sorgfaltspflichtverletzungen aufgrund von Indizien wie beispielsweise der weit verfehlten Prognose ist aufgrund des äußerst unsicheren, subjektiven Charakters solcher Prognosen in Finanzanalysen nicht möglich. Allenfalls können Regeln zur Aktualität der Informationsbasis oder Einhaltung allgemein anerkannter Denkgesetze aufgestellt werden, im übrigen verbietet sich eine schematische Lösung. In Ermangelung eines direkten Vertrauensverhältnisses zwischen Anleger und Analyst genügt im Einzelfall der ordentliche Ersteller als Sorgfaltsmaßstab.

Auch der Maßstab hinsichtlich der Erforderlichkeit ist an die praktischen Gegebenheiten anzupassen. Wie bereits gezeigt, gehören viele verschiedene Tätigkeitselemente zur Erstellung einer Finanzanalyse. Die Sorgfaltspflichten können aber für die einzelnen Beteiligten nur für diejenige Tätigkeit gelten, die sie selbst ausüben. So kann ein Werbe-Fachmann nicht die sorgfältige Zusammenstellung der Datenbasis überprüfen – eine solche Prüfung ist mithin nicht Teil der erforderlichen Sorgfalt bei der Erarbeitung des „Aussehens" der Finanzanalyse.

cc) Ergebnis

Die erforderliche Sachkenntnis kann durch eine entsprechend Ausbildung und Weiterbildung,[237] aber auch durch einschlägige Erfahrungen in der Erstellung von Finanzanalysen erlangt werden. Wenn der konkrete Fall dies erfordert, ist sie durch zusätzlichen, ggf. externen Sachverstand zu ergänzen.[238]

Die Aufstellung eines allgemein gültigen Pflichtenkanons zur Ausfüllung der übrigen Sorgfaltspflichten ist aus verschiedenen Gründen nicht möglich: erstens aufgrund der Vielzahl möglicher Methoden und Herangehensweisen innerhalb der einzelnen Methoden, zweitens aufgrund des prognostizierenden Charakters von Finanzanalysen und drittens aufgrund der subjektiven Bewertungen, die Finanzanalysen ausmachen und sich objektiven Kriterien ex ante weitgehend entziehen. Es gilt der Sorgfaltsmaßstab des ordentlichen Finanzanalysten.

Erforderlich ist die Einhaltung der Sorgfaltspflichten nur in Bezug auf die eigene Tätigkeit.

dd) Verstöße gegen die Sorgfaltspflichten und deren Bewertung

Verstöße gegen die Pflicht zur Erstellung mit der erforderliche Sachkenntnis, Sorgfalt und Gewissenhaftigkeit sind in ebenso vielen Varianten denkbar, wie es vertretbare Ansätze der Finanzanalyse selbst gibt. Dabei ist eine Abgrenzung von Verstößen gegen die Sachkenntnis oder Sorgfalt bzw. Gewissenhaftigkeit schwierig, da die Grenzen hier verschwimmen. Im Folgenden werden diese drei als zusammengehörige Pflichtentrias behandelt und eine Einordnung vielmehr danach vorgenommen, wie leicht sich die Verstöße feststellen und bewerten lassen.

Fehler in der Sachverhalts- bzw. Datenbasis und deren unmittelbare Auswertung lassen sich verhältnismäßig einfach feststellen. Ein eindeutiger Verstoß gegen Sorgfaltspflichten liegt in der Verwendung veralteter Daten. Weitere, weniger offensichtliche Verstöße sind Fehler wie die mangelnde Überprüfung der verwendeten Tatsachen, die falsche Einordnung einmaliger kurstechnischer Ereignisse wie Aktiensplits oder das Ignorieren allgemeiner, kursbeeinflussender Informationen.

Weitaus schwieriger gestaltet sich die Bewertung möglicher methodischer Verstöße. Eine der Aufgaben des Analysten ist es, einmalige Ereignisse als solche zu identifizieren und entsprechend zu gewichten. Das mag bei der Umstellung auf eine andere Bilanzierungsart noch relativ einfach sein.[239] Die daraus resultie-

---

[237] So auch *v. Kopp-Colomb* zu § 34b WpHG a.F., WM 2003, 613.

[238] Ebenso *Schwintek*, Das Anlegerschutzverbesserungsgesetz, S. 95.

[239] In diesem Bereich ist derzeit die Umstellung vieler Unternehmen auf IFRS von erheblicher Relevanz für die Unternehmensdaten. Um eine Vorstellung der möglichen Abweichungen zu geben: Der sog. Goodwill, der bei Unternehmenskäufen als Differenz zwischen Marktwert (Marktkapitalisierung) und Buchwert (bilanziellem Eigenkapital) in der Bilanz des Käufers ausgewiesen wurde, soweit der Kaufpreis über dem Buchwert lag, wird aufgrund

renden Folgen für Kennzahlen[240] und allgemein vergleichende Analysen mit Werten der vergangenen Jahre sind dagegen erheblich diffiziler festzustellen. Auch die Einschätzung des auf den Abschluß eines Vergleichs folgenden Klagerisikos anderer Betroffener ist nicht einfach und dementsprechend sind auch Fehler schwerer festzustellen. Methodisch falsch ist der Vergleich von Bilanzen zweier Unternehmen, die unterschiedliche Rechnungslegungsvorschriften anwenden. Nutzen diese Unternehmen dagegen nur unterschiedliche Möglichkeiten innerhalb des gleichen Rechnungslegungssystems, kann ein direkter Vergleich vertretbar, wenn auch methodisch fragwürdig sein.
Besonders schwierig ist die Beurteilung der Erstellung von Finanzanalysen zu Derivaten und Finanzinnovationen. Solche Analysen nehmen eine kontinuierlich wichtigere Rolle auf dem Anlagemarkt ein, da sich Derivate aufgrund der beliebigen Risikostaffelung zunehmender Beliebtheit erfreuen. Dabei mag sich die Analyse zwar häufig auf die Produktbeschreibung konzentrieren, der zusätzliche Vergleich durch den Analysten stellt aber bereits eine erhebliche Mehrleistung für den Anleger dar. Werden bei der Bewertung von Finanzinstrumenten die charakteristischen Eigenheiten des einzelnen Finanzinstruments nicht beachtet, kann dies zu Fehlern führen. Bereits bei Anleihen, die noch zu den „klassischen" Anlageobjekten zählen, ist es möglich, beispielsweise ein Kündigungsrecht für den Schuldner aufzunehmen. Die Kündigung erweist sich bei stark gefallenen Marktzinsen als Vorteil, da so billigeres Fremdkapital beschafft werden kann.[241]

---

der nun angestrebten marktorientierten Bewertung in Zukunft deutlich sinken. Bei der Porsche AG lag das bilanzielle Eigenkapital 2004 bei 1,8 Mrd. €, während der Börsenwert 4,3 Mrd. € betrug – es handelt sich also um durchaus relevante Summen. Ganz allgemein werden viele Fälle von Fehlinterpretationen und daraus resultierende, völlig ungerechtfertigte Kursstürze erwartet; *Weber*, Handelsblatt vom 4.7.2005, Nr. 126, S. 11.

[240] So sind umsatzbasierte Kennzahlen nach HGB-Abschlüssen mit solchen aus IFRS-Abschlüssen nur eingeschränkt vergleichbar. Nach IFRS sind die Erlöse als Gegenstück zum Umsatz nach HGB nicht zweifelsfrei von anderen Erträgen abgrenzbar, so dass eine Unschärfe bleibt; *Kirsch*, BB 2004, 263. Hinsichtlich Cash Flow-basierter Zahlen gibt es wenig Bedenken, da dieser nach IFRS sehr detailliert auszuweisen ist und die zum Vergleich benötigten gewohnten Größen somit im Zweifel zur Verfügung stehen sollten. Selbst bei reinen Cash Flow-Bewertungsmodellen wie dem DCF-Modell können aber die übrigen Faktoren, wie beispielsweise die Finanzlage, durch erst jetzt zu veröffentlichende Informationen der Korrektur bedürfen; Industry Report Europe, Citigroup Smith Barney, März 2004, S. 11. Das KGV dagegen wird bei einem nun anders errechneten Gewinn variieren. Die neuen Bilanzierungsregeln bringen aber nicht nur aufgrund der Umstellung eine Unschärfe mit sich, sie beeinflussen gewohnte Kennzahlen auch inhaltlich erheblich. So wird eine der entscheidende Kennzahlen, das Ergebnis je Aktie oder EPS (Earnings per Share), in Zukunft nach IAS 33 ermittelt. Dabei findet aber eine asymmetrische Abbildung vieler Sachverhalte statt – gewisse Wertsteigerungen gehen nicht in das Ergebnis mit ein, Wertminderungen dagegen in der Regel schon; *Pellens/Jödicke/Nolte*, Handelsblatt vom 8.12.2004.

[241] *Spremann/Gantenbein*, Zinsen, Anleihen, Kredite, S. 31.

Insofern handelt es sich um einen essentiellen Bestandteil, der dieses Finanzinstrument auszeichnet und in der Finanzanalyse zu berücksichtigen ist. Eine ähnlich schwerwiegende Auslassung wäre es beispielsweise, die Bonität des Emittenten eines Zertifikats außer acht zu lassen. Hier würde ebenfalls ein wichtiges Element der Bewertung fehlen.

Trotz aller Unklarheiten lassen sich einige allgemein zu befolgende Regeln erkennen. Es sind stets die aktuellsten Daten und Informationen zu verwenden. Faktoren, die zu einem Totalverlust des angelegten Kapitals führen können, sind stets zu berücksichtigen. Darüber hinaus gibt es bei jedem methodischen Ansatz einige allgemeine Denkgesetze, die nicht ohne Angabe von Gründen ignoriert werden können. Im übrigen bleibt nur die Entscheidung im Einzelfall.

c) Weitergabe von Finanzanalysen

aa) Weitergabe im Sinne des § 34b I 2 WpHG

Allgemein bezeichnet der Begriff der Weitergabe die Übermittlung an einen anderen, hier also die Entlassung der Finanzanalyse aus dem eigenen Verantwortungsbereich.
Nach diesem weiten Verständnis aus dem Wortsinn heraus ist es denkbar, dass eine Weitergabe bereits dann vorliegt, wenn ein Anleger einem anderen Anleger eine Finanzanalyse übergibt. Desweiteren könnte auch die Versendung von Morning oder Sales Notes innerhalb eines Finanzkonzerns von der Zentrale an ein verbundenes Unternehmen als Weitergabe betrachtet werden. Die beiden Fallgruppen belegen die Notwendigkeit, Einschränkungen am Begriff der Weitergabe vorzunehmen.

Die Systematik des § 34b WpHG zeigt, dass „weitergeben" nicht mit „öffentlich verbreiten" gleichzusetzen ist. Darüber hinaus bezieht sich die Weitergabe rein auf Finanzanalysen, d.h. eine Analyse wird nicht allein durch die Weitergabe zu einer Finanzanalyse im Sinne des § 34b I 1 WpHG, sondern sie muß schon vorher den entsprechenden Anforderungen genügen. Die Weitergabe wird in verschiedenen Zusammenhängen genannt: In § 34b II WpHG wird die Weitergabe der Zusammenfassung einer von einem Dritten erstellten Finanzanalyse geregelt. Die amtliche Überschrift des § 7 FinAnV nennt die Weitergabe ohne Einschränkungen, während im Normtext abwechselnd von der „Weitergabe der Finanzanalysen Dritter" (§ 7 I 1, II 1 FinAnV) und der „Weitergabe" ohne Qualifikationen (§ 7 III, IV FinAnV) gesprochen wird. Fraglich ist, ob es sich dabei um inhaltliche Unterscheidungen oder lediglich redaktionellen Zufall handelt. Da § 7 I 1 FinAnV unter Bezugnahme auf die Weitergabe von Finanzanalysen Dritter ausdrücklich auf die in § 34b I WpHG geregelten Pflichten verweist, ist davon auszugehen, dass die Abweichungen lediglich redaktioneller Zufall sind

und sich Weitergabe im Sinne des § 34b WpHG und der FinAnV stets auf Finanzanalysen Dritter bezieht.
Betrachtet man die mit der Weitergabe verbundenen Pflichten, nämlich die Offenlegung der Identität des für die Weitergabe Verantwortlichen gem. § 34b I 2 Nr. 1 WpHG, erschließt sich ein weiteres Merkmal der Weitergabe: Die Weitergabe muß in eigener Verantwortung erfolgen. Die bloße Übermittlung ist danach nicht ausreichend. Für den Empfänger muß erkennbar sein, dass der Weitergebende für die Weitergabe dieser Finanzanalyse auch verantwortlich zeichnet.
Wie die Entstehungsgeschichte zeigt, genügt es, mittels der Weitergabe eine Finanzanalyse „anderen zugänglich"[242] zu machen. Eine Übermittlung an einen unbestimmten Personenkreis ist nicht erforderlich; die Übergabe an einzelne reicht aus. Nach den Vorgaben des Gesetzgebers gilt auch hier die Einschränkung des persönlichen Anwendungsbereichs auf solche Personen, die die Finanzanalyse „in Ausübung ihres Berufes oder im Rahmen ihrer Geschäftstätigkeit"[243] weitergeben. Zudem bekräftigt die Begründung des Verordnungsgebers zu § 7 I FinAnV als konkretisierender Regelung zur Weitergabe nach § 34b I 2 WpHG die bereits gezogene Schlußfolgerung, dass sich die Weitergabe stets auf Finanzanalysen Dritter bezieht.[244]
Hinter der Regelung der Weitergabe steht der Gedanke, dass es für den Anleger von erheblicher Relevanz ist, die Identität des Weitergebenden zu erfahren. Üblicherweise wird dieser eigene Interessen mit der Weitergabe verfolgen, so dass eine erhöhte Transparenz hier ebenso wichtig ist wie bei der Erstellung der Finanzanalyse.

Im Ergebnis sind also zwei Einschränkungen des Begriffs der Weitergabe erforderlich: Die Weitergabe bezieht sich auf Finanzanalysen Dritter und sie geschieht in eigener Verantwortung.

bb) Richtlinienkonforme Auslegung nach Art. 7 RL 2003/125/EG

Von einem Dritten erstellte Empfehlung durch eine relevante Person unter deren Verantwortung weitergegeben...

A relevant person under his own responsibility disseminates a recommendation produced by a third party...

Une personne concernée diffuse sous sa propre responsabilité une recommandation produite par un tiers...

Una persona perteniente, bajo su propia responsabilidad, divulgue una recomendación elaborada por un tercero.

---

242 Begr. AnSVG, BT-Drucks. 15/3174, S. 38.
243 Begr. AnSVG, BT-Drucks. 15/3174, S. 38.
244 Begr. FinAnV, S. 15.

Darüber hinaus ist als gemeinschaftsrechtliche Vorgabe Art. 7 der RL 2003/125/EG zu berücksichtigen. Bei der darin genannten relevanten Person handelt es sich gem. Art. 1 Nr. 5 RL um eine natürliche oder juristische Person, die bei der Ausübung ihres Berufs oder im Rahmen ihrer Geschäftstätigkeit Empfehlungen erstellt oder weitergibt. Hinsichtlich des Verständnisses der Sprachfassungen gibt es allerdings Unstimmigkeiten. Während die englische, französische und spanische Fassung jeweils von einer „Verbreitung", also einer an eine große Anzahl von Personen gerichteten Handlung sprechen, genügt für das deutsche „Weitergeben" bereits die Übermittlung an eine einzige Person. Die deutsche Fassung ist unter Berücksichtigung der anderen Sprachfassungen also ebenfalls als „weitergeben an eine große Anzahl von Personen" bzw. „verbreiten" zu lesen.
Die verbreitete Empfehlung muß von einem Dritten stammen, also nicht der verbreitenden relevanten Person selbst. Die Verbreitung muß unter eigener Verantwortung geschehen, d.h. sie ist der relevanten Person zuzurechnen. Letztere ist für die Einhaltung der gesetzlichen Vorschriften verantwortlich.

In der RL 2003/125/EG wird klar differenziert zwischen den mit der Erstellung einer eigenen Empfehlung verbundenen Pflichten und solchen, die gem. Art. 7 ff RL auf die Verbreitung von Empfehlungen Dritter bezogen sind. Dabei ist die Verbreitung im Zweifel im Zusammenhang mit Art. 1 Nr. 7 RL zu lesen und ebenfalls dann gegeben, wenn die Empfehlung des Dritten einer großen Anzahl von Personen im Sinne des Art. 1 Nr. 7 RL zugänglich gemacht wird.
Der Entstehungsprozeß der Norm zeigt, dass eine Trennung von Personen, die Empfehlungen erstellen und solchen, die sie verbreiten, von Anfang an verfolgt wurde.[245] Die Regelung der Verbreitung von Empfehlungen Dritter wurde für nötig erachtet, da dem Dritten keinerlei Kontrollmöglichkeiten über die Verwendung seiner Empfehlung durch andere zur Verfügung stehen. Für den Anleger ist es durchaus von Relevanz, wer ihm die Empfehlung eines anderen übermittelt. Somit sind auch bei der Verbreitung von Empfehlungen Dritter Regelungen zur Erhöhung der Transparenz sinnvoll.

Im Gegensatz zur deutschen Lösung des § 34b I 2 WpHG fallen unter den Begriff der „Weitergabe", oder besser der Verbreitung, des Art. 7 RL nur Fälle der Verbreitung an eine große Anzahl von Personen. Im übrigen bezieht sich die Verbreitung auf Empfehlungen Dritter und muß unter eigener Verantwortung geschehen.

---

[245] CESR-Consultation Paper Nr. 101, CESR/02.089b. Darüber hinaus wurde aber zusätzlich die Regelung gewisser Mindeststandards für sämtliche relevanten Personen vorgeschlagen, CESR-Advice Nr. 79, CESR/02-089d.

cc) *Ergebnis*

Weitergabe im Sinne des § 34b I 2 WpHG ist die Übermittlung einer Finanzanalyse Dritter in eigener Verantwortung.
Von einem Dritten ist auszugehen, wenn er von der Öffentlichkeit nicht als identisch mit dem für die Weitergabe Verantwortlichen wahrgenommen wird. Beispielsweise kann ein Finanzdienstleistungsunternehmen eine eigene Finanzanalyse an ein Kreditinstitut, das demselben Finanzkonzern angehört, übermitteln. Es handelt sich dabei um unterschiedliche Unternehmen, die die Finanzanalyse zwar beide unter dem gemeinsamen Corporate Design des Konzerns veröffentlichen, aber jeweils mit ihrem eigenen Namenszug als Teil dieses Designs. Für Außenstehende ist es erkennbar, dass für die Erstellung und die Weitergabe unterschiedliche Personen bzw. Unternehmen verantwortlich sind. Es liegt also die Weitergabe der Finanzanalyse eines Dritten vor.
In eigener Verantwortung wird eine Finanzanalyse dann weitergegeben, wenn die Finanzanalyse zur Weitergabe als Produkt des Verantwortlichen bestimmt ist. Damit steht das Verständnis des Merkmals „in eigener Verantwortung" im Einklang mit dem des Verordnungsgebers zu § 2 I FinAnV.[246] Erforderlich ist somit die rechtliche Zuordnung.

Auf das beschriebene Fallbeispiel der beiden Anleger übertragen heißt das, dass es bei der Übergabe der Finanzanalyse von einem Anleger zum anderen an der erkennbar gewünschten Verantwortlichkeit für die Weitergabe fehlt. § 34b I 2 WpHG ist somit nicht einschlägig. Für das zweite Fallbeispiele heißt das konkret, dass die internen Morning oder Sales Notes keine tauglichen Objekte für eine Weitergabe sind, da es sich hierbei nicht um Finanzanalysen eines Dritten handelt. Die Übermittlung solcher Untersuchungen, die erst später und in anderer Form öffentlich verbreitet werden, ist also keine Weitergabe im Sinne des § 34b I 2 WpHG. Dies ist durchaus sinnvoll, da es bei interner Übermittlung ohnehin am Risiko der Beeinflussung von Anlegern aufgrund interessengeleiteter Weitergabe fehlt.

d) Öffentliche Verbreitung

Der zweite Anknüpfungspunkt für die Pflichten des § 34b WpHG und der FinAnV ist die öffentliche Verbreitung von Finanzanalysen.

aa) *Öffentliche Verbreitung nach § 34b I 2 WpHG*

Als öffentlich verbreitet wird eine Information nach üblichem Sprachgebrauch dann angesehen, wenn sie allgemein zugänglich ist. Allerdings stellt sich gerade im Bereich der Finanzanalyse das Problem der „gestaffelten" Verbreitung.

[246] Begr. FinAnV, S. 4.

Wenn ein Analyst seine Finanzanalyse zunächst eigenen Kunden übermittelt und erst einige Tage später allgemein zugänglich macht, ist offen, wann die öffentliche Verbreitung im Sinne der § 34b I 2 WpHG vorliegt
Ebenso ist fraglich, wie eine passwortgeschützte Homepage für Kunden zu behandeln ist – ob die dort eingestellte Information öffentlich verbreitet ist oder nicht.
Finanzanalysen müssen nach der Legaldefinition des § 34b I 1 WpHG für einen unbestimmten Personenkreis, d.h. in richtlinienkonformer Auslegung für eine große Anzahl von Personen, bestimmt sein. Aus dieser Systematik heraus sollte auch eine dementsprechende Mindestgrenze für die öffentliche Verbreitung zugrunde gelegt werden.
Aus der Entstehungsgeschichte der Norm lassen sich keine weiteren Hinweise zur Auslegung entnehmen. Nachdem es sich um eines der zwei Anknüpfungsmerkmale für sämtliche Pflichten des § 34b WpHG und der FinAnV handelt, sollten Regelungslücken allerdings vermieden werden.

bb) Richtlinienkonforme Auslegung bzw. hinreichende Umsetzung

Gerade diese Anknüpfung an das Merkmal der öffentlichen Verbreitung bereitet hinsichtlich der richtlinienkonformen Auslegung Schwierigkeiten: In der RL 2003/125/EG knüpfen die einschlägigen Pflichten bereits an die Erstellung der Empfehlung an, nicht erst an ihre Verbreitung im Sinne des § 34b I 2 WpHG.
Selbstverständlich ist die Übernahme des Aufbaus der Richtlinie nicht zwingend. Allerdings ist die Umsetzung durch das angeglichene deutsche Recht nur dann hinreichend, wenn im Vergleich zur RL keine Regelungslücken bei der Anwendung der deutschen Normen auftreten. Die vorliegende Problematik läßt sich am einfachsten durch die Untersuchung der folgenden möglichen Konstellationen verdeutlichen:
Eine Finanzanalyse wird vom Ersteller direkt und unmittelbar der Öffentlichkeit zugänglich gemacht. In diesem Fall liegt eine öffentliche Verbreitung im Sinne des § 34b I 2 WpHG vor, so dass es zu einem Gleichlauf der Regelungen in § 34b WpHG und der RL 2003/125/EG kommt.
Eine Analyse wird vom Ersteller zunächst an fünf Einzelpersonen übermittelt und ist auch nur für diese fünf Kunden bestimmt. Einer davon entscheidet sich für die Verbreitung der Analyse. Ursprünglich handelte es sich bei dieser Analyse nicht um eine Finanzanalyse im Sinne des § 34b I 1 WpHG, da sie nicht für einen unbestimmten Personenkreis bestimmt war. Erst mit der Entscheidung zur Verbreitung wurde daraus eine entsprechende Finanzanalyse in diesem Sinne. Der verbreitende Kunde ist damit einer der Ersteller und für die Verbreitung verantwortlich. Er hat sämtliche Pflichten zu erfüllen. Insofern besteht in diesem Fall zwar keine Regelungslücke, wohl aber ein praktisches Problem bei der Er-

hebung der nötigen Daten für die Offenlegungen. Das Verfassen der ursprünglichen Untersuchung ist immer noch ein maßgeblicher Teil der Erstellung.
Wird die Finanzanalyse vom Ersteller selbst zunächst einigen Einzelpersonen zugänglich gemacht und später öffentlich verbreitet, stellt sich die Regelungslage nach der RL 2003/125/EG und § 34b WpHG allerdings unterschiedlich dar. Während nach der RL 2003/125/EG bereits mit der Erstellung sämtliche einschlägigen Pflichten nach Art. 2-6 RL zu erfüllen sind, ist dies nach § 34b I 2 WpHG erst bei der späteren öffentlichen Verbreitung erforderlich. Hier entsteht eine Regelungslücke.
Die in der letzten Konstellation auftretende Regelungslücke ist wahrscheinlich von geringer praktischer Relevanz – typischerweise wird sie dann auftreten, wenn die Finanzanalyse zunächst an institutionelle Investoren übermittelt wird und erst danach an die Öffentlichkeit, also die Anlegerschaft im allgemeinen. Die Schutzbedürftigkeit institutioneller Investoren mag im Vergleich zum klassischen Privatanleger in Frage stehen. Die praktische Relevanz der Regelungslücke ist aber unerheblich; entscheidend ist allein, dass eine Regelungslücke besteht. Die RL ist in allen Teilen angemessen und vollständig in nationales Recht umzusetzen. Eine angemessene Umsetzung läge hier vor, wenn anstelle der Verbreitung die Erstellung das maßgebliche Merkmal für die Anknüpfung sämtlicher Pflichten wäre. Denkbar ist als Äquivalent auch, die Pflichten dann entstehen zu lassen, wenn die Finanzanalyse für die öffentliche Verbreitung bestimmt ist. Auch nach Art. 1 Nr. 3 der RL 2003/125/EG liegt nur eine Empfehlung vor, wenn sie für Informationsverbreitungskanäle oder die Öffentlichkeit bestimmt ist.

cc) Verhältnis der richtlinienkonformen Auslegung zum klassischen Auslegungskanon

Die genannten Möglichkeiten der richtlinienkonformen Auslegung gehen über den Wortlaut des § 34b I 2 WpHG deutlich hinaus. Nach dem klassischen nationalen Auslegungskanon setzt aber der Wortlaut die Grenzen der Auslegung.[247] Die Auflösung dieses Konflikts hängt vom Verhältnis der richtlinienkonformen Auslegung zu den klassischen Auslegungsmethoden ab. Zunächst ist festzuhalten, dass einer Richtlinie keine horizontale Direktwirkung zukommt, da sonst der Unterschied zur Verordnung verwischt würde und darin eine Kompetenzüberschreitung des EG-Gesetzgebers läge.[248]
Die konkrete Einordnung der richtlinienkonformen Auslegung als Methode im nationalen Kontext ist im übrigen umstritten.[249] Im nationalen Auslegungskanon stehen grammatikalische, systematische, historische und teleologische Ausle-

[247] *Larenz*, Methodenlehre der Rechtswissenschaft, S. 343.
[248] *Ehricke*, RabelsZ 59 (1995), 618f.
[249] *Ehricke*, RabelsZ 59 (1995), 609; *Grundmann*, ZEuP 1996, 402f.

gung relativ gleichberechtigt nebeneinander.[250] Aufgrund des Vorrangs des Gemeinschaftsrechts wird dagegen ein Vorrang der richtlinienkonformen Auslegung verlangt. Damit käme allerdings jeder Richtlinie die bereits ausgeschlossene horizontale Direktwirkung zu. Nach anderer Ansicht wird unter mehreren Ergebnissen nach dem „üblichen" Auslegungskanon unter Zugrundelegung der richtlinienkonformen Auslegung das mit der Richtlinie am besten zu vereinbarende Ergebnis ausgewählt.[251]
Nachdem aber am Ende der Auslegung üblicherweise ein einziges Ergebnis steht, erscheint diese Einordnung der richtlinienkonformen Auslegung wenig zweckmäßig. Überzeugender ist es, die richtlinienkonforme Auslegung schon im Rahmen der übrigen Auslegungsmethoden zu berücksichtigen. Vorliegend besteht die Option der Auswahl des am besten mit der RL 2003/125/EG zu vereinbarenden Ergebnisses ohnehin nicht, da keines der möglichen Auslegungsergebnisse den Anforderungen der RL 2003/125/EG entspricht.
In ihrer Bedeutung für das angeglichene Recht nimmt die Richtlinie als höherrangige Verabschiedungsgrundlage eine im weitesten Sinne der Verfassung ähnliche Position ein, so dass der richtlinienkonformen Auslegung eine Bedeutung zukommen sollte, die in etwa der Beachtung der Verfassungsmäßigkeit eines Gesetzes entspricht.[252] Die „verfassungskonforme Auslegung" endet aber an den Grenzen des Wortlauts.[253]

dd) Ergebnis

§ 34b I 2 WpHG hinsichtlich der öffentlichen Verbreitung richtlinienkonform auszulegen, ist nicht möglich. Als Alternative bleibt die analoge Anwendung des § 34b WpHG und der FinAnV bei der Erstellung von Finanzanalysen, d.h. sobald eine Analyse dazu bestimmt ist, einem unbestimmten Personenkreis zugänglich gemacht zu werden.
Eine planwidrige Regelungslücke liegt schon insofern vor, dass der Gesetzgeber beabsichtigte, mit § 34b WpHG den Art. 6 V der Marktmißbrauchs-RL und die RL 2003/125/EG umzusetzen,[254] der entstandene Wortlaut aber keine angemessene Umsetzung darstellt. Die vergleichbare Interessenlage ist von der jeweiligen Konstellation, in der die Regelungslücke auftritt, abhängig. Im Einzelfall ist also zu untersuchen, ob die betroffenen Anleger ebenso schutzbedürftig sind wie die Anlegerschaft als solche. In Ermangelung einer Differenzierung durch den Gesetzgeber, beispielsweise nach institutionellen und privaten Anlegern, sind alle Anleger jedoch in gleichem Maß schutzbedürftig.

---

[250] *Larenz*, Methodenlehre der Rechtswissenschaft, S. 345.
[251] *Grundmann*, ZEuP 1996, 406.
[252] *Ehricke*, RabelsZ 59 (1995), 614, 616.
[253] Im Rückschluß aus *Larenz*, Methodenlehre der Rechtswissenschaft, S. 344f.
[254] Begr. AnSVG, BT-Drucks. 15/3174, S. 38.

§ 34b WpHG kann somit analog bereits auf die Erstellung einer Finanzanalyse angewandt werden, sobald die Finanzanalyse dazu bestimmt ist, einer großen Anzahl von Personen zugänglich gemacht zu werden. Im übrigen ist die öffentliche Verbreitung dann gegeben, wenn die Finanzanalyse einem unbestimmten Personenkreis, also einer großen Anzahl von (mindestens fünfzig) Personen, zugänglich gemacht wird.

Hinsichtlich der Behandlung der beschriebenen Fallgruppen bedeutet dieses Ergebnis, dass auf die Anzahl der Personen abzustellen ist, die Zugriff auf die paßwortgeschützte Homepage haben. Steht die Homepage nur fünf Kunden offen, ist die öffentliche Verbreitung unproblematisch abzulehnen. Im Zweifel handelt es sich dann auch nicht um eine Finanzanalyse im Sinne des § 34b I 1 WpHG. Möglicherweise ist dann § 34b VI WpHG einschlägig.
Im übrigen sind bereits bei der Erstellung die Pflichten des § 34b WpHG und der FinAnV in analoger Anwendung zu erfüllen, so dass bzgl. des bevorzugten Erstzugriffs auch die entsprechend privilegiert behandelten Kunden eine den gesetzlichen Regelungen entsprechende Finanzanalyse erhalten müssen.

C. Sachgerechte Erstellung und Darbietung von Finanzanalysen

Finanzanalysen dürfen gem. § 34b I 2 WpHG nur dann öffentlich verbreitet oder weitergegeben werden, wenn sie sachgerecht erstellt und dargeboten wurden, die Identität der für die Weitergabe oder Verbreitung verantwortlichen Person nach § 34b I 2 Nr. 1 WpHG sowie Umstände oder Beziehungen nach § 34b I 2 Nr. 2 WpHG, die Interessenkonflikte begründen können, offengelegt wurden. Die in § 34b I WpHG geforderte sachgerechte Erstellung und Darbietung ist allein aus § 34b WpHG heraus nicht verständlich. Hier ist vom Gesetzgeber der Rückgriff auf die nach § 34b VIII WpHG erstellte Rechtsverordnung vorgesehen, die diese Begriffe näher bestimmt.[255] Die Konkretisierung der sachgerechten Erstellung und Darbietung wird durch die §§ 2-4 FinAnV vorgenommen.

I. Persönlicher Anwendungsbereich der FinAnV

Der persönliche Anwendungsbereich der FinAnV ist zweigeteilt: Gemäß § 1 II FinAnV findet eine Differenzierung zwischen „qualifizierten Personen"[256] nach § 1 II Nr.1-5 FinAnV und anderen Personen statt. Diese Differenzierung wird mit der höheren Marktwirkung der Finanzanalysen von „qualifizierten Personen" begründet; dementsprechend gelten für diese Gruppe zusätzliche Vorschriften und erhöhte Anforderungen. Zu den „qualifizierten Personen" gehören beispielsweise Kreditinstitute, Finanzdienstleistungsinstitute und unabhängige Analysten, aber auch mit den Aufgezählten verbundene Unternehmen bzw. für sie tätige natürliche Personen. Als Auffangtatbestand werden mit § 1 II Nr. 4 FinAnV sämtliche Personen und Unternehmen erfaßt, die in Haupttätigkeit Finanzanalysen erstellen. Letzteres ist der gemeinsame „Nenner" der „qualifizierten Personen" und begründet die Sonderstellung, die sie und die mit ihnen verbundenen Personen und Unternehmen innehaben.

1. § 1 II Nr. 1 FinAnV – Kreditinstitute

a) Kreditinstitute nach § 1 II Nr. 1 FinAnV

Ein Kreditinstitut ist nach allgemeinem Verständnis ein Institut, das Gelder entgegennimmt und Darlehen vergibt. Eine Legaldefinition des Kreditinstituts findet sich in § 1 I KWG, worauf nach dem Willen des Verordnungsgebers zurückzugreifen ist.[257] Danach sind Kreditinstitute Unternehmen, die Bankgeschäfte im Sinne des § 1 I 2 KWG gewerbsmäßig oder in einem Umfang betreiben, der einen in kaufmännischer Weise eingerichteten Geschäftsbetrieb erfordert.

[255] Begr. AnSVG, BT-Drucks. 15/3174, S. 38.
[256] Begr. FinAnV, S. 3.
[257] Begr. FinAnV, S. 3.

Grund für die Sonderstellung des Kreditinstituts als „qualifizierte Person“ ist die öffentlich wahrgenommene bzw. erwartete besondere Sachkunde bei der Erstellung von Finanzanalysen und das daraus resultierende erhöhte Gewicht der Finanzanalysen am Markt. Demgemäß gelten für Kreditinstitute erhöhte Anforderungen, vor allem hinsichtlich der sachgerechten Erstellung sowie der offenzulegenden Umstände.

b) Richtlinienkonforme Auslegung nach Art. 1 Nr. 2 RL 2003/125/EG

„Kreditinstitut“ ist jede juristische Person im Sinne von Art. 1 I der RL 2000/12/EG.

„Credit institution“ means any persons as defined in Art. 1 (1) of Directive 2002/12/EC.

Par „établissement de crédit“, on entend toute personne au sens de l'art. 1er para. 1 de la directive 2000/12/CE.

„Entidad de credito“, cualquier persona en el sentido del ap.1 del art. 1 de la Directiva 2000/12/CE.

Ein Kreditinstitut im Sinne des Art. 1 Nr. 2 RL 2003/125/EG ist unter Verweis auf Art. 1 I RL 2000/12/EG ein Unternehmen, dessen Tätigkeit darin besteht, Einlagen oder andere rückzahlbare Gelder des Publikums entgegenzunehmen und Kredite für eigene Rechnung zu gewähren.[258] Durch die Einschränkung auf „jede juristische Person“ weicht die deutsche Fassung von der englischen, französischen und spanischen Fassung ab. Sie ist entsprechend anzupassen und als „jede Person“ zu lesen.
Mit der Aufnahme von Kreditinstituten wurde dem CESR-Advice Nr. 77 entsprochen und das besondere Gewicht der Empfehlungen von Kreditinstituten in der Öffentlichkeit berücksichtigt.

§ 1 II Nr. 1 FinAnV setzt die gemeinschaftsrechtlichen Vorgaben hinsichtlich des Begriffs des Kreditinstituts unter Hinzuziehung der Legaldefinition des § 1 I KWG hinreichend um und erweitert sie sogar: Während nach der Definition der RL 2000/12/EG die Merkmale kumulativ vorliegen müssen, ist nach § 1 I KWG ausreichend, wenn eines der Merkmale gegeben ist. Nachdem der Verordnungsgeber ausdrücklich auf § 1 I KWG verweist und den die gemeinschaftsrechtliche Einschränkung aufgreifenden § 1 III d KWG außer acht läßt, ist darin eine bewußte Erweiterung zu sehen.

c) Ergebnis

Ein Kreditinstitut ist gem. § 1 I KWG ein Unternehmen, das Bankgeschäfte gewerbsmäßig oder in einem Umfang betreibt, der einen in kaufmännischer Weise

[258] Da eine Beaufsichtigung auf konsolidierter Basis nicht ausdrücklich angeordnet ist und vorliegend Großkredite nicht betroffen sind, sind die Unterabsätze II und III nicht einschlägig.

eingerichteten Geschäftsbetrieb erfordert. Bankgeschäfte sind solche im Sinne des § 1 I 2 KWG.

2. § 1 II Nr. 1 FinAnV – Finanzdienstleistungsinstitute

a) Finanzdienstleistungsinstitute nach § 1 II Nr. 1 FinAnV

Unter einem Finanzdienstleistungsinstitut wird allgemein ein Institut verstanden, das hauptsächlich Dienstleistungen erbringt, die im Zusammenhang mit dem Handel von Finanzinstrumenten anfallen. Nach der Definition des § 1 I a KWG sind Finanzdienstleistungsinstitute Unternehmen, die Finanzdienstleistungen im Sinne des § 1 I a 2 KWG für andere gewerbsmäßig oder in vergleichbarem Umfang erbringen und keine Kreditinstitute sind. Die Qualifikation als Finanzdienstleistungsinstitut ist somit subsidiär zur Einordnung als Kreditinstitut; letzteres kann zwar auch Finanzdienstleistungen erbringen, gilt aber aufgrund dessen nicht als Finanzdienstleistungsinstitut.[259] Wie auch bei Kreditinstituten liegt der Grund für die Sonderstellung der Finanzdienstleistungsinstitute in der höheren Resonanz ihrer Finanzanalysen in der Öffentlichkeit.

b) Richtlinienkonforme Auslegung nach Art. 1 Nr. 1 RL 2003/125/EG

Die Begriffsbestimmung des Wertpapierhauses gem. Art. 1 Nr. 1 RL 2003/125/EG verweist auf Art. 1 Nr. 2 RL 93/22/EWG. Danach ist ein Wertpapierhaus jede juristische Person, die im Rahmen ihrer üblichen beruflichen oder gewerblichen Tätigkeit gewerbsmäßig Wertpapierdienstleistungen für Dritte erbringt.

Wertpapierdienstleistungen sind nach dem Anhang A der RL 93/22/EWG: (a) die Annahme und Übermittlung - für Rechnung des Anlegers - von Aufträgen, die eines oder mehrere der in Abschnitt B genannten Instrumente[260] zum Gegenstand haben; (b) die Ausführung solcher Aufträge für fremde Rechnung; (c) der Handel mit jedem der in Abschnitt B genannten Instrumente für eigene Rechnung; (d) die individuelle Verwaltung einzelner Portefeuilles mit Ermessensspielraum im Rahmen eines Mandats der Anleger, sofern die betreffenden Portefeuilles eines oder mehrere der in Abschnitt B genannten Instrumente enthalten und (e) die Übernahme (underwriting) der Emissionen eines oder mehrerer der in Abschnitt B genannten Instrumente und/oder Plazierung dieser Emissionen.

Die Aufnahme der Wertpapierhäuser in die Gruppe der qualifizierten Personen und Unternehmen geht auf den CESR-Advice Nr. 77 zurück. Ebenso wie bei Kreditinstituten trägt die Aufnahme der besonderen Wirkung von Empfehlung der Wertpapierhäuser Rechnung.

---

[259] Boos/Fischer/Schulte-Mattler–*Fülbier*, § 1 KWG, Rn 117.

[260] „Instrumente" entspricht inhaltlich dem Begriff der Finanzinstrumente nach dem WpHG.

c) Hinreichende Umsetzung der RL - Konsequenzen der inhaltlichen Verschiebungen vom Finanzdienstleistungsinstitut hin zum Kreditinstitut

Finanzdienstleistungsinstitute im Sinne des § 1 I a KWG sind dann gegeben, wenn sie Leistungen im Sinne der oben angeführten (a)-(d) der RL 93/22/EWG, aufgeführt in § 1 I a Nr. 1-4 KWG erbringen. Emissionsgeschäfte dagegen fallen nicht unter die Finanzdienstleistungen im Sinne des KWG. Darin ist möglicherweise eine unzureichende Umsetzung des Art. 1 Nr. 1 der RL 2003/125/EG zu sehen. Allerdings handelt es sich bei der Durchführung von Emissionsgeschäften um ein Bankgeschäft im Sinne des § 1 I Nr. 10 KWG, so dass der Durchführende als Kreditinstitut einzuordnen ist. Fraglich sind die Konsequenzen dieser inhaltlichen Verschiebung vom Finanzdienstleistungsinstitut zum Kreditinstitut. In der RL 2003/125/EG sind diese Wertpapierhäuser und Kreditinstitute Teil einer Gruppe besonders qualifizierter Personen und Unternehmen, Art. 1 Nr. 4 a RL. Auch über diese grundsätzliche Einordnung hinaus erfolgt eine Gleichbehandlung dieser beiden, so beispielsweise in Art. 2 II, 6 II, III, IV, 9 RL. Da keine inhaltliche Differenzierung bzgl. der Pflichten vorgenommen wird, ist eine entsprechende Verschiebung der Merkmale nach deutschem Recht unschädlich. Insofern ist die Subsidiarität des Finanzdienstleistungsinstituts gegenüber dem Kreditinstitut unproblematisch.

d) Ergebnis

Finanzdienstleistungsinstitute im Sinne des § 1 II Nr. 1 FinAnV sind nach § 1 I a KWG Unternehmen, die Finanzdienstleistungen für andere gewerbsmäßig oder in einem Umfang erbringen, der einen in kaufmännischer Weise eingerichteten Geschäftsbetrieb erfordert, und die keine Kreditinstitute sind.

3. Nach § 53 I 1 KWG tätige Unternehmen

a) Nach § 53 I 1 KWG tätige Unternehmen nach § 1 II Nr. 1 FinAnV

Ein nach § 53 I 1 KWG tätiges Unternehmen ist dann gegeben, wenn ein Unternehmen mit Sitz im Ausland eine Zweigstelle im Inland unterhält, die Bankgeschäfte oder Finanzdienstleistungen erbringt. Diese Zweigstelle gilt als Kreditinstitut oder Finanzdienstleistungsinstitut.

Unter einer Zweigstelle wird allgemein ein dem Hauptunternehmen untergeordnetes Teilunternehmen mit rechtlicher Bindung verstanden, möglicherweise den Weisungen des Hauptunternehmens unterworfen.

Der Begriff der Zweigstelle ist bereits aus anderen Regelungen bekannt, beispielsweise aus § 24 I a Nr. 3 KWG zur inländischen Zweigstelle eines inländischen Instituts oder § 1 III GwG und § 13 d f HGB. Dabei sind die üblicherweise erforderlichen Merkmale stets die rechtliche Unselbständigkeit als Niederlassung des Gesamtunternehmens, der Geschäftsbetrieb auf eine gewisse Dauer;

eine äußere Einrichtung ähnlich der Hauptniederlassung sowie die Leitung mit Befugnis zum selbständigen Handeln.[261]
Eine Zweigstelle nach § 53 I 1 KWG muß Bankgeschäfte oder Finanzdienstleistungen erbringen. Hier ist wiederum auf die Legaldefinitionen der Bankgeschäfte in § 1 I 2 KWG und Finanzdienstleistungen in § 1 I a 2 KWG zurückzugreifen.
Die Aufnahme der nach § 53 I 1 KWG tätigen Unternehmen beruht, im Gegensatz zur Aufnahme der anderen in § 1 II Nr. 1 FinAnV genannten Unternehmen, nicht auf gemeinschaftsrechtlichen Vorgaben. Sie ist vor dem Hintergrund der Finanzanalyse als internationalem Geschäft äußerst sinnvoll. Es ist durchaus üblich, dass Finanzanalysen innerhalb eines Unternehmens zentral erstellt werden, dann an die einzelnen Zweigstellen gehen und von dort aus verbreitet werden. Durch die Aufnahme dieser Zweigstellen wurden Regelungslücken, die aus dem Auslandsbezug resultieren könnten, vermieden.

b) Ergebnis

Ein nach § 53 I 1 KWG tätiges Unternehmen ist eine rechtlich unselbständige Niederlassung eines ausländischen Gesamtunternehmens, das Bankgeschäfte im Sinne des § 1 I 2 KWG oder Finanzdienstleistungen im Sinne des § 1 I a 2 KWG erbringt.

4. § 1 II Nr. 2 FinAnV – unabhängige Finanzanalysten

a) Unabhängige Finanzanalysten nach § 1 II Nr. 2 FinAnV

Der Begriff der unabhängigen Finanzanalysten umfaßt nach allgemeinem Verständnis natürliche und juristische Personen, die hauptsächlich Finanzanalysen erstellen und verbreiten und nicht in einem Abhängigkeitsverhältnis stehen. Fraglich ist aber, worauf konkret sich die Unabhängigkeit der Finanzanalysten bezieht. So könnten sie von Unternehmen im Sinne des § 1 II Nr. 1 FinAnV unabhängig sein oder von Einkünften aus anderen Geschäftszweigen. Ebenso könnte sich die Unabhängigkeit auf inhaltliche Weisungen Dritter beziehen. Allerdings wird eine solche Unabhängigkeit ohnehin von sämtlichen Erstellern von Finanzanalysen erwartet. Denkbar ist wiederum, die Unabhängigkeit auf gesellschaftsrechtliche Unternehmensverbindungen zu beziehen.
Konkret ist beispielsweise fraglich, ob ein Analystenhaus, das sämtliche seiner Finanzanalysen über einen einzigen Dienstleister verbreitet, unabhängig ist.

Systematisch lassen sich aus § 1 II FinAnV zunächst einmal Rückschlüsse hinsichtlich der Unabhängigkeit in Bezug auf Unternehmensbeziehungen ziehen. § 1 II Nr. 3 FinAnV nimmt mit Unternehmen im Sinne der Nummer 2 verbundene Unternehmen auf. Würde sich die Unabhängigkeit der Analysten auf Un-

---

[261] Boos/Fischer/Schulte-Mattler – *Marwede*, § 53 Rn 11ff.

ternehmensverbindungen jeder Art beziehen, wäre § 1 II Nr. 3, 2. Alt. FinAnV absurd. Die Kombination von unabhängigen Analysten mit verbundenen Unternehmen wäre unmöglich, da der Analyst mit bestehender Unternehmensverbindung nicht mehr unabhängig wäre.

Nach dem Verordnungsgeber umfaßt der Begriff der unabhängigen Analysten im Sinne des § 1 II Nr. 2 FinAnV sowohl eigenständige Analystenhäuser und als auch als selbständige Analysten tätige natürliche Personen.[262] Eigenständig heißt dabei, dass die Genannten nicht mit Unternehmen nach § 1 II Nr. 1 FinAnV verbunden sind.

Vordergründig trägt die Einordnung der unabhängigen Analysten zur Gruppe der „qualifizierten Personen" der besonderen Bedeutung ihrer Finanzanalysen Rechnung. Anleger sind eher geneigt, auf die Meinung einer Person zu vertrauen, die ihren Lebensunterhalt hauptsächlich mit der Erarbeitung von Finanzanalysen verdient. Die Konsequenz der Zugehörigkeit zu den § 1 II Nr. 1-5 FinAnV sind erhöhte Anforderungen an Erstellung und Darbietung der Finanzanalyse sowie eine Ausweitung der Offenlegungspflichten. Letztendlich ist der Zweck der Regelung also u.a. darin zu sehen, mittels erhöhter Transparenz die Verflechtungen zwischen den einzelnen an der Erstellung und Verbreitung der Finanzanalyse Beteiligten aufzuzeigen. So werden für den Anleger auch solche Umstände erkennbar, die Interessenkonflikte begründen können. Dabei sind gemeinhin nicht die Verbindungen selbst problematisch, sondern die häufig damit einhergehende Möglichkeit zur Einflußnahme.

Unabhängige Analysten müßten also schon von der Einflußnahme bzw. der Möglichkeit zur Einflußnahme Dritter unabhängig sein. Diese potentielle Einflußnahme kann auf rechtlichen oder faktischen[263] Gründen beruhen und auf viele Arten realisiert werden. Ein Dritter kann Einfluß auf das Management, die Geschäftstätigkeit oder auch nur einzelne Geschäftsentscheidungen nehmen. Rechtliche Einflußnahmemöglichkeiten können sich aus Gesetz, aus Verträgen oder Satzungen ergeben. Faktische Einflußnahmemöglichkeiten sind dann gegeben, wenn Geschäftsentscheidungen etc. auch ohne rechtliche oder formelle Ermächtigung beeinflußt werden können. Konkret auf das oben beschriebene Beispiel des Exklusivvertriebs der Finanzanalysen durch einen einzigen Dienstleister übertragen, wäre eine Möglichkeit zur Einflußnahme zwar denkbar, aber unwahrscheinlich. Der Wechsel zu einem anderen Vertriebspartner ist jederzeit und relativ einfach möglich. Anders bei einem einzigen zahlenden Kunden – in einem solchen Fall bestünde eine faktische Abhängigkeit.

Fraglich ist, ob eine derartig strenge Auslegung des Merkmals „unabhängig" überhaupt nötig und sinnvoll ist. Dabei ist die Systematik des § 1 II FinAnV zu berücksichtigen: Bei enger Auslegung der Unabhängigkeit werden viele Analy-

---

[262] Begr. FinAnV, S. 4.

[263] Ausführlicher zum Grundgedanken der de facto-Kontrolle in verschiedenen Rechtsordnungen: *Rotondaro*, IStR 2001, 771f.

sten nicht „unabhängige Analysten“ im Sinne des § 1 II Nr. 2 FinAnV sein, sondern unter „in Haupttätigkeit Finanzanalysen erstellende Person“ nach § 1 II Nr. 4 FinAnV subsumiert. Hinsichtlich der Analysten selbst wird der persönliche Anwendungsbereich der FinAnV dadurch im Ergebnis also nicht verändert. Allerdings ist auch § 1 II Nr. 3 FinAnV zu berücksichtigen, der mit Unternehmen der Nummer 2 verbundene Unternehmen aufnimmt. Nicht aufgenommen werden dagegen solche Unternehmen, die mit Unternehmen der Nummer 4 verbunden sind. Sind also Unternehmen mit einem haupttätigen Analysten verbunden, fallen sie nur in den Anwendungsbereich der FinAnV, wenn der Analyst ein unabhängiger Analyst im Sinne des § 1 II Nr. 2 FinAnV und ein Unternehmen ist. Durch eine zu enge Auslegung des Begriffs der Unabhängigkeit griffe die Regelung insgesamt kürzer und gerade entscheidende Verflechtungen blieben möglicherweise ohne Folgen. Um hier Regelungslücken zu vermeiden, ist ein weniger strenges Verständnis der Unabhängigkeit vorzuziehen, auch wenn dadurch eventuell einige Konstellationen möglicher Einflußnahme durch Dritte nicht erfaßt sind.
Im übrigen ist auch zu bedenken, dass nicht jede Möglichkeit zur Einflußnahme die unabhängige Erstellung von Finanzanalysen ausschließt. Besonders gefährdet sind Analysten diesbezüglich vor allem durch Verbindungen zu Unternehmen im Sinne des § 1 II Nr. 1 FinAnV, die häufig erhebliches wirtschaftliches Interesse an bestimmten Kursentwicklungen haben. Daher sind in Bezug auf letztere jegliche faktische oder rechtliche Möglichkeiten zur Einflußnahme ausreichend, solange konkret auf die Finanzanalysen Einfluß genommen werden kann.
Unabhängig sind Analysten oder Analystenhäuser mithin dann, wenn sie weder faktisch noch rechtlich der Einflußnahme eines Unternehmens im Sinne des § 1 II Nr. 1 FinAnV unterliegen.

b) Richtlinienkonforme Auslegung nach Art. 1 Nr. 4 a RL 2003/125/EG

Unabhängige Analysten; independent analysts; analyste indépendant; analista independiente.

Allein aus dem Begriff des unabhängigen Analysten in Art. 1 Nr. 4 a RL läßt sich nicht erkennen, wovon genau dieser unabhängig sein muß. Aus dem Wortlaut des Art. 1 Nr. 4 a der RL 2003/125/EG ist zumindest zu vermuten, dass die Unabhängigkeit sich auf die darin genannten Unternehmen, also Wertpapierhäuser und Kreditinstitute, bezieht. In Abgrenzung zu Personen, die in Haupttätigkeit Empfehlungen erstellen, könnte sich das Merkmal der Unabhängigkeit auch als organisatorische Unabhängigkeit darstellen. Dafür spricht, dass Arbeitnehmer etc. als Personen, die „im Rahmen eines Arbeitsvertrags o.Ä.“ für die übrigen in Art. 1 Nr. 4 a RL genannten Empfehlungen erstellen, zusätzlich genannt werden.

Unabhängige Analysten wurden über den CESR-Advice hinaus von der Kommission in ihren Vorschlag für den EWA aufgenommen.[264] Nähere Angaben zum Verständnis des Begriffs der Unabhängigkeit fehlen.
Von Analysten wird erwartet, dass sie ihre Analysen unabhängig von inhaltlichen Weisungen Dritter erarbeiten; ein solches Verständnis der Unabhängigkeit taugt also nicht zur Abgrenzung von anderen Analysten. Vor dem Hintergrund der Vertrauenskrise und den diese auslösenden Sachverhalten ist die Einflußnahme von Wertpapierhäusern und Kreditinstituten einer der größten Risikofaktoren bzgl. unabhängig erstellter Empfehlungen. Insofern ist auf die Unabhängigkeit der Analysten von den genannten Unternehmen abzustellen.
Demgemäß sind keine zusätzlichen Anforderungen an das angeglichene deutsche Recht zu stellen.

c) Ergebnis

Unabhängige Analysten im Sinne des § 1 II Nr. 2 FinAnV sind solche Personen, die hauptsächlich Finanzanalysen erstellen und verbreiten und weder in faktisch noch rechtlich begründeter Abhängigkeit zu Unternehmen im Sinne des § 1 II Nr. 1 FinAnV stehen. Unter den Begriff des Analysten fallen auch Analystenhäuser als Zusammenfassung von mindestens zwei hauptberuflichen Analysten.
Das im obigen Beispiel genannte Analystenhaus fällt unter § 1 II Nr. 2 FinAnV, da das möglicherweise eine Abhängigkeit begründende Verhältnis nicht zu einem Unternehmen im Sinne des § 1 II Nr. 1 FinAnV besteht.

5. § 1 II Nr. 3 FinAnV – mit Unternehmen im Sinne der Nr. 1 oder Nr. 2 verbundene Unternehmen

a) Verbundene Unternehmen nach § 1 II Nr. 3 FinAnV

Nach § 1 II Nr. 3 FinAnV werden auch mit Unternehmen im Sinne der Nr. 1 oder Nr. 2 verbundene Unternehmen zu den „qualifizierten Personen" gezählt. Unter den sehr offenen Wortlaut des § 1 II Nr. 3 FinAnV können jegliche Verbindungen, ob gesellschaftsrechtlich, schuldrechtlich oder anderweitig, fallen. Ein Beherrschungsverhältnis oder ähnliche qualifizierte Unternehmensverbindungen sind nicht erforderlich.
Demnach könnte aufgrund der vertraglichen Bindung zwischen einem Analystenhaus und einem Dienstleister für IT-Support letzterer als verbundenes Unternehmen im Sinne des § 1 II Nr. 3 FinAnV einzuordnen sein. Auch bei einem Unternehmen, das einen Großkredit an einen unabhängigen Analysten vergibt, ist eine entsprechende Verbindung möglicherweise gegeben.

---

[264] Working Document ESC 13/2003.

Aus dem Kontext zum Auffangtatbestand des § 1 II Nr. 4 FinAnV, der Personen und Unternehmen, die in Haupttätigkeit Finanzanalysen erstellen, aufnimmt, lassen sich unter Umständen gewisse inhaltliche Grenzen folgern. Betrachtet man das Merkmal der Erstellung von Finanzanalysen in Haupttätigkeit bzw. eine Verbindung zu dieser Tätigkeit als wichtigstes gemeinsames Merkmal der qualifizierten Personen und Unternehmen nach § 1 II Nr. 1-5 FinAnV, liegt ein einschränkender Begriff der Verbindung nahe. Danach wäre ihr Bezug inhaltlich auf die Erstellung von Finanzanalysen zu beschränken.
Der Begriff der verbundenen Unternehmen ist bereits aus anderen Regelungsbereichen bekannt, dabei wird meist auf die in § 271 HGB und § 15 AktG geregelten Begriffe zurückgegriffen. Der handelsrechtliche Begriff des verbundenen Unternehmens aus § 271 HGB ist auf das Bilanzrecht zugeschnitten, um wirtschaftliche Abhängigkeiten auch bilanziell zu berücksichtigen.[265] Der aktien- bzw. konzernrechtliche Begriff des verbundenen Unternehmens ist ein rechtsformneutraler Begriff, der der Zusammenfassung aller gesellschaftsrechtlich verbundenen Unternehmen unter einen Begriff dient – also eine rechtstechnische Zusammenfassung.[266] Der letzterem Begriff zugrunde liegende konzernrechtliche Gedanke des Schutzes vor der konzernrechtlichen Konfliktlage steht der in § 1 II Nr. 3 FinAnV gegebenen Regelungssituation und -intention deutlich näher als der handelsrechtliche Begriff. Die in § 1 II Nr. 3 FinAnV genannten verbundenen Unternehmen sind Teil der „qualifizierten Personen" wegen der Gefahr der Ausnutzung von Einflußnahmemöglichkeiten zur Verfolgung weitergehender externer Unternehmerinteressen. Damit wurde der persönliche Anwendungsbereich über die gemeinschaftsrechtlichen Vorgaben hinaus erweitert.
Der Gefahr verdeckter Einflußnahme wirkt die Aufnahme der verbundenen Unternehmen durch erhöhte Transparenz bzgl. des Hintergrunds der Ersteller entgegen. Für Anleger sind sämtliche Verbindungen, die interessengeleitetes Verhalten bedingen können, relevant, d.h. sämtliche Unternehmen, die Einfluß auf die Finanzanalyse nehmen können und Interesse daran haben könnten. Demnach ist der Begriff des § 271 HGB aufgrund seiner ratio legis hier ungeeignet. Der Rückgriff auf „verbundene Unternehmen" nach § 15 AktG in rechtstechnischer Zusammenfassung ist aufgrund der bereits erwähnten Parallelitäten der Regelungsgedanken zweckmäßiger. Möglicherweise ist aber der Begriff des § 15 AktG zu eng für § 1 II Nr. 3 FinAnV, da, wie bereits bei der Unabhängigkeit von Analysten festgestellt wurde, auch andere Möglichkeiten der Beeinflussung denkbar sind. So kann aus schuldrechtlichen Verbindungen die Möglichkeit und Gefahr der Einflußnahme erwachsen. Allerdings ist hier zu differenzieren, denn nicht jede schuldrechtliche Verbindung ist von Relevanz. Um die zu erhebende Datenmenge von sämtlichen verbundenen Unternehmen in einem realistischen Rahmen zu halten, sind Einschränkungen erforderlich.

---

[265] MüKo-HGB – *Beater*, § 271 Rn 14.
[266] MüKo-Aktienrecht – *Bayer*, § 15 Rn 4; *Hüffer*, § 15 Rn 12ff.

Hier manifestiert sich der Konflikt zwischen dem Bedürfnis nach erhöhter Transparenz und dem Risiko des Ausbleibens von Finanzanalysen wegen zu hoher Kosten. Sinnvoll erscheint eine Begrenzung auf solche schuldrechtlichen Verbindungen, die dem verbundenen Unternehmen bei ordnungsgemäßer Vertragsabwicklung bzw. bei ordnungsgemäßem Arbeitsablauf die Möglichkeit zur Einflußnahme gewähren. Diese Möglichkeit der Einflußnahme muß hinsichtlich unternehmerischer Entscheidungen wie beispielsweise der Auswahl der zu analysierenden Emittenten und Finanzinstrumente, aber vor allem hinsichtlich der Ergebnisse einzelner Finanzanalysen gegeben sein.
Unter diesen Bedingungen ist für Anleger hinreichende Transparenz gewährleistet. Ein Überfluß an Informationen für die Anleger ist nicht zu befürchten, da die Angaben nicht nach den einzelnen Beteiligten, bei denen die Umstände vorliegen, aufgeschlüsselt werden. Vielmehr wird lediglich der Umstand als solcher bzw. die Überschreitung bestimmter Schwellenwerte offengelegt.

b) Ergebnis

Verbundene Unternehmen im Sinne des § 1 II Nr. 3 FinAnV können mit Unternehmen im Sinne der Nr. 1 oder Nr. 2 gesellschaftsrechtlich oder anderweitig vertraglich, also schuldrechtlich verbunden sein. Voraussetzung für die Annahme einer solchen anderweitigen Verbindung ist die Möglichkeit zur Einflußnahme auf unternehmerische Entscheidungen bei ordnungsgemäßem Vertragsablauf, insbesondere die Ergebnisse von Finanzanalysen.

Auf das oben beschriebene Fallbeispiel bezogen mangelt es der Verbindung über einen Dienstvertrag zum IT-Support am Bezug zur Finanzanalyse. Im Falle des vergebenen Großkredits bestünde faktisch zwar eventuell die Möglichkeit zur Einflußnahme, bei ordnungsgemäßer Vertragsabwicklung ist aufgrund dieser Verbindung aber keine Einflußnahme möglich. Diese Verbindung ist ebenfalls nicht ausreichend im Sinne des § 1 II Nr. 3 FinAnV. Bei einer Aufnahme solcher Verbindungen würde der Tatbestand im übrigen uferlos ausgeweitet.

6. § 1 II Nr. 4 FinAnV – Personen oder Unternehmen, deren Haupttätigkeit in der Erstellung von Finanzanalysen besteht

§ 1 II Nr. 4 FinAnV erfüllt die Funktion eines Auffangtatbestands für diejenigen Personen und Unternehmen, die sich nicht unter § 1 II Nr. 1 und 2 FinAnV subsumieren lassen, aufgrund ihrer besonderen Marktwirkung aber dennoch zu den „qualifizierten Personen“ zu zählen sind.

a) Personen oder Unternehmen, deren Haupttätigkeit in der Erstellung von Finanzanalysen besteht nach § 1 II Nr. 4 FinAnV

Haupttätigkeit beschreibt üblicherweise die Tätigkeit, mit der der größte Teil der Arbeitszeit verbracht wird. Allein mit dieser Abgrenzung ist es aber nicht getan, wie am folgenden Beispiel zu sehen ist: Eine abhängig beschäftigte Person, die nicht bei einem Kreditinstitut oder Finanzdienstleistungsinstitut, sondern bei einem Allround-Dienstleister tätig ist, verwendet 30 % ihrer Arbeitszeit auf die Erstellung von Finanzanalyse. Die übrigen 70 % der Arbeitszeit entfallen auf eine Vielzahl kleinerer Tätigkeitseinheiten. Darin könnte bereits eine Erstellung von Finanzanalysen in Haupttätigkeit liegen.
Als Auffangtatbestand ist § 1 II Nr. 4 FinAnV grundsätzlich weit auszulegen. Da es sich um eine Umsetzung des Art. 1 Nr. 4 a der RL 2003/125/EG handelt, dessen Wortlaut beinahe identisch übernommen wurde, muß zunächst das zugrundeliegende Verständnis der Begriffe aus der RL ermittelt werden.

Art. 1 Nr. 4 a RL 2003/125/EG
... Haupttätigkeit in der Erstellung von Empfehlungen besteht;
... main business is to produce recommendations;
... l'activité principale consiste à produire des recommandations;
... principal ocupación sea la elaboración de recomendaciones.

Unter der Haupttätigkeit oder vorrangigen Tätigkeit versteht man gemeinhin die Tätigkeit, für die der größte Anteil an Arbeitszeit verwandt wird oder aber woraus der größte Teil der Erwerbseinkünfte stammt. Innerhalb der Systematik des Art. 1 Nr. 4 a RL handelt es sich um einen Auffangtatbestand. Er wurde nach Beratung des EWA eingefügt,[267] allerdings ohne weitere Angaben zu seiner Auslegung. Mit diesem Auffangtatbestand werden Personen erfaßt, die nicht zu den zuvor genannten Personen und Unternehmen gehören, aber dennoch aufgrund ständiger oder zumindest häufiger Erstellung von Empfehlungen besonderes Vertrauen in der Öffentlichkeit genießen. Tatsächlich ist anzunehmen, dass den Empfehlungen von Personen, die am Markt besonders präsent sind, erhöhte Aufmerksamkeit der Marktteilnehmer zuteil wird. Dann muß aber auch eine kontinuierliche Präsenz gegeben sein. Diesbezüglich ist das Merkmal der Haupttätigkeit einschränkend auszulegen; der Anteil an der Arbeitszeit muß tatsächlich mehr als die Hälfte betragen und darf nicht nur relativ der größte Anteil daran sein.

Der Verordnungsgeber selbst zählt in der Begründung zu § 1 II Nr. 4 FinAnV als mögliche Kriterien zur Feststellung der Haupttätigkeit den Anteil der durchschnittlichen Wochenarbeitszeit einzelner natürlicher Personen bzw. aller in ei-

---

[267] Markt/2003/10831/3/0.

nem Unternehmen beschäftigter natürlicher Personen oder die Höhe der Erwerbseinkünfte aus der Erstellung von Finanzanalysen auf.[268]
Von dem Ziel der Erfassung aller besonders qualifizierten Personen ausgehend, ist der Auffangtatbestand bzw. das Merkmal der Haupttätigkeit weit auszulegen. Dann könnte bereits der relativ größte Anteil der Arbeitszeit oder der Erwerbseinkünfte auf die Erstellung von Finanzanalysen entfallen und sie zur Haupttätigkeit machen. Dabei ist aber zu bedenken, dass die Ermittlung solcher relativ größter Anteile in der Praxis erhebliche Probleme bereiten wird und damit der Rechtssicherheit nicht zuträglich ist. Je nach Wahl der Kriterien für die Einteilung der Tätigkeiten, beispielsweise in administrative und analytische Tätigkeiten oder nach Kundenkontakt, Recherchetätigkeit, Ablage etc., können völlig unterschiedliche Ergebnisse erzielt werden. Die Vorgabe griffiger Kriterien durch den Verordnungsgeber wird angesichts der vielfältigen Tätigkeitsformen, die mit der Erstellung von Finanzanalysen in der Praxis verbunden werden, kaum möglich sein. Insofern ist es sinnvoller, von der Erstellung der Finanzanalyse auszugehen und eine Haupttätigkeit nur dann zu bejahen, wenn mehr als die Hälfte der Arbeitszeit auf die Erstellung entfällt. Ansonsten kann auf den Eindruck eines objektiven Betrachters abgestellt werden. Liegt für diesen der zeitliche Schwerpunkt der Tätigkeit deutlich bei der Erstellung von Finanzanalysen, kann in Einzelfällen ebenfalls von der Erstellung in Haupttätigkeit ausgegangen werden.

b) Ergebnis

Die Erstellung von Finanzanalysen ist dann als Haupttätigkeit zu werten, wenn mehr als die Hälfte der durchschnittlichen Wochenarbeitszeit natürlicher Personen bzw. aller in einem Unternehmen beschäftigten natürlichen Personen auf die Erstellung entfällt oder mehr als die Hälfte der Erwerbseinkünfte aus der Erstellung von Finanzanalysen stammt. Läßt sich der Anteil nicht klar ermitteln, ist auf die Sicht eines objektiven Dritten abzustellen.

Konkret auf das obige Beispiel angewandt, in dem weniger als die Hälfte der Arbeitszeit auf die Erstellung von Finanzanalysen verwendet wurde, erstellt der Betreffende Finanzanalysen also nicht in Haupttätigkeit. Selbst wenn auf einen objektiven Dritten abgestellt würde, ist trotz der Aufteilung der übrigen Arbeitszeit auf viele kleinere Bereiche objektiv kein deutlicher zeitlicher Schwerpunkt bei der Erstellung von Finanzanalysen erkennbar.

[268] Begr. FinAnV, S. 4.

7. § 1 II Nr. 5 FinAnV – natürliche Personen, die für Unternehmen im Sinne der Nr. 1-4 aufgrund eines Arbeits-, Geschäftsbesorgungs- oder Dienstverhältnisses tätig sind

a) Aufgrund eines Arbeits-, Geschäftsbesorgungs- oder Dienstverhältnisses tätige natürliche Personen nach § 1 II Nr. 5 FinAnV

Nach § 1 II Nr. 5 FinAnV sind auch die bei Unternehmen im Sinne der Nr. 1-4 tätigen natürlichen Personen der Gruppe der „qualifizierten Personen“[269] zuzuordnen. Dem Wortlaut nach müssen diese Personen im Rahmen eines Arbeits-, Geschäftsbesorgungs- oder Dienstverhältnisses tätig sein. Möglicherweise ist diese Aufzählung aber lückenhaft. Beispielsweise könnte ein unabhängiger Analyst nach § 1 II Nr. 2 FinAnV einen Werkvertrag mit einem pensionierten Analysten abschließen und diesen zur Erstellung von drei Finanzanalysen nach den Vorgaben des Geschäftsherrn verpflichten.

Zunächst bezieht sich § 1 II Nr. 5 FinAnV ausdrücklich nur auf Personen, die für Unternehmen im Sinne der Nr. 1-4 tätig sind. Damit können Personen im Sinne des § 1 II Nr. 4 FinAnV in deutlicher Abgrenzung zu den dort ebenfalls genannten Unternehmen nicht als Geschäftsherrn im Sinne der § 1 II Nr. 5 FinAnV dienen. Sind natürliche Personen, ob unabhängige Analysten oder in Haupttätigkeit Finanzanalysen erstellende Personen, nicht unternehmerisch tätig, ist § 1 II Nr. 5 FinAnV nicht einschlägig.

Aus der Entstehungsgeschichte lassen sich keine Hinweise zur Auslegung entnehmen. Allerdings ist der Zweck der Norm, die im Rahmen vertraglicher Bindung beschäftigten natürlichen Personen zu erfassen. Möglicherweise kommt die Aufzählung dieser Vorgabe nur ungenügend nach. Der im Beispiel genannte Werkvertrag fiele nicht darunter.

b) Richtlinienkonforme Auslegung nach Art. 1 Nr. 4 a RL 2003/125/EG

Einer bei den genannten Einrichtungen im Rahmen eines Arbeitsvertrags o.Ä. tätigen natürlichen Person.

A natural person working for them under a contract of employment or otherwise.

Une personne physique travaillant pour leur compte dans le cadre d'un contrat de travail ou non.

Una persona física que trabaje para ellos con arreglo a un contrato de trabajo o de otra forma.

Zur Gruppe der besonders Qualifizierten gehören nach der RL 2003/125/EG die bei den bereits genannten qualifizierten Personen und Unternehmen tätigen natürlichen Personen. Allerdings weicht die deutsche Fassung mit dem Verweis auf die „genannten Einrichtungen“ von den übrigen Sprachfassungen ab, die schlicht auf „sie“ oder „die vorstehend genannten“ verweisen. So ist auch die deutsche Fassung zu lesen, ansonsten könnten mißverständlicherweise solche

[269] Begr. FinAnV, S. 3.

Personen ausgenommen werden, die bei den in Haupttätigkeit Empfehlungen erstellenden Personen tätig sind.

Der Rahmen der Tätigkeit ist in der deutschen Fassung durch einen Arbeitsvertrag o.ä. vorgegeben. Im Gegensatz dazu verlangt die englische Fassung die Tätigkeit „im Rahmen eines Arbeitsvertrags oder anderweitig", die französische Fassung eine Tätigkeit „im Rahmen eines Arbeitsvertrags oder ohne" und die spanische Fassung spricht von einer Tätigkeit „in Übereinstimmung mit einem Arbeitsvertrag oder in anderer Weise". Da also die anderen Sprachfassungen den Arbeitsvertrag nur als eine mögliche Alternative nennen und im übrigen nicht einmal zwingend eine vertragliche Grundlage der Tätigkeit voraussetzen, ist auch das deutsche „o.Ä." sehr weit auszulegen. Ein Vertrag ist mithin nicht erforderlich.

Die Tätigkeit kann bei sämtlichen der in Art. 1 Nr. 4 a RL zuvor genannten Personen und Unternehmen erbracht werden. Die abhängig tätigen Personen wurden als zusätzliche Gruppe von der Kommission über den Vorschlag des CESR hinaus aufgenommen.[270] Die Aufnahme dieser Personen dient dem Ziel, auch die natürlichen an der Empfehlung mitwirkenden Personen möglichst vollumfänglich zu erfassen. Gerade in Bezug auf Interessenkonflikte sind die erstellenden Personen diejenigen, bei denen sich Schwierigkeiten zuerst und am erheblichsten manifestieren.

c) Hinreichende Umsetzung des Art. 1 Nr. 4 a RL 2003/125/EG

Im Vergleich mit der in der RL 2003/125/EG vorgegebenen Regelung greift die Umsetzung durch § 1 II Nr. 5 FinAnV zu kurz. Die Aufzählung der drei möglichen Vertragsverhältnisse ist zu eng – nach der RL 2003/125/EG ist ein Vertragsverhältnis nicht zwingend erforderlich. Ausreichend ist nach der RL, dass die natürlichen Personen in irgendeiner Weise für die Personen und Unternehmen in Art. 1 Nr. 4 a RL tätig sind. Hier liegt möglicherweise ein weiterer Mangel in der Umsetzung der RL: In § 1 II Nr. 5 FinAnV sind nur Personen, die für Unternehmen im Sinne der § 1 II Nr. 1-4 FinAnV tätig sind, genannt. Für Personen im Sinne des § 1 II Nr. 2, 4 FinAnV tätige natürliche Personen sind dagegen nicht aufgenommen. Fraglich ist aber, ob tatsächlich eine Regelungslücke gegeben ist.

Möglicherweise sind Personen, die in Haupttätigkeit Finanzanalysen erstellen sowie unabhängige Analysten ohnehin Unternehmen, sobald mindestens eine Person für sie tätig ist. Ein einheitlicher Unternehmensbegriff für sämtlichen Regelungen existiert nicht; er ist stets nach dem jeweiligen Gesetzeszweck zu ermitteln.[271] Vorliegend ist der Anwendungsbereich einer anlegerschützenden

---

[270] Working Document ESC 13/2003.

[271] M.w.N. MüKo-Aktienrecht – *Bayer*, § 15 Rn 9f; Ebenroth/Boujong/Joost – *Lange*, Anhang Recht der verbundenen Personenhandelsgesellschaften, Rn 4.

Regelung betroffen, daher ist eine weite Auslegung sinnvoll. Ein Unternehmen ist danach eine planmäßig und entgeltlich am Markt anbietend tätige Wirtschaftseinheit.[272] Allein aufgrund der Beschäftigung einer natürlichen Person muß die betroffene Person noch nicht zwingend unternehmerisch tätig sein. Allerdings sind hier nur solche Personen relevant, die sich im Rahmen ihrer Berufs- oder Geschäftstätigkeit mit Finanzanalysen beschäftigen. Um unter § 1 II Nr. 1-4 FinAnV zu fallen, müssen sie dies mit einer gewissen Professionalität tun. Diese Faktoren sprechen für eine Einordnung als unternehmerisch tätige Personen im Sinne der oben genannten Definition. Jedoch kann die Möglichkeit einer lückenhaften Umsetzung der RL 2003/125/EG nicht ausgeschlossen werden, daher ist der Wortlaut der § 1 II Nr. 5 FinAnV neben den Unternehmen auf Personen zu erweitern.

d) Ergebnis

In richtlinienkonformer Auslegung sind Personen im Sinne des § 1 II Nr. 5 FinAnV solche, die für Unternehmen und Personen im Sinne des § 1 II Nr. 1-4 FinAnV aufgrund eines Arbeits-, Geschäftsbesorgungs- oder Dienstverhältnisses oder anderweitig tätig werden.
Für den oben beschriebenen Werkvertrag zwischen dem unabhängigen Analysten und dem Pensionär heißt dies konkret, dass der pensionierte Analyst eine im Sinne des § 1 II Nr. 5 FinAnV tätige Person ist.

8. § 1 II FinAnV – andere Personen

In den persönlichen Anwendungsbereich der FinAnV fallen auch andere Personen als die in § 1 II Nr. 1-5 FinAnV genannten. Auf sie sind die §§ 2-6 FinAnV allerdings nur dann anwendbar, wenn sie für die Erstellung von Finanzanalysen verantwortlich sind, die eine direkte Empfehlung für Anlageentscheidungen zu bestimmten Finanzinstrumenten enthalten.

a) Andere Personen nach § 1 II FinAnV

Die einzige Anforderung an diese Personen ist, dass sie andere als die in § 1 II Nr. 1-5 FinAnV aufgeführten Personen sein müssen. Im übrigen kann jeder eine Finanzanalyse mit den vorgegeben Charakteristika der direkten Empfehlung zu einem Finanzinstrumente erstellen bzw. für die Erstellung verantwortlich sein.
Hinsichtlich der Finanzanalysen von anderen als den „qualifizierten Personen" gelten diese einschränkenden Charakteristika aber nur für die §§ 2-6 FinAnV. Hinsichtlich § 7 FinAnV sind jedoch die identischen Einschränkungen anzuwenden, nur wurden sie separat in § 7 IV FinAnV aufgenommen. Der Grund für diese Sonderbehandlung läßt sich der Entstehungsgeschichte entnehmen: Man-

[272] Statt vieler *K. Schmidt*, Handelsrecht, S.63ff.

gels besonderer Sachkunde haben die Finanzanalysen der nicht besonders qualifizierten Personen weniger Marktwirkung.[273] Insofern sind Anleger auch nur bei direkten Empfehlungen schutzbedürftig.
Tatsächlich ist zu bezweifeln, ob bei den nicht in § 1 II Nr. 1-5 FinAnV genannten Personen eine implizite Empfehlung überhaupt als Empfehlung registriert würde. Bei einer direkten Handlungsempfehlung zu einem konkreten Finanzinstrument beanspruchen aber auch nicht besonders qualifizierte Personen das Vertrauen der Anleger und unterliegen zurecht den Pflichten der FinAnV. Es bedarf hier auch keiner weiteren Einschränkungen des persönlichen Anwendungsbereichs, beispielsweise aufgrund der drohenden Ordnungsgelder (s.o. zur Berufs- und Geschäftstätigkeit). Entscheidet sich jemand, die Verantwortung für die Erstellung solcher direkter Empfehlungen zu Finanzinstrumenten zu übernehmen, sind ihm auch die Konsequenzen für einen möglichen Vertrauensmißbrauch anzulasten.

b) Richtlinienkonforme Auslegung nach Art. 1 Nr. 4 b RL 2003/125/EG

... von anderen als den in Buchstabe a) genannten Personen.

... by persons other than the persons referred to in (a).

... autres personnes que celles mentionnée au point a).

... personas que no sean las mencionadas en la letra a).

Unter Art. 1 Nr. 4 b RL fallen nach dem Wortlaut sämtlicher untersuchter Sprachfassungen uneingeschränkt jegliche nicht in Art. 1 Nr. 4 a RL genannten Personen.
Mit Hilfe dieser Differenzierung zwischen „allen“ des Art. 1 Nr. 4 b RL und den „Personen und Unternehmen“ des Art. 1 Nr. 4 a RL soll eine Anpassung der Anforderungen an die verschiedenen Grade der Professionalität vorgenommen werden. Die in Art. 1 Nr. 4 a RL aufgeführten Personen und Unternehmen – unabhängige Analysten, Wertpapierhäuser, Kreditinstitute, sonstige in Haupttätigkeit Empfehlungen erstellende Personen und für die genannten tätige natürliche Personen – geben bereits mit der Äußerung einer impliziten Empfehlung für eine Anlageentscheidung zu einem Finanzinstrument oder dessen Emittenten eine Empfehlung im Sinne der RL 2003/125/EG ab. Für sämtliche anderen Personen ist die RL 2003/125/EG erst dann einschlägig, wenn sie eine bestimmte Anlageentscheidung zu einem Finanzinstrument direkt empfehlen.
Die RL 2003/125/EG beruht auf Art. 6 V der Marktmißbrauchs-RL und setzt diesen um. Allerdings sind in Art. 6 V Marktmißbrauchs-RL undifferenziert sämtliche Personen genannt. Anlaß für die Aufnahme der Unterscheidung war CESR-Advice Nr. 77. Das CESR legte Art. 6 V Marktmißbrauchs-RL grundsätzlich weit aus, sah aber die Notwendigkeit einer Differenzierung, um der be-

[273] Begr. FinAnV, S. 3.

ruflichen Spezialisierung Rechnung zu tragen.[274] Dem folgend wurde die Erstellung von Empfehlungen zwar durch jedermann als möglich erachtet, aber nur bei Analysten, Wertpapierhäusern, Kreditinstituten (Rating Agenturen)[275] oder deren Angestellten sollten auch implizite Empfehlungen zu Finanzinstrumenten oder deren Emittenten ausreichen. Damit wurde dem besonderen Gewicht der Empfehlungen beruflich spezialisierter Personen und Unternehmen Rechnung getragen. Bei allen anderen sah man Empfehlungen im Sinne der Regelung nur dann als gegeben an, wenn sie konkret empfahlen, dass ein Finanzinstrument zu erwerben, zu veräußern oder zu halten sei.[276]

Neben der Entstehungsgeschichte der Norm ist auch das Ziel der Regelungen zu berücksichtigen, hier die Vermeidung der möglichen Irreführung von Anlegern. Insofern ist es durchaus sinnvoll, dass der Anwendungsbereich die Empfehlungen sämtlicher Personen umfaßt. Für Anleger ist es häufig nicht ersichtlich, inwieweit beispielsweise die Erstellung von Empfehlungen zur Haupttätigkeit des Verantwortlichen gehört. Da aber nur bei als besonders erfahren wahrgenommenen Personen auch aus Andeutungen Anlageempfehlungen gelesen werden, ist die Differenzierung durchaus gerechtfertigt und genügt dem Anlegerschutz.

Für eine Einschränkung der Personen nach Art. 1 Nr. 4 b RL besteht demnach kein Anlaß.

c) Ergebnis

Andere Personen als die in § 1 II Nr. 1-5 FinAnV genannten können jegliche Personen ohne weitere Einschränkung sein.

9. Zusammenfassender Vergleich des persönlichen Anwendungsbereichs der FinAnV mit den Vorgaben der RL 2003/125/EG

Die Regelungen des § 1 II FinAnV entsprechen den Vorgaben des Art. 1 Nr. 4 RL. Allerdings wurde bzgl. der Differenzierung eine andere Systematik gewählt, so dass nicht bereits die Definition der Finanzanalyse zweigleisig verläuft, sondern erst der persönliche Anwendungsbereich der konkretisierenden Verordnung. Die Folgen für die Anwendung des § 34b WpHG und der FinAnV wurden bereits oben unter B I. 3. erläutert.

---

[274] CESR/02.089b, Nr. 92, 95.

[275] Rating Agenturen wurden im Verlauf der Diskussion gestrichen, siehe Erwägungsgrund (10) RL 2003/125/EG. Grund dafür war, dass Ratings eine völlig andere Funktion als Finanzanalysen erfüllen und bei der Erstellung von Ratings anders vorgegangen wird sowie völlig andere Prioritäten gesetzt werden. Dementsprechend sind die Regelungen nicht auf Ratings zugeschnitten. Obwohl also Ratings als indirekte Empfehlungen grundsätzlich unter den Wortlaut des Art. 1 Nr. 3 RL 2003/125 fallen könnten, wurden sie auf gemeinschaftsrechtlicher Ebene ausdrücklich vom Anwendungsbereich ausgenommen.

[276] Der Wortlaut des CESR-Advice Nr. 77 lautet „... expressly recommend that a person should buy, sell or hold a financial instrument“, CESR/02-89d.

II. Angaben über Ersteller und Verantwortliche

Als Teil der sachgerechten Darbietung sind Angaben über Ersteller und Verantwortliche nach § 2 FinAnV zu machen. Damit unterscheidet die deutsche Regelung zwischen sachgerechter Erstellung und Darbietung, im Gegensatz zur RL 2003/125/EG, die lediglich den Begriff der sachgerechten Erstellung kennt. Nachdem die Darbietung auch nach deutschem Recht Teil der Erstellung ist, erschließt sich der Zweck dieser Differenzierung im angeglichenen nationalen Recht nicht.

1. Identitätsangaben, § 34b I 2 Nr. 1 WpHG, § 2 I FinAnV

Gem. § 34b I 2 Nr. 1 WpHG ist die Identität der Person, die für die Weitergabe oder für die Verbreitung der Finanzanalyse verantwortlich ist, anzugeben. Diese Pflicht wird in § 2 I FinAnV mit Anforderungen an die Angaben über Ersteller und Verantwortliche konkretisiert.

a) Pflicht zur Angabe der Identität nach § 34b I 2 Nr. 1 WpHG sowie § 2 I FinAnV

Nach § 34b I 2 Nr. 1 WpHG ist die Identität des Verantwortlichen offenzulegen, d.h. die Angaben müssen zur klaren Identifikation des Verantwortlichen ausreichen. Dazu genügt bei natürlichen und juristischen Personen üblicherweise der Name. Verantwortlich ist nach allgemeinem Verständnis derjenige, dem die weitergegebene oder verbreitete Finanzanalyse rechtlich zuzuordnen ist.
Darüber hinaus sind nach § 2 I FinAnV weitere Angaben erforderlich: Von den Erstellern sind neben den Namen auch die Berufe, in deren Ausübung sie die Finanzanalysen erstellen, zu nennen. Letzteres gestaltet sich schwierig, da es keine geschützten Berufsbezeichnungen im Bereich der Finanzanalyse gibt, sondern allenfalls auf Qualifikationsnachweise und Zertifikate wie den CIIA[277], dessen Vorgänger CEFA sowie den CFA[278] zurückgegriffen werden kann. Hier bedarf es einer an die tatsächlichen Verhältnisse angepaßten Auslegung.[279] Hin-

---

277 „Certified International Investment Analyst"; der Titel darf nach erfolgreichem Abschluß eines siebenmonatigen Präsenzstudiums geführt werden. Das Programm des CIIA existiert erst seit zwei Jahren, daher tragen bislang nur ca. 3.000 Personen den Titel des CIIA; *Narat*, Handelsblatt vom 1.12.2005, Nr. 233, S. 32.

278 „Chartered Financial Analyst"; der am Ende eines erfolgreichen dreijährigen Fernstudiums steht. Derzeit führen weltweit etwa 67.500 Personen diesen Titel, der besonders aufgrund des internationalen Bezugs nachgefragt wird; *Narat*, Handelsblatt vom 1.12.2005, Nr. 233, S. 32.

279 Wie groß das Interesse an der Qualifikation bzw. den Erfolgsnachweisen der Analysten ist, zeigen die häufig veröffentlichten Analysten-Rankings, so beispielsweise im Handelsblatt vom 21.10.2005, Nr. 204, S. 41 oder im Handelsblatt vom 27.5.2004, Nr. 102, S. 40. Je nach gewählten Kriterien und Bewertungsmethoden werden meist völlig unterschiedlich besetzte Listen erarbeitet; *Hoffknecht*, Handelsblatt vom 15.4.2004, Nr. 73, S. 33.

sichtlich des verantwortlichen Unternehmens ist dessen Bezeichnung anzugeben.

Die nach § 2 I FinAnV als Teil der sachgerechten Darbietung geforderten Angaben zu Ersteller und Verantwortlichen können sich möglicherweise mit den nach § 34b I 2 Nr. 1 WpHG verlangten Angaben überschneiden. § 34b WpHG ist als formelles Gesetz und Ermächtigungsnorm im Sinne des Art. 80 I GG ranghöher als die lediglich konkretisierende FinAnV des Bundesministeriums der Finanzen. Maßgeblich ist somit § 34b I 2 Nr. 1 WpHG.

Den Gesetzgebungsmaterialien läßt sich entnehmen, dass § 34b I 2 Nr. 1 WpHG bzgl. der Weitergabe der Umsetzung des Art. 7 RL 2003/125/EG und bzgl. der Verbreitung der Umsetzung von Art. 2 I RL 2003/125/EG dient.[280] Allerdings ist in Art. 2 I RL die Erstellung, nicht die Verbreitung die maßgebliche Handlung.

aa) Angaben zum Ersteller

Unter Ersteller ist nach allgemeinem Sprachgebrauch die Person zu verstehen, die die Finanzanalyse erarbeitet. Allerdings kann die Identifikation des Erstellers im Sinne des § 2 I FinAnV schwierig sein. Beispielsweise kann eine Finanzanalyse als Endprodukt in den verschiedenen Fertigungsstadien von einem Analysten, zwei Praktikanten und einem Layouter erarbeitet werden. Ohne eine inhaltliche Einschränkung könnten alle vier als Ersteller zu nennen sein. Um diese Frage beantworten zu können, bedarf es der Auslegung des Begriffs.

Hinsichtlich § 2 I FinAnV konkretisiert der Verordnungsgeber den Begriff des Erstellers dahingehend, dass es sich dabei um die natürlichen Personen handelt, die im Rahmen ihrer Berufs- und Geschäftstätigkeit eine Finanzanalyse erarbeiten. Dabei ist irrelevant, ob diese Personen abhängig beschäftigt oder als selbständige Analysten tätig sind.[281]

Darüber hinaus bedarf es aber noch einiger Klarstellungen. So kann nicht jede an der Finanzanalyse mitwirkende Person Ersteller im Sinne des § 2 I FinAnV sein – von Interesse ist für den Anleger primär, wer den Inhalt der Finanzanalyse maßgeblich bestimmt hat. Die geforderten Angaben zu den Erstellern dienen zunächst der Identifikation, darüber hinaus gewährt die Bezeichnung des Berufs die Möglichkeit, den Ersteller nach seinen Qualifikationen einzuordnen. Allerdings bleibt hier das Problem der fehlenden geschützten Berufsbezeichnungen bestehen, so dass allein die Angabe der Berufsbezeichnung geringen Informationswert hat. Hier sollte zusätzlich auf die genannten einschlägigen Qualifikationsnachweise CIIA, CEFA und CFA sowie ggf. die Funktion oder Stellung im Unternehmen zurückgegriffen werden. Mit Hilfe dieser Informationen kann tat-

---

[280] Begr. AnSVG, BT-Drucks. 15/3174, S. 38.
[281] Begr. FinAnV, S. 5.

sächlich die Transparenz für den Anleger erhöht und damit der Norm der größtmögliche Nutzen verschafft werden.

bb) Angaben zum verantwortlichen Unternehmen

Ebenfalls anzugeben ist das für die Erstellung verantwortliche Unternehmen. Darunter versteht man gemeinhin dasjenige, in dessen Namen die Finanzanalyse für eine große Anzahl von Personen bestimmt ist.

Allein aus dem Wortlaut heraus ist die Beurteilung des folgenden Fallbeispiels allerdings nicht möglich: Ein Kreditinstitut gibt eine Analyse bei einem unabhängigen Analystenhaus in Auftrag, um sie im eigenen Corporate Design zu veröffentlichen. Die Analyse ist stets für die Öffentlichkeit bestimmt. Allerdings stellt sich angesichts der erforderlichen Angaben die Frage, welches das verantwortliche Unternehmen ist.

Das verantwortliche Unternehmen ist nach Angaben des Verordnungsgebers dasjenige, als dessen Produkt die Finanzanalyse zur Verbreitung oder Weitergabe bestimmt ist.[282] Liefert also ein Unternehmen Finanzanalysen an ein anderes, ist das liefernde Unternehmen für die Erstellung verantwortlich. Diese Verantwortlichkeit kann ausnahmsweise im Fall von White Label-Analysen[283] übertragen werden: Erstellt ein lieferndes Unternehmen im Auftrag oder einem ähnlichen Verhältnis nach den Vorgaben des Auftraggebers Finanzanalysen für diesen, ist nach dem Willen des Verordnungsgebers der Auftraggeber verantwortlich im Sinne des § 2 I FinAnV.[284]

Informationen zu den Verantwortlichen sind für den Anleger insbesondere relevant, um mögliche Unternehmensverbindungen und Umstände, die bestimmte Interessen bedingen, offenzulegen. Die Verantwortlichkeit für die Finanzanalyse liegt bei dem Unternehmen, dem ein Anleger die Finanzanalyse als eigenes Produkt zurechnet bzw. bei der Person, oder dem Unternehmen, dem der Anleger die Weitergabe oder Verbreitung zurechnet. Dementsprechend ist es durchaus sinnvoll, White Label-Analysen nicht wie andere fremd erstellte Finanzanalysen zu behandeln. Die Erstellung von White Label-Analysen wird durch den Auftraggeber veranlaßt; die Finanzanalyse geht ihm exklusiv zu. Durch den äußeren Eindruck der Eigenerstellung entstehen auch keine Regelungslücken, da trotzdem bei der Erhebung der Daten zu möglichen Interessenkonflikten sämtliche Mitwirkenden umfaßt sind, § 5 I 2 Nr. 3 FinAnV.[285] Im übrigen ist bereits das

---

[282] Begr. FinAnV, S. 4.

[283] White Label-Analysen werden zwar nur an den Auftraggeber übermittelt; sie sind aber bereits zum Zeitpunkt der Erarbeitung für die Öffentlichkeit bestimmt, also Finanzanalysen im Sinne des § 34b I 1 WpHG.

[284] Begr. FinAnV, S. 5.

[285] Angaben zu möglichen Interessenkonflikten schließen die Möglichkeit der Verbreitung von White Label-Analysen unter eigenem Corporate Design nicht aus, da die Interessenkonflikte nach § 5 V FinAnV als solche des Auftraggebers offengelegt werden können.

liefernde Unternehmen zur Einhaltung der Sorgfaltspflichten nach § 34b WpHG verpflichtet.

b) Richtlinienkonforme Auslegung nach Art. 2 I RL 2003/125/EG

Identität der Person, die die Empfehlung abgegeben hat, insbesondere Name und Berufsbezeichnung der Person, die die Empfehlung erstellt hat und Name der juristischen Person, die für die Erstellung der Empfehlung verantwortlich ist.

Identity of the person responsible for its production, in particular, the name and job title of the individual who prepared the recommendation and the name of the legal person responsible for its production.

L'identité de la personne responsable de sa production, et en particulier le nom et la fonction de la personne physique qui a élaboré la recommandation ainsi que le nom de la personne morale responsable de sa production.

La identidad de la persona responsable de su elaboración, en especial el nombre y función laboral del indviduo que elabore la recomendación, además del nombre de la persona jurídica responsable de su elaboración.

Nach Art. 2 I RL ist die Identität der Person, die die Empfehlung abgegeben hat, anzugeben. Dabei werden konkretisierend Angaben zur erstellenden Person und zur für die Erstellung verantwortlichen juristischen Person verlangt.
Bei der erstellenden Person handelt es sich nach Vergleich der Sprachfassungen um die natürliche Person, die die Empfehlung erarbeitet hat. Bzgl. der Berufsbezeichnung fällt der Schwerpunkt der französischen und spanischen Fassungen auf, die die konkrete Stellung des Erstellers verlangen. Angaben wie „Finanzanalyst" oder „Anlagestratege" sind hier möglicherweise unzureichend. Dem Prinzip des effet utile folgend sollten hier möglichst umfangreiche Informationen bereitgestellt werden, um dem Anleger eine Vorstellung von Qualifikation und Stellung des Erstellers zu vermitteln.
Die verantwortliche juristische Person ist die Person, die die Erstellung der Empfehlung veranlaßt hat.

Anhaltspunkte zum näheren Verständnis der Norm lassen sich möglicherweise ihrer Entstehungsgeschichte entnehmen. Die Frage nach den notwendigen Angaben zu Ersteller und Verantwortlichen wurde bereits im Rahmen der CESR-Consultation gestellt. Ursprünglich wurden Angaben zur Identität des Erstellers verlangt, sowie klarstellend der Name des individuellen Erstellers der Information und der Name der beteiligten juristischen Person.[286] Damit wurde die Frage nach dem Nutzen der Offenlegung der Qualifikation des Erstellers verbunden.

---

[286] Wortlaut des CESR-Consultation Paper Nr. 103: „the identity of the producer of the relevant information should be indicated clearly and prominently. The name of the individual preparer of the information, in addition to the name of the legal entity involved should be indicated"; CESR/02.089b.

In Folge des Feedbacks wurde in den CESR-Advice Nr. 84 die Pflicht zur Angabe des „job title" aufgenommen, dieser wurde somit auf die Qualifikation bezogen. Darüber hinaus wurde die beteiligte juristische Person zur verantwortlichen juristischen Person abgeändert.[287] Damit schwächte das CESR die Anforderung an juristische Personen deutlich ab, da die Verantwortung für die Erstellung weniger juristische Personen trifft als die bloße Beteiligung an der Erstellung. Diese Eingrenzung war durchaus sinnvoll, da die Angaben so an Aussagekraft gewannen. Die Aufzählung sämtlicher in irgendeiner Form beteiligter juristischer Personen ist für Anleger kaum sinnvoll.
Zudem wird die Regelung ihrem Zweck, der Sicherstellung korrekter Informationen und der Vermeidung von Fehlinterpretationen der Empfehlungen durch Anleger,[288] durch die Aufnahme der Qualifikation und ggf. der Stellung im Unternehmen am besten gerecht.

Zusammenfassend ist der Ersteller die natürliche Person, die die Empfehlung erarbeitet hat. Sein Name und sein Beruf sind anzugeben, wobei die Berufsbezeichnung den Titel, die Qualifikation und ggf. die Stellung oder Funktion im Unternehmen umfaßt. Verantwortlich für die Erstellung der Empfehlung ist die Person, als deren Produkt die Empfehlung erstellt wird.

c) Richtlinienkonforme Auslegung nach Art. 7 RL 2003/125/EG

... durch eine relevante Person unter deren Verantwortung weitergegeben, ... Identität dieser relevanten Person.

... a relevant person under his own responsibility disseminates, ... identity of that relevant person.

... une personne concernée diffuse sous sa propre responsabilité..., l'identité de cette personne concernée.

... persona pertinente, bajo su propia responsabilidad divulgue, ... la identidad de la persona pertinente.

Die Identität der verbreitenden relevanten Person ist nach Art. 7 RL anzugeben. Zur Identifikation reicht üblicherweise der Name. Dabei sind nur relevante Personen betroffen, unter deren Verantwortung die Empfehlung verbreitet wird.
Die Pflicht zur Identitätsangabe ist bereits aus Art. 2 I RL bekannt, dort zur für die Erstellung verantwortlichen Person. Diese Pflicht wurde in CESR-Advice Nr. 100 vorgeschlagen und zur Sicherstellung korrekter Informationen für den Anleger sowie zur Vermeidung von Fehlinterpretationen übernommen.[289] Dem ursprünglichen Wortlaut, der die Identität der verbreitenden relevanten Person verlangte, wurde jedoch das Element der Verantwortlichkeit hinzugefügt. Er

[287] Working Document 23/2003-REV 1.
[288] Working Document 23/2003, 2. Abschnitt, Art. 2.
[289] Working Document ESC 13/2003, 2. Abschnitt, Art. 7.

wurde so zur „in eigener Verantwortung verbreitenden relevanten Person" verändert.[290]
Auch hier dient die Angabe der Identität der für die Verbreitung verantwortlichen Person dazu, dem Anleger eine möglichst klare Vorstellung von der relevanten Person zu verschaffen. Ebenso wie die Identität des Erstellers bzw. für die Erstellung Verantwortlichen wichtige Informationen zur Einordnung der Empfehlung verschafft, findet auch die Identität dessen, der ein Interesse an der Verbreitung einer Empfehlung hat, Beachtung.

d) Ergebnis

Zur Offenlegung der Identität von natürlichen oder juristischen Personen bedarf es deren Namen. Bzgl. der Angaben zum Ersteller ist neben dem Namen auch die Berufsbezeichnung erforderlich, also der Titel sowie die Qualifikation und ggf. die Stellung oder Funktion im Unternehmen. Ersteller ist die natürliche Person, die die Finanzanalyse inhaltlich erarbeitet hat. Waren mehrere Personen an der inhaltlichen Gestaltung beteiligt, sind diejenigen zu nennen, die den Inhalt maßgeblich bestimmten.
Als verantwortliches Unternehmen ist dasjenige zu nennen, als dessen Produkt die Finanzanalyse zur Veröffentlichung oder Weitergabe bestimmt ist bzw. von dem die Erstellung der Finanzanalyse veranlaßt wurde. Auftragsanalysen werden dementsprechend nur dann dem Auftraggeber zugerechnet, wenn sie exklusiv für ihn erstellt wurden. Geht die Finanzanalyse dagegen an mehrere Unternehmen, ist sie nicht von jedem einzelnen dieser Kunden veranlaßt und damit bleibt das liefernde Unternehmen verantwortlich für die Erstellung.

Für den beschriebenen Fall der Auftragsanalyse in Form der White Label-Analysen heißt dies konkret, dass das Kreditinstitut verantwortliches Unternehmen im Sinne des § 34b WpHG und der FinAnV ist. Das zweite Beispiel der verschiedenen „Ersteller" ist danach wie folgt zu lösen: Ersteller im Sinne des § 2 I FinAnV ist nur derjenige, der den Inhalt der Finanzanalyse maßgeblich bestimmte, also der Analyst.

2. § 2 II 1 FinAnV – Bezeichnung der Aufsichtsbehörde

Für die Erstellung verantwortliche Unternehmen im Sinne des § 1 II Nr. 1 FinAnV unterliegen zusätzlichen Anforderungen hinsichtlich der sachgerechten Darbietung von Finanzanalysen: Sie müssen die Bezeichnung der öffentlichen Stelle angeben, deren Aufsicht sie unterliegen.

---

[290] Working Document ESC 13/2003, 2. Abschnitt, Art. 7.

a) Finanzaufsicht in Deutschland und der EU

Innerhalb der EU gibt es keine zentrale Aufsicht über die Kapitalmärkte.[291] Statt dessen wurde ein System der Zusammenarbeit und Kooperation der einzelnen Aufsichtsbehörden der Mitgliedsstaaten entwickelt.[292] In den letzten Jahren wurden außerdem viele Behörden reformiert oder umstrukturiert, so auch in Deutschland. Auslöser für die Reform der Finanzmarktaufsicht in Deutschland war die Entwicklung der Finanzmärkte, auf denen zunehmend integrierte Finanzprodukte von Unternehmen angeboten werden, die eigentlich in anderen Bereichen ansässig sind.[293] Inzwischen offerieren Banken Produkte aus Kernbereichen der Versicherungen; Versicherungsunternehmen bieten ihrerseits ganzheitliche Finanzdienstleistungen an.[294] Kunden bzw. Anleger nutzen dabei vielfach elektronische Vertriebskanäle, um die für sie günstigsten Produkte zu kaufen; der Anbieter ist von nachrangiger Bedeutung.[295] Um den Risiken dieser integrierten Finanzmärkte entgegenzutreten und sie effektiv beaufsichtigen zu können, wurde die BaFin als Allfinanzaufsicht geschaffen. Sie wurde zum 1.5.2002 als Zusammenfassung der Bundesaufsichtsämter für das Kreditwesen, für das Versicherungswesen und für den Wertpapierhandel gebildet, § 1 I FinDAG.[296]

Die BaFin ist eine bundesunmittelbare, rechtsfähige Anstalt des öffentlichen Rechts, § 1 I FinDAG. Sie untersteht gemäß § 2 FinDAG der Rechts- und Fachaufsicht des Bundesministeriums der Finanzen, insofern hat sie im Ver-

---

[291] *Hildebrandt*, Die europäische Aufsicht über Finanzdienstleister zwischen zentraler und dezentraler Rechtsetzung und Rechtsdurchsetzung, S. 79.

[292] Ausführlicher dazu und zum „Multilateral Memorandum of Understanding on the Exchange of Information and Surveillance of the Securities Activities", *Berkenbusch*, Grenzüberschreitender Informationsaustausch im Banken-, Versicherungs- und Wertpapieraufsichtsrecht, S. 96ff.

[293] *Caspari*, Allfinanzaufsicht in Europa, S. 6f.

[294] In diesem Umfeld der ganzheitlichen Finanzprodukte entstanden auch erste Finanzkonglomerate; in Deutschland schlossen sich die Allianz AG mit der Dresdner Bank AG sowie die Münchner Rückversicherungs-Gesellschaft AG mit der Bayerischen Hypo- und Vereinsbank AG zusammen.

[295] *Berkenbusch*, Grenzüberschreitender Informationsaustausch im Banken-, Versicherungs- und Wertpapieraufsichtsrecht, S. 104f; *Lenenbach*, Kapitalmarkt- und Börsenrecht, Rn 12.2a; *von Rosen*, Kreditwesen 2002, 634.

[296] Im Rahmen der Neugründung der BaFin als sog. Allfinanzaufsicht wurden die in ihr vereinten, ursprünglich selbständigen Bundesaufsichtsämter organisatorisch in Form von Sektoren beibehalten. Diese sind die Sektoren Bankenaufsicht, Versicherungsaufsicht, Wertpapieraufsicht/Asset Management. Darüber hinaus wurden Querschnittsbereiche geschaffen, die sektorübergreifend tätig werden, um Synergieeffekte zu erzielen. *Von Rosen*, Kreditwesen 2002, 633; *Caspari*, Allfinanzaufsicht in Europa, S. 9f. Allerdings blieb bislang die Aufteilung der Standorte in Bonn und Frankfurt erhalten, so dass die absolute Wirksamkeit dieser Synergiemaßnahmen anzuzweifeln ist. So schon im Vorfeld, *Binder*, WM 2001, 2238.

gleich zur unabhängigen Deutschen Bundesbank einen gewissen strukturellen Nachteil.[297]

Nach § 4 I 1 WpHG ist die BaFin die zuständige Behörde für die Überwachung der Einhaltung der Pflichten nach dem WpHG. Zur Durchsetzung der gesetzlichen Vorgaben bzgl. der Erstellung etc. von Finanzanalysen ist auf die allgemeinen Aufgaben und Befugnisse nach § 4 WpHG sowie verschiedene Einzelermächtigungen wie beispielsweise § 35 I, II WpHG zurückzugreifen.[298]
Gem. § 34b VII 1 WpHG gelten die Befugnisse der BaFin aus § 35 WpHG für die Absätze 1, 2 und 5 entsprechend, d.h. zum Zweck der Überprüfung der Einhaltung dieser Vorschriften können Prüfungen auch ohne besonderen Anlaß vorgenommen werden. Unbeschadet des § 35 WpHG sind Wertpapierdienstleistungsunternehmen einmal jährlich auf die Einhaltung der Pflichten aus § 34b WpHG hin durch einen geeigneten Prüfer zu überprüfen.[299]
Darüber hinaus kann die BaFin gemäß § 40 WpHG in Verbindung mit §§ 36 I Nr. 1, 47 OWiG Ordnungsgelder verhängen. Konkret bedeutet das im Fall der Weitergabe oder Veröffentlichung von Finanzanalysen, die die Anforderungen des § 34b I 2 WpHG nicht erfüllen, § 39 I Nr. 4 WpHG, die Verhängung von Geldbußen bis zu einer Höhe von 200.000 €, § 39 IV WpHG.
Ebenfalls Ordnungswidrigkeiten sind gemäß § 39 I Nr. 5 WpHG die gegen § 34b II WpHG verstoßende Weitergabe der Zusammenfassung von Finanzanalysen sowie die gegen § 34b VI WpHG verstoßende Darbietung einer Information, § 39 I Nr. 6 WpHG. Dabei wird jeweils konkret auf eine nach § 34b VIII WpHG erlassene Rechtsverordnung Bezug genommen, hier also, soweit im Einzelfall einschlägig, die FinAnV. Sämtliche dieser Ordnungswidrigkeiten können mit der Verhängung von Geldbußen bis zu 50.000 € geahndet werden.

b) Pflicht zur Bezeichnung der Aufsichtsbehörde nach § 2 II 1 FinAnV

Kreditinstitute, Finanzdienstleistungsinstitute und nach § 53 I 1 KWG tätige Unternehmen müssen die öffentliche Stelle angeben, deren Aufsicht sie unter-

---

[297] *Baum/Reiter*, BKR 2002, 855.

[298] Soweit die Anordnungen gemäß § 4 I 3 WpHG geeignet und erforderlich sind, die Mißstände zu beseitigen oder zu verhindern, stehen der BaFin sämtliche Arten von Verwaltungshandlungen zur Verfügung. Im Detail gehören dazu Verwaltungsakte im Sinne des § 35 VwVfG gegen einzelne Adressaten oder auch Sammelverfügungen. Mildere Mittel, die bislang häufiger angewandt wurden, sind Schreiben an zu überwachende natürliche oder juristische Personen sowie Bekanntmachungen etc. zur Auslegung bestimmter Normen; siehe *Lenenbach*, Kapitalmarkt- und Börsenrecht, Rn 12.11. Darüber hinaus erläßt die BaFin auch Richtlinien und bei entsprechender Ermächtigung Rechtsverordnungen. Nachdem sowohl die Beseitigung als auch die Verhinderung von Mißständen genannt sind, kann die BaFin präventiv tätig werden.

[299] Vgl. § 36 I 1 WpHG entsprechend in Verbindung mit § 34b VII 2 WpHG.

liegen. Fraglich ist, ob dabei wirklich jede Aufsichtsbehörde zu nennen ist, beispielsweise also auch die Sparkassenaufsicht, und welcher Umfang für die Bezeichnung erforderlich ist. So könnte die bloße namentliche Nennung der Behörde ausreichen, aber auch eine Kontaktadresse oder sogar die Angabe des zuständigen Sachbearbeiters erforderlich sein.
Besonders sensibel sind die hier geforderten Angaben im Hinblick auf möglichen Auslandsbezug. Beispielsweise ist zu klären, welche Behörde oder Behörden zu nennen sind, wenn ein französisches Finanzdienstleistungsinstitut eine Finanzanalyse erstellt, die von einem deutschen Finanzdienstleistungsinstitut in Übersetzung weitergegeben wird. Ebenso problematisch ist die Konstellation einer US-amerikanischen Bank, die eine Finanzanalyse erstellt und diese an ihre Zweigstelle in Deutschland übermittelt. Die Zweigstelle veröffentlicht die Finanzanalyse in Deutschland. Auch hier ist zu ermitteln, welche Aufsichtsbehörde(n) anzugeben sind. Darüber hinaus ist fraglich, wie es zu beurteilen ist, wenn ein US-amerikanisches Finanzdienstleistungsunternehmen eine eigene Finanzanalyse direkt in Deutschland verbreitet.

Um eine klarere Vorstellung von den in § 2 II 1 FinAnV formulierten Anforderungen zu erhalten, ist zunächst die Systematik der Norm zu untersuchen. Dabei ist der eingeschränkte persönliche Anwendungsbereich dieser Regelung zu berücksichtigen. Die genannten Personen im Sinne des § 1 II Nr. 1 FinAnV sind, soweit sie tatsächlich Wertpapierdienstleistungen erbringen, deckungsgleich mit den als Wertpapierdienstleistungsunternehmen in Betracht kommenden Personen nach § 2 IV WpHG. Damit können sie im Gegensatz zu anderen Erstellern und Verantwortlichen der Regelprüfung nach § 36 WpHG entsprechend, § 34b VII 2 WpHG unterliegen. Diese Personen nehmen mithin eine Sonderstellung ein.
Die anzugebende Aufsichtsbehörde ist aus dem Kontext des § 34b WpHG und der FinAnV auf diejenige zu beschränken, die für die Überwachung der Einhaltung der Regelungen zur Erstellung, Weitergabe und Verbreitung von Finanzanalysen zuständig ist. In Deutschland ist demgemäß die BaFin nach § 4 I 1 WpHG die zuständige Behörde. Die Sparkassenaufsicht wäre also nicht zu nennen. Allerdings ist möglicherweise mehr als eine Behörde anzugeben: Zu nennen sind die zuständige Behörden für das für die Erstellung verantwortliche Unternehmen sowie die zuständige Behörde für das für die Weitergabe verantwortliche Unternehmen. Nachdem es sich dabei um zwei voneinander unabhängige Anknüpfungspunkte handelt, liegt es bei einer weitergegebenen Finanzanalyse eines anderen Unternehmens in der Natur der Sache, dass für Erstellung und Weitergabe verschiedene Unternehmen verantwortlich sind.
Diese Möglichkeit wurde auch vom Verordnungsgeber beispielsweise bei multinationalen Konzernen gesehen, da dort häufig für die Erstellung und die Weiter-

gabe Unternehmen aus unterschiedlichen Ländern verantwortlich sind. In diesem Fall sind die Behörden kumulativ zu nennen.[300]
Ziel der Norm ist es, durch die Angabe der zuständigen Aufsichtsbehörde EU-weit Vertrauen in die entsprechende Aufsicht zu schaffen. So erhält der Anleger die Möglichkeit zur Beschwerde und zur Überprüfung, ob dem Verantwortlichen bereits in der Vergangenheit einschlägige Verstöße angelastet wurden. Bei einem rein deutschen Sachverhalt mag beides für den Anleger kaum problematisch sein;[301] sobald aber internationaler Bezug gegeben ist, stellt sich die Lage schon aufgrund der sprachlichen Schwierigkeiten ungleich komplizierter dar. Die Angabe der zuständigen Behörde ist aus Anlegersicht also durchaus nötig.
Fraglich ist, welche Konsequenzen die Aufnahme der Behörde in die Finanzanalyse für das einzelne Unternehmen hat, ob die Nennung aufgrund der leichteren Möglichkeit zur Beschwerde und Überprüfung nachteilig ist oder im Gegenteil die Funktion eines Gütesiegels aufgrund besonderer Überwachung erfüllt. Allgemein gilt, dass die Angabe „überwacht von der XY-Behörde" zumindest in Deutschland als ein Zeichen für gesicherte Qualität angesehen wird. Die Bezeichnung der Behörde wirkt somit wie ein Gütesiegel.
Allerdings ist die Angabe nur für Unternehmen im Sinne des § 1 II Nr. 1 FinAnV verpflichtend. Diese Sonderstellung bedarf einer Rechtfertigung. Wie bereits gezeigt wurde, unterliegen die in § 1 II Nr. 1 FinAnV genannten Unternehmen, soweit sie Wertpapierdienstleistungen erbringen, gem. § 34b VII 2 WpHG der jährlichen Regelprüfung nach § 36 WpHG entsprechend. Erbringen sie jedoch keine Wertpapierdienstleistungen, unterliegen sie ebenso wie die übrigen Adressaten des § 34b WpHG nach § 34b VII 1 WpHG der Überwachung der BaFin nach § 35 WpHG. Hinsichtlich der Finanzdienstleistungsinstitute ist anzumerken, dass sie bereits aufgrund der für sie typischen Leistungen stets auch Wertpapierdienstleistungsunternehmen sind.[302] Kreditinstitute dagegen sind nur bei tatsächlicher Erbringung von Leistungen aus dem Katalog des § 2 III WpHG Wertpapierdienstleistungsunternehmen. Die Erstellung oder Weitergabe von Finanzanalysen ist keine Wertpapierdienstleistung nach dem abschließend enumerativen Katalog des § 2 III WpHG. Möglicherweise ist sie ein Element der Anlageberatung als Wertpapiernebendienstleistung im Sinne des § 2 III a Nr. 3 WpHG. Dies ist jedoch irrelevant, da nur dann ein Wertpapierdienstleistungsunternehmen gegeben ist, wenn tatsächlich mindestens eine der genannten Wertpapierdienstleistungen erbracht wird. Demnach sind nicht notwendigerweise alle Unternehmen nach § 1 II Nr. 1 FinAnV auch Wertpapierdienstleistungsunternehmen. Nicht alle von ihnen werden durchgehend verstärkt von der BaFin überwacht; die Rechtfertigung für die Sonderstellung

[300] Begr. FinAnV, S. 5.
[301] Bei Nutzung der Möglichkeit des sog. „Shaming" nach § 40 b WpHG kann die BaFin unanfechtbare Maßnahmen auf ihrer Website veröffentlichen.
[302] Assmann/Schneider – *Assmann*, § 2 Rn 79f.

gilt also nicht uneingeschränkt. Festzuhalten bleibt, dass nur für Unternehmen nach § 1 II Nr. 1 FinAnV die Möglichkeit einer stärkeren Überwachung vorgesehen ist.
Zusammenfassend haben die in § 1 II Nr. 1 FinAnV genannten Unternehmen schon aufgrund ihrer Präsenz stärkere Möglichkeiten der Einflußnahme auf den Markt als andere Finanzintermediäre. Die dem Rechnung tragende jährliche Regelüberprüfung bzw. die Möglichkeit einer solchen Überprüfung ist aber im Gegenzug eine massive Einschränkung, die die mit der Aufnahme des „Gütesiegels" der Behördenangabe einhergehenden Vorteile rechtfertigt.

Hinsichtlich der konkreten Ausgestaltung der Bezeichnung stellt sich die Frage, ob eine standardisierte Nennung sämtlicher in der EU zuständigen Behörden zulässig ist. Im Falle einer solchen Angabe erkennt der Anleger jedoch nicht, welche der Behörden neben der für ihn erkennbar inländischen zuständig ist. Eine solche Angabe ist für den Anleger wenig hilfreich und damit abzulehnen. Zwar entstehen bei der individualisierten Angabe für jede einzelne Finanzanalyse höhere Kosten. Normalerweise werden aber innerhalb eines Konzerns stets die gleichen Übermittlungswege genutzt, so dass eine gewisse Standardisierung durchaus möglich ist. Insgesamt überwiegt das Interesse der Anleger an effektiver Kontaktmöglichkeit und Überprüfbarkeit sowie darüber hinaus das Marktinteresse an einer nachhaltigen Stärkung des Anlegervertrauens.

c) Richtlinienkonforme Auslegung nach Art. 2 II 1 und Art. 9 a RL 2003/125/EG

Art. 2 II 1 RL 2003/125/EG

Wertpapierhaus oder Kreditinstitut..., die Identität der jeweils zuständigen Behörde offen gelegt wird.

An investment firm or a credit institution, ... identity of the relevant competent authority be disclosed.

Une entreprise d'investissement ou un établissement de crédit, ... l'identité de l'autorité compétente concernée soit rendue publique.

Empresa de inversión o una entidad de crédito, ... se revele la identidad de la autoridad competente pertinente que le corresponde.

In der deutschen Fassung des Art. 2 II 1 der RL 2003/125/EG ist die „jeweils zuständige Behörde" statt der „relevanten zuständigen Behörde" der anderen Sprachfassungen offenzulegen, womit impliziert wird, dass mehrere Behörden zu nennen sein können. Allerdings könnte sich aus dem Kontext ergeben, dass stets nur eine Behörde zuständig ist. Im übrigen ist die deutsche Fassung im Interesse eines Gleichlaufs der Sprachfassungen als „relevante zuständige Behörde" zu lesen.

Aus der Stellung des Art. 2 II 1 RL ergibt sich, dass es sich bei den Wertpapierhäusern oder Kreditinstituten um für die Erstellung verantwortliche Personen handeln muß, Art. 2 I RL. Auch die Überschrift des Kapitels bezieht sich lediglich auf die Erstellung von Empfehlungen. Die relevante zuständige Behörde ist also die Behörde, die die Einhaltung der Regelungen zur Erstellung von Empfehlungen überwacht.
Ursprünglich war die Angabe der Regulierungsbehörde (regulator) vorgesehen.[303] In diesem Zusammenhang wurde auf §§ 29, 32 CESR/01-014d[304] verwiesen. Danach wären hier die Identität des Unternehmens, der Finanzgruppe, der es angehört, postalische Adresse, Telefonnummer sowie die zuständige Behörde offenzulegen. Im Folgenden wurde jedoch nicht mehr darauf Bezug genommen. Es ist also davon auszugehen, dass Angaben in diesem Umfang nicht erforderlich sind. Statt der Angabe des „regulator" wurde von der Kommission der Begriff der „competent authority" aufgenommen.
Die Angabe der zuständigen Behörde ist ein wichtiges Element der Wiederherstellung des Anlegervertrauens. Die Angabe für Kreditinstitute und Wertpapierhäuser, also die Unternehmen mit dem erheblichsten Einfluß auf den Markt, zu verlangen, ist durchaus gerechtfertigt.

Nach Art. 2 II 1 RL ist also die zuständige Behörde, die die für die Erstellung verantwortlichen Kreditinstitute und Wertpapierhäuser beaufsichtigt, mit Namen anzugeben.

Art. 9 a RL 2003/125/EG

Die Bezeichnung der für das Wertpapierhaus oder das Kreditinstitut zuständigen Behörde wird klar und unmissverständlich angegeben.

The name of the competent authority of the investment firm or credit institution is clearly and prominently indicated.

Qu'elle indique clairement et d'une façon bien apparente le nom de l'autorité compétente dont relève l'entreprise d'investissement ou l'établissement de crédit.

El nombre de la autoridad competente de la empresa de inversión o entidad de crédito se indique de manera clara y prominente.

Der Begriff der zuständigen Behörde ist ebenso wie in Art. 2 II 1 RL auf diejenige Behörde beschränkt, die die Einhaltung der Regelungen zu Empfehlungen überwacht. Hier allerdings sind solche Personen betroffen, die für die Verbreitung von Empfehlungen Dritter verantwortlich sind. Dabei ist nach Art. 9 a RL der Name der Behörde anzugeben, nicht wie in Art. 2 II 1 RL die Identität. Al-

---

303 CESR-Consultation Paper Nr. 103, CESR/02.089b und ebenso später CESR-Advice Nr. 85, CESR/02-089d.

304 „A European Regime of Investor Protection: The Harmonisation of Conduct of Business Rules" (CESR/01-014d).

lerdings beschränkt sich auch die nach Art. 2 II 1 RL erforderliche Angabe auf die namentliche Bezeichnung der Behörde, insofern ist dieser Unterschied eher redaktioneller Natur.
Eine entsprechende Regelung findet sich bereits im CESR-Consultation Paper Nr. 120 und später im CESR-Advice Nr. 105. Dabei wurde hier, ebenso wie bei der Genese des Art. 2 II 1 RL zu beobachten war, noch die Angabe des „regulator" verlangt.
Möglicherweise ist die Angabe der zuständigen Behörde bei der Verbreitung von Empfehlungen Dritter von noch größerer Bedeutung für die Vertrauensbildung als die Angabe der die Erstellung überwachenden Behörde. Ebenso wie hinter der Erstellung einschlägige Interessen stehen können, kann auch die Verbreitung fremder Empfehlungen derart motiviert sein. Im Bereich der Weitergabe von Empfehlungen wird eine Regelung und die dazugehörige Aufsicht aber weniger erwartet als bei der Erstellung. Die vertrauensbildende Funktion der Angabe der zuständigen Aufsicht ist dementsprechend wichtig.

Nach den Art. 2 II 1 und 9 RL 2003/125/EG sind die zuständigen Behörden für die Kreditinstitute und Wertpapierhäuser anzugeben, die für die Erstellung verantwortlich sind, sowie für diejenigen, die für die Verbreitung von Empfehlungen Dritter verantwortlich sind. Dabei handelt es sich um zwei unterschiedliche Tatbestände. Die Angabe unterschiedlicher Behörden für die jeweiligen verantwortlichen Unternehmen ist also möglich und in der Systematik der RL 2003/125/EG angelegt.

d) Ergebnis

Die jeweils zuständigen Aufsichtsbehörden für die Unternehmen, die für die Erstellung verantwortlich sind, und die Unternehmen, die für die Weitergabe verantwortlich sind, sind namentlich anzugeben. Dabei sind nur die Aufsichtsbehörden zu nennen, die die Einhaltung der Umsetzung der RL 2003/125/EG bzw. der Regelungen der Finanzanalyse überwachen,[305] in Deutschland also nach § 4 I 1 WpHG die BaFin.

Angewandt auf die oben beschriebenen Fallgruppen ist zunächst danach zu differenzieren, ob es sich um Unternehmen innerhalb der EU bzw. des EWR handelt. Ist dies der Fall, handelt es sich zwar um ausländische Unternehmen. Die RL 2003/125/EG ist aber eine Vorschrift, die gemeinschaftsweite Mindeststandards setzt, so dass in den Mitgliedsstaaten von einer vergleichbaren Aufsichtssituation auszugehen ist. Dementsprechend ist im jeweiligen Herkunftsstaat der Finanzanalyse ohnehin die zuständige Behörde anzugeben. Für eine entspre-

[305] Nicht anzugeben ist beispielsweise die Sparkassenaufsicht, so auch *Schwintek*, Das Anlegerschutzverbesserungsgesetz, S. 100.

chende Differenzierung spricht auch die in § 36 a WpHG eingeräumte Sonderstellung der EU- bzw. EWR-Staaten, die für den gesamten Abschnitt 6 gilt.
Bei der französischen Finanzanalyse ist somit aufgrund der RL 2003/125/EG und der Umsetzung in das französische Recht die die Erstellung überwachende französische Behörde, die Autorité des Marchés Financiers, AMF, zu nennen. Diese Angabe ist auch in Deutschland beizubehalten, wenn die Finanzanalyse in Übersetzung weitergegeben wird. Nur so profitiert der Anleger von den gemeinschaftsweiten Mindeststandards. Zusätzlich dazu ist wegen der Weitergabe als Anknüpfungspunkt die BaFin als in Deutschland zuständige Behörde zu nennen.
Bei Unternehmen aus weder der EU noch dem EWR zugehörigen Staaten ist die Situation im Einzelfall zu beurteilen. Wenn die im Bereich der Finanzanalyse tätigen Unternehmen inhaltlich Kreditinstituten entsprechen, müssen sie laut BaFin eine Zweigstelle in Deutschland unterhalten.[306] Gleiches gilt wohl für Finanzdienstleistungsinstituten entsprechende Unternehmen mit Sitz im außereuropäischen Ausland. Wenn diese Unternehmen also eine Zweigstelle in Deutschland unterhalten, sind die Finanzanalysen über diese zu vertreiben oder weiterzugeben. Dann ist als zuständige Behörde die BaFin anzugeben.
Wenn aber eine Finanzanalyse von dem US-amerikanischen Unternehmen an seine Zweigstelle in Deutschland, ein nach § 53 I 1 KWG tätiges Unternehmen, übermittelt wird, bleibt die Frage nach der Verantwortlichkeit für die Erstellung. Diese ist vom Erscheinungsbild der Finanzanalyse abhängig. Wenn ein eigener Corporate Schriftzug der Zweigstelle oder zumindest inländische Kontaktdaten angegeben sind, ist die BaFin die zuständige Behörde.
Denkbar ist aber auch, dass lediglich eine Finanzanalyse durch das US-amerikanische Institut in Deutschland verbreitet wird, also keine weiteren, den Bankgeschäften oder Finanzdienstleistungen vergleichbaren Leistungen erbracht werden. Allerdings ist ein solcher Sachverhalt zugegebenermaßen unwahrscheinlich, da keinerlei Transaktionserlöse o.ä. in Aussicht stehen. Jedenfalls handelt es sich in diesem Fall bei dem US-amerikanischen Institut nicht um ein Kreditinstitut im Sinne des § 1 I KWG, da der Sitz im Ausland liegt. Desweiteren besteht keine Pflicht zur Einrichtung einer Zweigstelle. Allerdings ist dann möglicherweise § 1 II Nr. 4 FinAnV einschlägig und damit § 2 II 2 FinAnV.

3. § 2 II 2 FinAnV – Hinweis auf Vorschriften zur Selbstregulierung

Sonstige für die Erstellung von Finanzanalysen verantwortliche Unternehmen, die den Vorschriften einer Selbstregulierung unterliegen, sind zu einem entsprechenden Hinweis verpflichtet.

---

[306] Boos/Fischer/Schulte-Mattler – *Fülbier*, § 1 KWG Rn 24.

a) Hinweis auf Vorschriften zur Selbstregulierung nach § 2 II 2 FinAnV

Ein Hinweis im Sinne des § 2 II 2 FinAnV ist nur dann erforderlich, wenn das Unternehmen einer Selbstregulierung eines Berufsstands unterliegt. Fraglich ist, wann eine solche Selbstregulierung gegeben ist. Daran knüpfen eine Vielzahl weiterer Fragen an, so beispielsweise ob der gesamte Berufsstand darin geregelt sein muß oder ob bereits die Ethikregeln eines Unternehmens darunter fallen, wie das Vorliegen mehrerer Selbstregulierungsvereinigungen behandelt wird und ob der Anknüpfungspunkt stets der Beruf des Finanzanalysten sein muß.
Zunächst sind nur für die Erstellung einer Finanzanalyse verantwortliche Unternehmen Adressaten des § 2 II 2 FinAnV. Darüber hinaus richtet er sich nur an „sonstige Unternehmen", also im Zusammenhang mit § 2 II 1 FinAnV gelesen an sämtliche Unternehmen außer den in § 1 II Nr. 1 FinAnV genannten.
Wie sich an der Entwicklung der Norm ablesen läßt, umfaßt der Begriff der Selbstregulierung bestimmte Selbstkontrollnormen sowie Berufs- bzw. Standesregeln, die die sachgerechte Erstellung von Finanzanalysen gewährleisten.[307] Grund für diese Angaben ist der hohe Informationswert für den Anleger.
§ 2 II 2 FinAnV ist insofern zu begrüßen, als Unternehmen, die sich freiwillig zusätzlichen Regeln unterwerfen, die Möglichkeit zur positiven Abgrenzung von der Konkurrenz gegeben wird. Dies ist jedoch nur effektiv, wenn die Öffentlichkeit darüber durch die Angaben bzw. deren Fehlen unterrichtet wird und sie der Unterwerfung bzw. den Regelungen selbst den ihnen gebührenden Stellenwert einräumt. Aufgrund der Formulierung ist anzunehmen, dass der Gesetzgeber an Regulierungen wie den Pressekodex dachte, aber auch andere Selbstregulierungen können als vertrauenschaffende Maßnahmen sinnvoll sein.

b) Richtlinienkonforme Auslegung nach Art. 2 II 2 RL 2003/125/EG

Wenn es sich bei der relevanten Person weder um ein Wertpapierhaus noch um ein Kreditinstitut handelt, jedoch Selbstkontrollnormen oder Berufs- bzw. Standesregeln auf die Person Anwendung finden, [...] Bezugnahme auf die genannten Normen oder Regeln offen gelegt wird.

Where the relevant person is neither an investment firm nor a credit institution, but is subject to self-regulatory standards or codes of conduct, ... a reference to those standards or codes is disclosed.

Lorsque la personne concernée n'est ni une entreprise d'investissement ni un établissement de crédit, mais qu'elle est soumise à des normes d'autorégulation ou à un code de conduite, ... il soit fait référence à ces normes ou à ce code.

En los casos en que la persona pertinente no sea ni una empresa de inversión ni una entidad de crédito, pero se apliquen a esa persona las normas o códigos de conducta autorreguladores, ... se informe de estas normas o códigos.

---

307 Begr. FinAnV, S. 5.

Bzgl. des Begriffs der Selbstkontrollnormen entsprechen sich die verschiedenen Sprachfassungen des Art. 2 II 2 RL inhaltlich. Dem deutschen Begriff der „Berufs- bzw. Standesregeln" dagegen steht in den übrigen untersuchten Sprachfassungen der „Verhaltenskodex" gegenüber. Während die deutsche Fassung die Regelungen also an den Beruf oder Berufsstand anknüpft, sind die übrigen Regelungen mit bloßem Bezug auf das Verhalten des Einzelnen deutlich weiter gefaßt. Im Zuge der einheitlichen Auslegung ist im Wortlaut der deutschen Fassung „Berufs- oder Standesregeln" durch „Verhaltenskodex" zu ersetzen. Ein solcher Verhaltenskodex kann bereits auf der Ebene einzelner Unternehmen gegeben sein. Der Pflicht zur Angabe entsprechender Selbstregulierungsnormen und Verhaltenskodizes unterliegen sämtliche relevanten Personen außer Wertpapierhäusern und Kreditinstituten.
Durch die systematische Stellung des Art. 2 II 2 RL wird deutlich, dass die Normen der Selbstregulierung inhaltlich auf den Bereich der Finanzanalysen zu beziehen sind. Die Formulierung „weder [...] Wertpapierhaus noch [...] Kreditinstitut, jedoch Selbstkontrollnormen [...] Anwendung finden" impliziert, dass die staatliche Aufsicht sich auf Wertpapierhäuser und Kreditinstitute beschränkt. Dieser Eindruck wird durch die Entstehungsgeschichte der Norm noch verstärkt: Bereits im CESR-Consultation Paper Nr. 103 und auch später im CESR-Advice Nr. 86 wurde von „anderen anwendbaren Regelungen wie beispielsweise Selbstregulierungsstandards oder einem Verhaltenskodex"[308] gesprochen. Schon dort wurde von mangelnder staatlicher Aufsicht ausgegangen und auf statt dessen anwendbare Selbstregulierungsnormen verwiesen.
Grundsätzlich ist die Angabe von Selbstregulierungsnormen überaus hilfreich für Anleger. Wird aber die zuständige staatliche Behörde nicht angegeben, entsteht möglicherweise ein falscher Eindruck der lückenhaften Überwachung. Hier sollte zusätzlich zu eventuellen Selbstregulierungsnormen die staatliche Behörde angegeben werden, um dem entgegenzuwirken.
Selbstregulierungsnormen und Verhaltskodizes, soweit die relevanten Personen ihnen unterliegen, sind also anzugeben. Dabei sind auch Kodizes auf Unternehmensebene umfaßt; eine Anknüpfung an den Beruf ist nicht erforderlich.

c) Berücksichtigung der gesetzlichen Aufsicht durch die BaFin

Problematisch ist, dass bei der Erarbeitung der RL 2003/125/EG von fehlender staatlicher Aufsicht für andere Personen als Wertpapierhäuser und Kreditinstitute ausgegangen wurde. Dies entspricht zumindest in Deutschland nicht den tatsächlichen Gegebenheiten. Die Aufsicht knüpft zunächst an die entsprechende Handlung, also die Erstellung von Finanzanalysen bzw. deren Verbreitung und Weitergabe, an. Erst danach wird nach personenbezogenen Merkmalen differen-

[308] Im Original lautet CESR-Consultation Paper Nr. 103 „... there may be another set of rules that apply such as self-regulatory standards or a code of conduct", CESR/02.089b.

ziert. Dabei hat die BaFin für sämtliche Adressaten des § 34b WpHG zusätzlich Befugnisse, vgl. § 35 WpHG entsprechend in Verbindung mit § 34b VII S. 1 WpHG. Da hier von einer falschen Prämisse ausgegangen wurde, ist eine gewisse Anpassung der Regelung vorzunehmen. Demgemäß ist auch Personen und Unternehmen, die nicht nach § 2 II 1 FinAnV dazu verpflichtet sind, zumindest eingeschränkt die Angabe der zuständigen Aufsichtsbehörde einzuräumen.

d) Ergebnis

In richtlinienkonformer Auslegung sind Vorschriften der Selbstregulierung im Sinne des § 2 II 2 FinAnV sämtliche Selbstregulierungsnormen, unabhängig von ihrem Bezug auf den Berufsstand. Entscheidend ist, dass die Normen die Erarbeitung von bzw. den Umgang mit Finanzanalysen zum Gegenstand haben. Diese Selbstregulierungsnormen sind nur dann anzugeben, wenn sie auf die für die Erstellung verantwortliche Person tatsächlich anwendbar sind. Die bloße Existenz der Regelungen genügt nicht. Besondere Anforderungen an die Durchsetzbarkeit der Normen bestehen nicht. Auch ein unternehmensinterer Verhaltenskodex ist anzugeben, selbst wenn der vertrauenschaffende Effekt nur begrenzt sein mag, da ein solcher Kodex einen geringen Wirkungskreis hat und es dem Anleger nicht möglich ist, jeden einzelnen Unternehmenskodex auf seine inhaltliche Reichweite zu überprüfen.
Der persönliche Anwendungsbereich des § 2 II 2 FinAnV ist auf Unternehmen begrenzt, während Art. 2 II 2 RL für alle relevanten Personen außer Kreditinstituten und Wertpapierhäusern gilt. Dabei ist es auch nach dem weiten Unternehmensbegriff durchaus denkbar, dass Personen sich Selbstregulierungsnormen wie beispielsweise dem DVFA-Kodex[309] unterwerfen. § 2 II 2 FinAnV ist somit in richtlinienkonformer Auslegung auf sämtliche Personen und Unternehmen außer den in § 1 II Nr. 1 FinAnV genannten zu beziehen.
Für die nicht in § 1 II Nr. 1 FinAnV genannten Personen und Unternehmen ist es aus Gründen des Wettbewerbs möglicherweise empfehlenswert, die BaFin als zuständige Aufsichtsbehörde anzugeben, da sie ebenfalls unter ihrer Aufsicht stehen, wenn auch in geringerem Umfang. Ansonsten könnte ein Wettbewerbsnachteil gegenüber Unternehmen nach § 1 II Nr. 1 FinAnV gegeben sein, die einen Vertrauensvorschuß durch die Angabe der Behörde genießen. Wie bereits dargelegt, hat diese Angabe vor allem die Funktion eines „Gütesiegels“, dessen bevorzugte Führung aufgrund der möglichen jährlichen Regelprüfung gerechtfertigt ist. Den nicht in § 1 II Nr. 1 FinAnV genannten Personen die Angabe der BaFin zu verweigern, erscheint allerdings unverhältnismäßig. Wenn Selbstkon-

[309] Der von der Deutschen Vereinigung für Finanzanalyse und Asset Management erarbeitete DVFA-Kodex für Finanzanalyse wurde nach Angabe der DVFA im Februar 2003 ratifiziert und dient als Orientierungshilfe für Berufsangehörige zur gesetzeskonformen beruflichen Tätigkeit.

trollnormen, möglicherweise sogar ohne wirksame Mechanismen zur Durchsetzung, anzugeben sind, sollte die gesetzliche Aufsicht erst recht genannt werden. Unter Berücksichtigung der fehlenden Regelprüfung sollte jedoch eine andere Formulierung als die nach § 2 II 1 FinAnV sinnvolle Angabe des „überprüft von" gewählt werden. Besser ist hier die Angabe der BaFin als „für die Überwachung zuständige Behörde".

III. § 3 FinAnV – Grundsätze sachgerechter Erstellung und Darbietung

1. § 3 I 1 FinAnV – Unterscheidung von Tatsachen, Werturteilen Dritter und eigenen Werturteilen, Kenntlichmachen der Unterscheidung

Nach § 3 I 1 FinAnV sind zunächst Tatsachen und Werturteile, sodann eigene Werturteile und Werturteile Dritter voneinander zu unterscheiden und in Folge zu kennzeichnen.

a) Tatsachen, Werturteile Dritter und eigene Werturteile nach § 3 I 1 FinAnV

aa) Unterscheidung von Tatsachen und Werturteilen

Tatsachen bezeichnen allgemein Vorgänge oder Zustände der Vergangenheit oder Gegenwart, die sinnlich wahrnehmbar und einer Überprüfung auf ihre Richtigkeit hin mittels des Beweises zugänglich sind.[310] Werturteile dagegen bringen üblicherweise die subjektive Beziehung des sich Äußernden zum Inhalt der Aussage zum Ausdruck und lassen sich nicht als wahr oder unwahr erweisen.[311] Problematisch ist die Abgrenzung der Begriffe, wie beispielsweise die Aussage „China ist ein Boom-Markt" zeigt, die sowohl eine Tatsachenbehauptung als auch ein Werturteil sein könnte.
Die genannten Tatsachen und Werturteile sind zu unterscheiden und zu kennzeichnen. Mögliche Mittel sind dabei drucktechnische Maßnahmen, allerdings könnten entsprechende Formulierungen bereits ausreichen.

Der Bedarf nach Abgrenzungskriterien zwischen Tatsachen und Werturteilen ist bereits aus anderen Bereichen bekannt, beispielsweise aus § 824 BGB, den strafrechtlichen Ehrverletzungsdelikten der §§ 185ff StGB oder § 4 Nr. 8 UWG. In diesen Fällen wird üblicherweise nach dem Schwerpunkt der Äußerung abgegrenzt: Entscheidend ist, ob der objektive Erklärungswert primär bei der Mei-

---

[310] BVerfGE 94, 1, 8 = NJW 1996, 1529f; RGZ 101, 335, 338; BGHZ 3, 270, 273 = NJW 1952, 660; BGHSt 6, 357; BGH JR 1977, 28, 29.

[311] BVerfGE 85, 1, 15 = NJW 1992, 1439, 1440; BGHZ 45, 296, 304 = NJW 1966, 1617, 1618.

nungsäußerung oder der Tatsachenbehauptung liegt.[312] Allerdings sind sämtliche dieser Normen gem. Art. 5 I 1 GG stets im Licht der Meinungsfreiheit auszulegen. Dabei sind stets auch die Interessen der Aussagenden zu berücksichtigen. Vorliegend wurden aber möglicherweise andere Schwerpunkte gesetzt; die genannten Abgrenzungskriterien können also nicht ohne weiteres übernommen werden. Die Entstehungsgeschichte enthält wenig hilfreiches bei der Suche nach Abgrenzungskriterien. So wird lediglich darauf hingewiesen, dass bei Tatsachen die Richtigkeit gem. § 3 II FinAnV geprüft worden sein muß.[313]

Grund für die Unterscheidung von Tatsachen und Werturteilen ist das höhere Vertrauen, das in Tatsachenbehauptungen gesetzt wird. Daher ist eine klare Trennung nötig. Die allgemein übliche Abgrenzung allein nach dem Schwerpunkt des objektiven Erklärungswerts der Aussage ist hier, wie bereits angemerkt, unpassend, da diese Abgrenzung auch dem Schutzbedürfnis des Aussagenden Rechnung trägt. § 3 I FinAnV bezweckt vorrangig, wenn nicht sogar ausschließlich, den Schutz des Adressaten vor irreführenden Aussagen. Anleger stehen dabei den Finanzintermediären, also Fachleuten, gegenüber. Daher sind nur reine Tatsachenäußerungen auch Tatsachen im Sinne des § 3 I FinAnV. Tatsachenäußerungen sind nicht mit verborgenen Werturteilen zu vermengen, da sie damit bereits als Werturteile einzustufen sind. Ausschlaggebend ist der erhöhte Glaubwürdigkeitsanspruch, der durch den Anschein der Tatsachenbehauptung erhoben wird. Ein solcher Anschein kann schon durch die Formulierung erweckt werden – klarstellende Formulierungen können im Gegenzug ausreichen, um deutlich zwischen Tatsachen und Werturteilen zu unterscheiden und diese Unterscheidung zu kennzeichnen.

bb) Unterscheidung von eigenen Werturteilen und Werturteilen Dritter

Darüber hinaus verlangt § 3 I 1 FinAnV die Unterscheidung von eigenen Werturteilen und denen Dritter. Dabei stellt sich die Frage, ob durch die Zustimmung zum Werturteil eines Dritten nicht gleichzeitig auch die eigene Meinung zum Ausdruck gebracht wird und damit zugleich ein eigenes Werturteil vorliegt.

Beispielsweise ist es möglich, dass ein Analyst im Laufe der Erstellung seiner Analyse zu einem bestimmten Ergebnis kommt und eben dieses vor der Verbreitung seiner Finanzanalyse in der bereits veröffentlichten Analyse eines Dritten liest. Hier ist zu entscheiden, ob es sich nun noch um ein eigenes Werturteil des Analysten oder nicht vielmehr um das Werturteil eines Dritten handelt. Darüber hinaus ist zu klären, ob der Analyst zur Recherche verpflichtet ist, um sicherzustellen, dass seine Werturteile tatsächlich von ihm erstmalig geäußert werden.

---

312 M.w.N. MüKo-BGB – *Wagner*, § 824, Rn 9; Bamberger/Roth – *Spindler*, § 824 BGB, Rn 7; Schoenke/Schröder – *Lenckner*, § 186 StGB, Rn 4; Baumbach/Hefermehl – *Köhler*, § 4 UWG, Rn 8.13.

313 Begr. FinAnV, S. 5.

Die systematische Stellung der eigenen Werturteile und der Werturteile Dritter mit den jeweils folgenden Beispielen deutet auf eine unterschiedliche Schwerpunktsetzung hin: So sind „Werturteile Dritter, insbesondere Interpretationen oder Schätzungen“ den eigenen Werturteilen, „insbesondere Hochrechnungen, Vorhersagen oder Preiszielen“ gegenübergestellt. Allerdings ist eine Abgrenzung nach diesen Vorgaben nur sehr schwer möglich. Darüber hinaus läßt sich der Entstehungsgeschichte entnehmen, dass Interpretationen, Schätzungen, Hochrechnungen, Vorhersagen und Preisziele insgesamt als Beispiele für Werturteile angeführt werden, ohne dass damit eine Differenzierung nach eigenen Werturteilen oder denen Dritter intendiert wäre.[314] Im übrigen wird vom Verordnungsgeber eine Unterscheidung von solchen Werturteilen, die von Dritten abgegeben wurden, und eigenen Einschätzungen verlangt.[315] Entscheidend ist danach also die Urheberschaft der Einschätzung – es ist nicht möglich, sich eine Meinung durch Zustimmung zu eigen zu machen.
Die Unterscheidung zwischen eigenen Werturteilen und denen Dritter soll die Irreführung der Anleger vermeiden, denn bei der ausreichend häufigen Wiederholung eines Werturteils von verschiedenen Personen entsteht nahezu der Eindruck seiner Allgemeingültigkeit. Durch die Zuordnung des Werturteils zu einem Dritten wird deutlich, dass es sich um bloße Wiederholungen handelt und nicht sämtliche Analysten unabhängig voneinander zum gleichen Ergebnis gekommen sind. So ist dem Anleger eine bessere Gewichtung des Werturteils möglich.

Die Kennzeichnung der Tatsachen und Werturteile ist in § 6 I FinAnV nicht aufgeführt. Es bestehen also keine besonderen Anforderungen nach der Verordnung. Auch aus der Entstehungsgeschichte lassen sich keine konkreten Vorgaben für die Art der Kennzeichnung erkennen. Nachdem entsprechende klarstellende Formulierungen dem Zweck des § 3 I FinAnV gerecht werden, ist eine Kennzeichnung per Formulierung ausreichend.

b) Richtlinienkonforme Auslegung nach Art. 3 I a, c RL 2003/125/EG

aa) Art. 3 I a RL 2003/125/EG

... Tatsachen deutlich von Auslegungen, Schätzungen, Stellungnahmen und anderen Arten nicht sachbezogener Informationen unterschieden werden.

... facts are clearly distinguished from interpretations, estimates, opinions and other types of non-factual information.

... les faits soient clairement distingués des interprétations, estimations, opinions et autres types d'informations non factuelles.

---

[314] Begr. FinAnV, S. 5.
[315] Begr. FinAnV, S. 5.

... los hechos se distingan claramente de las interpretaciones, estimaciones, opiniones y otros tipos de información no factual.

Tatsachen sind allgemein dem Beweis zugängliche Vorgänge oder Zustände der Vergangenheit oder Gegenwart. Unter Auslegungen versteht man verschiedene Deutungen bestimmter Tatsachen; Schätzungen dagegen sind gegeben, wenn unter Zugrundelegen einer Tatsachenbasis mit Hilfe von Denkgesetzen zukünftige Werte benannt werden. Stellungnahmen sind Meinungsäußerungen zu einem bestimmten Thema. Deutlich schwieriger gestaltet sich allerdings das Verständnis der nicht sachbezogenen Informationen. Das englische „non-factual" ist üblicherweise als „nicht faktisch", also falsch, zu verstehen. Ähnliches gilt für den Wortlaut der französischen und spanischen Fassungen. Im vorliegenden Kontext ist allerdings davon auszugehen, dass damit „nicht auf Tatsachen begründet oder bezogen" ausgedrückt werden soll. Damit stimmen die anderen Sprachfassungen überein und sind insofern inhaltsgleich, wenn auch „nicht sachbezogene Informationen" in keiner Sprache direkt nachvollziehbar ist. Wenn die Aussage nicht auf die Sache Finanzinstrument bzw. deren Emittenten bezogen ist, erschließt sich ihre Notwendigkeit für die Empfehlung nicht. Wiederum im Kontext mit den anderen aufgezählten „Arten nicht sachbezogener Informationen" ist davon auszugehen, dass es sich um subjektive, nicht auf ihre Richtigkeit überprüfbare Aussagen handelt.
Nach Art. 3 I a RL sind Tatsachen von den anderen Informationen zu unterscheiden, d.h. nur Tatsachen sind zu kennzeichnen. Die übrigen Informationen sind danach vom Leser im Umkehrschluß als subjektive, nicht überprüfbare Aussagen einzuordnen. Die Regelung geht auf das CESR-Consultation Paper Nr. 104 und später den CESR-Advice Nr. 87 zurück, deren Wortlaut übernommen wurde. Sie dient der Vermeidung einer Irreführung der Anleger.[316] Da Tatsachenbehauptungen besonderes Vertrauen und erhöhte Glaubwürdigkeit genießen, sind diese zu kennzeichnen. So ist für Anleger ersichtlich, dass die übrigen Aussagen bloße Meinungsäußerungen sind.

Tatsachenbehauptungen, also Informationen zu beweisbaren Sachverhalten, sind von subjektiven, nicht auf ihre Richtigkeit hin überprüfbaren Aussagen abzugrenzen. Diese Tatsachenbehauptungen sind zu kennzeichnen, d.h. so zu verdeutlichen, dass bei der Wahrnehmung der Empfehlung klar ist, welche Elemente der Empfehlung Informationen über Tatsachen sind.

bb) Art. 3 I c RL 2003/125/EG

... alle Prognosen, Vorhersagen und angestrebten Kursziele klar als solche gekennzeichnet.

... all projections, forecasts and price targets are clearly labelled as such.

[316] Working Document ESC 13/2003, 2. Abschnitt, Art. 3.

... l'ensemble des projections, des prévisions et des objectifs de cours soient clairement indiqués.

... se indiquen claramente como tales todas las proyeciones, pronósticos y objetivos de precios.

Art. 3 I c RL verlangt die Kennzeichnung von Prognosen, Vorhersagen und angestrebten Kurszielen, also aller in die Zukunft gerichteten, ungewissen Aussagen. Dabei haben die aufgezählten Aussagearten qualitativ gemeinsam, dass auf jede von ihnen üblicherweise eine Anlageentscheidung gestützt werden könnte. Die Kennzeichnung ist durch drucktechnische Hervorhebungen unter Zuhilfenahme einer entsprechenden Legende möglich. Ebenso könnte aber auf Formulierungen zurückgegriffen werden. Allerdings könnte „Ein Kursziel von x wird erwartet" sich als zu schwacher Hinweis herausstellen.
An konkreten Anforderungen an die Kennzeichnung fehlt es; allein Art. 3 II RL nimmt Bezug darauf und sieht eine Anpassung für nichtschriftliche Empfehlungen für den Fall vor, dass die Vorschriften ansonsten unverhältnismäßig wären. Eine entsprechende Kennzeichnung wurde bereits durch das CESR vorgesehen und von ihm als grundlegende Regel der sachgerechten Darbietung für sämtliche Beteiligte entworfen.[317]
Wiederum ist der Zweck dieser Norm, eine Irreführung des Anlegers zu vermeiden. Durch die Eingrenzung auf Prognosen, Vorhersagen und Kursziele ist eine inhaltliche Grundrichtung vorgegeben, da sich Art. 3 I c RL auf solche Werturteile bezieht, die ggf. als Basis einer Anlageentscheidung dienen können. Der Anleger wird daher durch die Kennzeichnung darüber informiert, dass es sich um ungewisse, auf die Zukunft gerichtete Aussagen handelt. Auf der Grundlage des Leitbilds eines verständigen Anlegers sind deutliche Formulierungen ausreichend. Es bedarf keiner ausdrücklichen Warnung.
Auf die Zukunft gerichtete, ungewisse Aussagen, die ggf. als Basis einer Anlageentscheidung dienen können, sind zumindest durch entsprechende Formulierungen als solche zu kennzeichnen.

§ 3 I 1 FinAnV faßt Art. 3 I a und c RL zusammen und nimmt zusätzlich eine Differenzierung zwischen eigenen Werturteilen und denen Dritter auf. Da es sich um die Umsetzung der Vorgaben des Art. 3 I c RL handelt, könnte bzgl. der Werturteile inhaltlich eine vergleichbare Einschränkung für § 3 I 1 FinAnV gelten. Die zusätzliche Anforderung, dass auf das Werturteil ggf. eine Anlageentscheidung gestützt werden kann, mag bei Hochrechnungen, Vorhersagen und Preiszielen plausibel sein – Interpretationen und Schätzungen dagegen sind zu schwache Mittel, um darauf eine Anlageentscheidung zu begründen. Insofern ist die deutsche Regelung also weiter gefaßt.

---

[317] CESR-Consultation Paper Nr. 104, CESR/02.089b; CESR-Advice Nr. 87, CESR/02-089d.

c) Ergebnis

Tatsachen im Sinne des § 3 I 1 FinAnV sind Vorgänge und Zustände der Vergangenheit oder Gegenwart, die sinnlich wahrnehmbar und einer Überprüfung ihrer Richtigkeit mittels des Beweises zugänglich sind. Werturteile sind im Gegensatz dazu subjektive Aussagen zum Gegenstand der Finanzanalyse. Darunter fallen sämtliche auf die Zukunft gerichteten ungewissen Aussagen im Sinne der RL 2003/125/EG und darüber hinaus auch Interpretationen und Schätzungen.

Für die Abgrenzung zwischen Tatsachen und Werturteilen ist aufgrund der besonderen Interessenlage zwischen Anlegern und Finanzintermediären entscheidend, ob der Anschein der Tatsachenbehauptung erweckt wird. In diesem Fall wird von einer Tatsache im Sinne des § 3 I 1 FinAnV ausgegangen. Die Vermengung von Tatsachen mit verborgenen Werturteilen ist dementsprechend zu vermeiden.

Am oben angeführten Beispiel „China ist ein Boom-Markt" zeigt sich die besondere Problematik der Unterscheidung von Tatsachen und Werturteilen im Bereich der Finanzanalyse deutlich: Üblicherweise wird bei Finanzanalysen trotz der anerkannten Unsicherheit der Materie ein äußerst überzeugter Tonfall gebraucht. Dabei wäre rhetorisch eine ständige Infragestellung sämtlicher Aussagen eher angemessen. Diese wiederum würde aber die Adressaten der Finanzanalysen im Zweifel unverhältnismäßig irritieren und die Lesbarkeit der Finanzanalysen vermindern. Besser ist hier beispielsweise eine klare Unterteilung in verschiedene Textblöcke mit klarstellenden, gut sichtbaren Überschriften wie beispielsweise „Fakten" und „Bewertung" oder „Einschätzung". Auch bei nichtschriftlichen Finanzanalysen ist eine solche Unterteilung jederzeit durch deutliche Ein- und Überleitungen möglich. Die Aussage zum chinesischen Markt stellt sich so als Tatsachenbehauptung dar, die sich als richtig oder falsch erweisen läßt. Ab welchem Wachstumsgrad ein Markt als „Boom-Markt" bezeichnet werden kann, ist bei der Überprüfung zu klären. Stünde diese Aussage in einem klaren Kontext der Einschätzungen und Prognosen oder wäre eingeleitet durch Formulierungen wie „Wir erwarten für den chinesischen Markt ...", läge klar ein Werturteil vor. Zweifel in diesem Bereich gehen zu Lasten des Finanzintermediärs, insofern ist es an ihm, klare Unterscheidungen zu treffen.

Eigene Werturteile im Sinne des § 3 I 1 FinAnV sind solche, die auf eigenen Einschätzungen beruhen, während Werturteile Dritter bereits von einem Dritten so geäußert wurden und für die eigene Finanzanalyse übernommen wurden.

Für das zweite Beispiel des nachträglich entdeckten gleichlautenden fremden Werturteils gilt daher folgendes: War dem Ersteller das Werturteil des Dritten vor dem Verfassen seiner Finanzanalyse nicht bekannt, handelt es sich um ein eigenes Werturteil. Eine entsprechende Recherche vor dem Verfassen einer Finanzanalyse ist nicht erforderlich und würde tendenziell das erzielte Ergebnis verfälschen. Für den Anleger ist es durchaus relevant zu erfahren, dass mehrere

Finanzanalysten zu einer identischen Einschätzung gekommen sind, wenn diese voneinander unabhängig erlangt wurde.

d) Anforderungen an die Kennzeichnung der Tatsachen und unterschiedlichen Werturteile

An die Art der Kennzeichnung wurden keine konkreten Anforderungen gestellt. Aus § 6 I 2 FinAnV ergibt sich im Rückschluß, dass eine drucktechnische Hervorhebung nicht erforderlich ist. Mithin reicht eine entsprechende Formulierung aus, um den Charakter der Aussage zu offenbaren.
Unklare Formulierungen sind dabei zu vermeiden und gehen im Zweifel zu Lasten des Verantwortlichen. Ihm obliegt es, statt „aus diesen Eckdaten und der Aufstellung des Unternehmens folgt zweifelsfrei ein klarer Aufwärtstrend in den nächsten Monaten ..." Formulierungen zu wählen, die den subjektiven Charakter stärker betonen, so beispielsweise „folgende Gründe sprechen für einen Aufwärtstrend" bzw. „ein Aufwärtstrend ist zu erwarten". Handelt es sich bei der fraglichen Finanzanalyse um eine nichtschriftliche Analyse wie beispielsweise einen Kurschart mit prognostiziertem weiteren Kursverlauf, ist das vorliegende Medium entsprechend zu nutzen. Beim rein visuellen Chart ist also auch die Kennzeichnung rein visuell vorzunehmen, per drucktechnischer Unterscheidung. So kann der prognostizierte Verlauf mit deutlich schwächerer Farbdichte oder als unterbrochene Linie dargestellt werden.

2. § 3 I 2 FinAnV – Angabe der wesentlichen Grundlagen und Maßstäbe eigener Werturteile

Nach § 3 I 2 FinAnV sind die wesentlichen Grundlagen und Maßstäbe eigener Werturteile anzugeben. Damit wird Art. 3 I c der RL 2003/125/EG umgesetzt.

a) Wesentliche Grundlagen und Maßstäbe eigener Werturteile nach § 3 I 2 FinAnV

Grundlagen einer Finanzanalyse sind makroökonomische Daten und Annahmen wie beispielsweise zur Entwicklung der Nachfrage oder der Zinsen. Daneben können auch allgemeine emittentenbezogene Vorgänge Grundlagen eines Werturteils bilden, wie der lange geforderte Rücktritt des Vorstandschefs und die erwartete damit einhergehende großflächige Neuorientierung des Konzerns. Maßstäbe sind Normen zur Beurteilung eines Sachverhalts, so beispielsweise die Angabe eines Benchmark bei erwarteter außergewöhnlicher Entwicklung eines Werts, um die „gewöhnliche" Entwicklung meßbar zu machen.
Zu berücksichtigen ist aber, dass nur wesentliche Grundlagen und Maßstäbe anzugeben sind. Ein mögliches Kriterium für die Wesentlichkeit ist, dass die Grundlage nicht hinwegzudenken ist, ohne dass ein anderes Ergebnis erzielt würde.

Aus dem Kontext des § 4 III 1 FinAnV ergibt sich, dass Grundlagen und Maßstäbe nicht mit den Bewertungsgrundlagen und -methoden gleichzusetzen sind, da diese gesondert abgefragt werden. Nach Angaben des Verordnungsgebers sind unter Grundlagen und Maßstäben die grundsätzlichen Annahmen und Maßstäbe zu verstehen, die den in die Finanzanalyse eingeflossenen Werturteilen zugrunde liegen.[318]
Mit der Angabe der wesentlichen Grundlagen und Maßstäbe wird die Finanzanalyse nachvollziehbarer. Der Anleger kann eigene Grundannahmen mit denen des Analysten vergleichen und für sich ggf. entsprechende Gewichtungen oder Anpassungen im Votum vornehmen. Allerdings ist der Umfang der Angaben problematisch, da bei einem Überfluß an Informationen keine der Angaben mehr wahrgenommen wird. Daher ist eine Vorauswahl nach Prioritäten zu treffen, so dass nur die wesentlichen Grundlagen und Maßstäbe, also die für das Ergebnis der Finanzanalyse ausschlaggebenden, umfaßt sind.

b) Richtlinienkonforme Auslegung nach Art. 3 I c RL 2003/125/EG

... auf die bei ihrer Erstellung oder Verwendung zugrunde gelegten wesentlichen Annahmen hingewiesen wird.

... the material assumptions made in producing or using them are indicated.

... les principales hypothèses retenues pour les établir et les utiliser soient mentionnées.

... se indiquen igualmente las hipótesis importantes hechas al elaborarlas o utilizarlas.

Die deutsche und englische Fassung des Art. 3 I c RL verlangen den Hinweis auf die wesentlichen Annahmen; die französische und spanische Fassung gebrauchen den Begriff der Hypothese, also der Vermutung oder Annahme. Diese Abweichungen sind aber hinreichend gering, dass von einer Entsprechung der Fassungen ausgegangen werden kann. Es ist also auf die Annahmen bzw. Vermutungen hinzuweisen, die den Prognosen, Vorhersagen und angestrebten Kursziele zugrunde gelegt wurden.
Dabei ist der Hinweis auf die wesentlichen Annahmen zu beschränken. Dazu könnten die Einschätzung der allgemeinen Marktentwicklung, des konjunkturellen Umfelds, der Zinsentwicklung etc. gehören. Auch auf den Emittenten unmittelbar bezogene Annahmen wie beispielsweise zu dessen Personalentwicklung sind denkbar.
Auf diese wesentlichen Annahmen ist hinzuweisen bzw. sie sind anzugeben, zu erwähnen oder anzuzeigen, je nach herangezogener Sprachfassung. Allen Fassung ist gemeinsam, dass keine vertiefte Erläuterung oder umfassende Angaben erforderlich sind, sondern die Annahmen lediglich zu benennen sind.

---

[318] Begr. FinAnV, S. 5.

Aus der Stellung dieser Pflicht im Art. 3 I c RL müssen diese Annahmen bei der Erstellung oder Verwendung der Prognosen, Vorhersagen und angestrebten Kurszielen zugrunde gelegt worden sein. Es handelt sich mithin nicht um Annahmen, die der Empfehlung unmittelbar zugrunde liegen. Kern der Empfehlung sind aber normalerweise eben diese genannten subjektiven, prognostizierenden Elemente.

Wie die Entstehungsgeschichte zeigt, sollten ursprünglich sämtliche bei der Erarbeitung der Prognosen etc. verwendeten Annahmen angegeben werden.[319] Im Rahmen der fortlaufenden Verhandlungen wurde die Pflicht zur Angabe allerdings auf die wesentlichen Annahmen beschränkt.[320]

Ziel der Pflichten der RL 2003/125/EG ist die Erhöhung der Transparenz für Anleger. Grundsätzlich käme die möglichst umfassende Information dem entgegen. Aber selbst unter Zugrundelegung des Leitbilds des verständigen Anlegers ist stets die Gefahr der Informationsüberflutung gegeben. Dem wurde durch die Beschränkung auf wesentliche Annahmen Rechnung getragen, dementsprechend ist das Merkmal der Wesentlichkeit nicht zu weit zu fassen. Schon durch die dadurch erforderte Offenlegung der Prioritäten erfährt der Anleger deutlich mehr über die Hintergründe der Empfehlung, als dies bei der Angabe sämtlicher Annahmen der Fall sein könnte.

Nach Art. 3 I c RL sind nur die wesentlichen, bei der Erstellung bzw. Verwendung der prognostizierenden Aussagen zugrunde liegenden Annahmen anzugeben. Wesentlich sind solche Annahmen, die für die Empfehlung ausschlaggebend waren.

c) Ergebnis

Die Pflicht zur Angabe der wesentlichen Grundlagen und Maßstäbe ist deutlich auf eben diese wesentlichen zu beschränken. Damit sind lediglich die für das Ergebnis der Finanzanalyse maßgeblichen Annahmen und Maßstäbe, die den eigenen Werturteilen zugrunde liegen, anzugeben. Wesentlich sind sie dann, wenn der Ersteller ohne die besagte Annahme oder den Maßstab zu einem anderen Ergebnis gekommen wäre. Die Grundlagen können sich auf sämtliche Bereiche von makroökonomischen Gegebenheiten bis hin zu emittentenspezifischen Sachverhalten beziehen.

3. § 3 II FinAnV - Zuverlässigkeit der Informationsquellen

Gem. § 3 II FinAnV ist die Zuverlässigkeit von Informationsquellen zu überprüfen, bevor die Quellen verwendet werden. Bestehen Zweifel hinsichtlich der Zuverlässigkeit, ist auf diese hinzuweisen. Wodurch sich zuverlässige Informati-

---

[319] CESR-Consultation Paper Nr. 104, CESR/02-089b.

[320] CESR-Advice Nr. 87, CESR/02-089d.

onsquellen auszeichnen oder wann Zweifel berechtigterweise gegeben sind, bedarf allerdings der Konkretisierung.

a) Zuverlässigkeit der Informationsquellen nach § 3 II FinAnV

aa) Zuverlässige Informationsquellen

Eine Informationsquelle wird nach allgemeinem Sprachgebrauch dann als zuverlässig bezeichnet, wenn sie in der Vergangenheit stets korrekte Informationen geliefert hat. Dies ist vor der Verwendung der Informationsquelle „soweit als mit vertretbarem Aufwand möglich sicherzustellen“, § 3 II 1 FinAnV. Verwendet wird eine Informationsquelle dann, wenn die von ihr bereitgestellten Informationen genutzt werden – im behandelten Kontext zur Erstellung von Finanzanalysen genutzt werden. Die Pflicht, die Zuverlässigkeit zuvor sicherzustellen, kann sich entweder auf die Informationsquelle beziehen oder aber auf die jeweils relevante Information.

Zwar wird verlangt, die Zuverlässigkeit der Quellen vor ihrer Verwendung sicherzustellen. Beachtet man aber § 3 II 2 FinAnV, nach dem ein Hinweis auf bestehende Zweifel vorgesehen ist, ist offensichtlich auch die Nutzung von Informationsquellen gestattet, die nicht als uneingeschränkt zuverlässig eingeschätzt werden. Als Zugeständnis an die bestehenden Zweifel ist jedoch auf sie hinzuweisen.

Der Entstehungsgeschichte ist zu entnehmen, dass es sich bei § 3 II FinAnV um die Umsetzung von Art. 3 I b der RL 2003/125/EG handelt.[321] Nach Ansicht des historischen Verordnungsgebers ist eine Quelle jedenfalls dann unzuverlässig, wenn sie unrichtige Informationen liefert.[322]

Zweck des nach § 3 II FinAnV vorgeschriebenen Verfahrens zur Nutzung von Informationen ist es, dem Anleger eine bessere oder zumindest leichtere Bewertung der Qualität der Finanzanalyse über die Einschätzung der verwendeten Quellen zu ermöglichen.[323] Darüber hinaus soll die Zuverlässigkeit der verwendeten Informationen mittels einer Überprüfung der Quellen gewährleistet werden.

Die Zuverlässigkeit der zugrunde liegenden Informationen als Maßstab der Qualität einer Finanzanalyse zu nutzen, ist allerdings insbesondere ex post nicht unproblematisch. Zwar bedarf es zuverlässiger Informationen, um das Anlegervertrauen in Finanzanalysen wiederherzustellen. Neben der allseits geforderten Zuverlässigkeit der Informationen ist aber ihre Aktualität von größter Relevanz. Die „Aktualitätsspanne“ von Informationen ist am Kapitalmarkt äußerst gering – Informationen sind spätestens innerhalb von Tagen und meist bereits nach Stun-

---

[321] Begr. FinAnV, S. 6.
[322] Begr. FinAnV, S. 6.
[323] Begr. FinAnV, S. 6.

den eingepreist.[324] Dementsprechend ist hier das Risiko der Verwendung unzuverlässiger Informationen gegen den möglicherweise geldwerten Nutzen, der dem Anleger aus der Verwendung aktueller Informationen erwächst, abzuwägen. Eine Regelung der Anforderungen an Informationsquellen muß daher ausgewogen sein und darf die Informationsbasis nicht zu stark einschränken. Die Verwendung der Informationen unter Hinweis auf mögliche Zweifel ist in diesem Spannungsfeld eine sinnvolle Lösung.

bb) Zweifel im Sinne des § 3 II 2 FinAnV

Fraglich ist aber, wann Zweifel im Sinne des § 3 II 2 FinAnV gegeben sind. Zweifel sind jedenfalls dann zu bejahen, wenn ein Verdacht auf Unzuverlässigkeit der Quelle besteht bzw. Anhaltspunkte dafür vorliegen.
Es bedarf gewisser Maßstäbe, anhand deren Vorgaben erkennbar ist, dass die Quelle zumindest nicht mehr als uneingeschränkt zuverlässig behandelt werden darf. Diese fließende Grenze soll durch das folgende Beispiel verdeutlicht werden: So könnte der Vorstand eines Unternehmens im Aufsichtsrat eines Kreditinstituts sitzen, das das Unternehmen in seinen Finanzanalysen entgegen der allgemeinen Markteinschätzungen stets positiv bewertet. Hier sind zumindest Zweifel an der Unvoreingenommenheit und möglicherweise auch an der Zuverlässigkeit denkbar.
Ein weiterer äußerst relevanter Aspekt sind die qualitativen Anforderungen an die Annahme von Zweifeln. Werden Gerüchte möglicher Bilanzfälschungen eines Unternehmens in einem Internet-Chatroom geäußert, ist zunächst die Relevanz solcher Gerüchte für die Feststellung von Zweifeln zu klären.

Zweifel im Sinne des § 3 II 2 FinAnV sind aus dem Kontext heraus als Verdacht der Unzuverlässigkeit der Quelle zu verstehen. Trotz eines völlig anderen Zwecks und anderer Schwerpunktsetzung könnten hilfreiche Ansätze einem bereits hinlänglich erforschten Verdachtsbegriff entnommen werden. Von der Überprüfung der Zuverlässigkeit einer Informationsquelle ausgehend sind gewisse inhaltliche Parallelen zum Anfangsverdacht nach § 152 II StPO zu beobachten, bei dessen Vorliegen Ermittlungen einzuleiten sind. Ein Anfangsverdacht im Sinne des § 152 II StPO ist gegeben, wenn konkrete tatsächliche Anhaltspunkte vorliegen, die nach kriminalistischen Erfahrungen die Beteiligung des Betroffenen an einer verfolgbaren Straftat als möglich erscheinen lassen.[325] In Anlehnung daran könnten einschlägige Zweifel vorliegen, wenn konkrete tatsächliche Anhaltspunkte gegeben sind, die nach der Erfahrung eines durch-

---

[324] Zu diesem Problem auch *Schwinghammer*, Rechtspflichten bei der Bewertung und Empfehlung von Aktien, S. 117f. Zur allgemeinen Notwendigkeit zeitnaher Informationen bei deren Marktbezug, vgl. *Kalss*, Anlegerinteressen, S. 265f.

[325] BGH, StV 1988, 441; *Beulke*, Strafprozeßrecht, Rn 111; *Meyer-Goßner*, Strafprozeßordnung, § 152 Rn 4; KK – *Schoreit*, § 152 Rn 28.

schnittlichen Finanzintermediärs für die Möglichkeit unrichtigen Materials aus der Informationsquelle sprechen.

Bei der Bestimmung möglicher Eckpunkte ist im übrigen stets zu beachten, dass die Grenze für die Nutzung von nicht gesichert zuverlässigen Informationsquellen bei der „erforderlichen Sachkenntnis, Sorgfalt und Gewissenhaftigkeit" des § 34b I 1 WpHG liegt. Die Regelung kann somit nicht beliebig ausgeweitet werden.

Der Verordnungsgeber befand, dass beim Verdacht der Unzuverlässigkeit aufgrund anderer Indizien als unrichtiger Informationen nicht mehr ohne weiteres von der Zuverlässigkeit der Quelle ausgegangen werden könne.

Der Begriff der Zweifel muß dem Zweck der Norm gerecht werden und damit auch den bereits beschriebenen Konflikt berücksichtigen. Wiederum ist der Geschwindigkeit der Informationsverarbeitung auf dem Kapitalmarkt Rechnung zu tragen. Selbstverständlich ist die Zuverlässigkeit einer Quelle in Frage gestellt, wenn eine entsprechende Mitteilung der BaFin vorliegt oder staatsanwaltliche Ermittlungen eingeleitet wurden. Erst beim Vorliegen solcher Hinweise von Zweifeln auszugehen, ist aber gerade am Kapitalmarkt meist zu spät. Am anderen Ende der Skala stehen allgemeines Hören-Sagen oder in Chatrooms kursierende Gerüchte, wobei unter Gerüchten solche Informationen zu verstehen sind, deren Wahrheitsgehalt noch nicht feststeht.[326] Grundsätzlich wird auch Gerüchten am Kapitalmarkt erhebliches Gewicht beigemessen. Problematisch ist allerdings die Menge und Beliebigkeit, mit der Gerüchte auftreten. Dementsprechend kann nicht bei jedem Gerücht von Zweifeln an der Zuverlässigkeit einer Quelle ausgegangen werden und eine entsprechende Überprüfung verlangt werden. Das Ergebnis eines solchen Vorgehens wäre, dass viele Quellen von vornherein unbrauchbar wären, da sich die zu ihrer Nutzung nötige Zuverlässigkeitsprüfung zu langwierig und teuer gestalten würde.

Es bedarf folglich einer Einschränkung hinsichtlich der relevanten Anhaltspunkte, die Zweifel begründen. Nur hinreichend seriöse Informationen sind zu berücksichtigen. Bekannt abstruse Quellen wie Chatrooms sind gemeinhin zu ignorieren. Die Anhaltspunkte müssen dementsprechend hinreichend sein, um Zweifel an der Zuverlässigkeit hervorzurufen.

cc) Umfang der Überprüfungspflicht und ihre Folgen

Darüber hinaus stellt sich hinsichtlich der genannten Sicherstellung der Zuverlässigkeit der Quelle die Frage, woran der dafür aufzuwendende vertretbare Aufwand zu messen ist. In Betracht kommt die Relevanz der Information, ebenso aber auch personenbezogen die Möglichkeiten des Erstellers.

In der Praxis ist insbesondere der Umfang der Überprüfungspflicht relevant, wie am folgenden Beispiel ersichtlich ist: In einem Fachmagazin werden zum analy-

---

[326] *Peppmaier*, in: Finanzkommunikation, S. 166.

sierten Emittenten Angaben zu Schwierigkeiten mit einigen seiner Patente gemacht. Bei Berücksichtigung dieser Angaben könnten Zweifel an den Gewinnprognosen des Vorstands aufkommen, da hinsichtlich der Prognosen diese Probleme ausgeklammert wurden. Hier stellt sich die Frage, ob der Ersteller dazu verpflichtet ist, in sämtlichen Fachmagazinen zu recherchieren oder ob der Überprüfungspflicht stets gewisse Grenzen gesetzt sind.

Aus der Systematik des § 3 II FinAnV heraus ist stets eine Zuverlässigkeitsprüfung durchzuführen, an deren Ende möglichst die Feststellung der bisherigen Zuverlässigkeit der Quelle steht. Allerdings mangelt es an konkretisierenden Angaben zum Gegenstand der Überprüfung.
Hier bieten die Materialien zur Entstehung der Norm einen Anhaltspunkt: Danach wird die Zuverlässigkeitsprüfung als Prüfung unter Berücksichtigung der aus der Quelle stammenden Daten charakterisiert.[327] Abzustellen ist also auf die in der Vergangenheit gelieferten Daten, nicht nur die Information, die gerade von aktueller Relevanz ist. Im übrigen ist nach Angaben des Verordnungsgebers bei einschlägigen Zweifeln zunächst die Zuverlässigkeit der Quelle zu überprüfen und möglichst sicherzustellen. Sollte dies nicht mit vertretbarem Aufwand möglich sein, dürften die gelieferten Informationen nur dann verwendet werden, wenn „hinreichende sachliche Gründe“[328] für die Verwendung sprechen und zugleich die damit verbundenen Zweifel verdeutlicht werden. Unzweifelhaft falsche Informationen und unzuverlässige Quellen dürfen auf keinen Fall verwendet werden.[329] Dies ergibt sich bereits aus § 34b I 1 WpHG und wurde daher nicht gesondert geregelt.
Umfang und Folgen der geforderten Zuverlässigkeitsprüfung sind ebenfalls am Zweck der Norm zu messen. Bei den Erstellern und Verantwortlichen handelt es sich um Zivilpersonen, keine staatlichen Ermittlungsorgane. Die zur Verfügung stehenden Mittel sind daher begrenzt und verursachen stets zusätzliche Kosten. Eine Überprüfung kann mithin nur durch allgemein zugängliche Medien verlangt werden. Nichtsdestotrotz sind Finanzintermediäre Fachleute, insofern kann die Überprüfung sowohl der finanzwirtschaftlichen Fachpresse als auch der Fachpresse des jeweils analysierten Bereichs vorausgesetzt werden.
Können mittels der Überprüfung die Zweifel an der Zuverlässigkeit nicht ausgeräumt werden, sollen die Informationen nur bei hinreichenden sachlichen Gründen verwendet werden (s.o.). Diese Einschränkung ist aufgrund der bereits erwähnten Bedeutung aktueller Informationen wenig sinnvoll. Insofern sollten die Anforderungen an hinreichende sachliche Gründe für die Verwendung nicht zu hoch sein, um die Anleger nicht zu benachteiligen.

---

[327] Begr. FinAnV, S. 6.
[328] Begr. FinAnV, S. 6.
[329] Begr. FinAnV, S. 6.

b) Richtlinienkonforme Auslegung nach Art. 3 I b RL 2003/125/EG

... gebührende Sorgfalt darauf verwenden sicherzustellen, dass alle Quellen zuverlässig sind bzw. bei Zweifeln an der Zuverlässigkeit der Quelle klar darauf hingewiesen wird.

... take reasonable care to ensure that: all sources are reliable or, where there is any doubt as to whether a source is reliable, this is clearly indicated.

... veillent, avec une attention raisonnable, à ce que: toutes les sources soient fiables ou, lorsque ce n'est pas le cas, à le signaler clairement.

... tengan el cuidado razonable de asegurarse: de que todas las fuentes sean fiables o, si existiera alguna duda sobre la fiabilidad de la fuente, se indique claramente.

aa) Zuverlässigkeit der Quellen

Unter einer zuverlässigen Quelle versteht man im Sinne der gemeinschaftsrechtlichen Vorgabe des Art. 3 I b RL üblicherweise eine Quelle, die korrekte Informationen liefert bzw. bis dahin geliefert hat. Bestehen Zweifel an der Zuverlässigkeit, sind diese anzuzeigen. Diesbezüglich stimmen die Sprachfassungen allerdings nicht überein, da nach der französischen Fassung erst dann ein Hinweis erforderlich ist, wenn die Quelle nicht zuverlässig ist. Hier wird mithin ein anderer Maßstab als in den übrigen untersuchten Sprachfassungen zugrunde gelegt: Ein Hinweis ist nicht schon bei bloßen Zweifeln an der Zuverlässigkeit erforderlich, sondern erst bei festgestellter Unzuverlässigkeit. Das hieße aber, dass mit entsprechendem Hinweis auch Informationen aus eindeutig unzuverlässigen Quellen verwendet werden könnten. Dies ist in den deutschen, englischen und spanischen Fassungen nicht vorgesehen. Die französische Fassung weicht gravierend von den anderen untersuchten Sprachfassungen ab. In einheitlicher Auslegung sind bereits Zweifel an der Zuverlässigkeit der Quelle ausschlaggebend und erfordern einen entsprechenden Hinweis.
Es bleibt die Frage, ab wann von Zweifeln zu sprechen ist. Stellen sich die in der Vergangenheit gelieferten Informationen als falsch heraus, ist die Quelle unzuverlässig. Möglicherweise muß die Zuverlässigkeit aber auch bereits bei entsprechenden Gerüchten angezweifelt werden.

Art. 3 I b RL wurde im Laufe seiner Entstehung mehreren Änderungen unterzogen. Ursprünglich sah das CESR-Consultation Paper in Nr. 104 lediglich eine Pflicht zur Aufwendung angemessener Sorgfalt vor, um sicherzustellen, dass alle Quellen zuverlässig sind.[330] Damit ging die Frage einher, ob bei Zweifeln an der Zuverlässigkeit diese Zweifel angezeigt werden sollten oder besser völlig auf die Nutzung der Informationen zu verzichten sei. Nach der Berücksichtigung des Feedback wurde eine der ersten Alternative entsprechende Regelung aufgenommen. Danach war sicherzustellen, dass sämtliche Quellen zuverlässig waren

[330] Im Original lautet Nr. 104 „reasonable care to ensure that all sources are reliable", CESR/02.089b.

und, soweit die Quelle nicht als zuverlässig erachtet wurde, auf letzteres hinzuweisen war, falls die entsprechende Information trotzdem verwendet wurde.[331] Diese Formulierung impliziert, dass die Verwendung von Informationen aus möglicherweise unzuverlässigen Quellen nur ausnahmsweise vorgesehen war. Allerdings wurde auch darauf abgestellt, ob die Quelle als zuverlässig erachtet wurde oder nicht. In jedem Fall wurde von der Pflicht zur ausschließlichen Nutzung von Informationen aus zuverlässigen Quellen abgerückt. Die Kommission griff den Vorschlag des CESR auf, strich aber die Einschränkung des „falls die Information trotzdem verwendet wird". Dies spricht dafür, dass die Verwendung von Informationen aus nicht gesichert zuverlässigen Quellen nicht nur ausnahmsweise gestattet, sondern sogar als notwendig erachtet wurde. Im Gegenzug wurde die Hinweispflicht bereits an Zweifel an der Zuverlässigkeit geknüpft.[332]

Die Entwicklung des Art. 3 I b RL zeigt deutlich, dass die Bedeutung von Informationen jeder Art, auch aus möglicherweise unzuverlässigen Quellen, anerkannt wird. Dem Bedürfnis nach zuverlässigen Informationen trägt die Hinweispflicht Rechnung.

Die Regelung ist an ihrem Zweck, das Risiko der Irreführung von Anlegern zu verringern, zu messen. Fraglich ist jedoch, worin bei der vorliegenden Problematik die Irreführung liegt. Werden Informationen aus einer unzuverlässigen Quelle genutzt, ohne den Anleger über entsprechende Zweifel aufzuklären, handelt es sich um eine offensichtliche Irreführung. Daneben kommt eine Irreführung des Anlegers durch die Auslassung möglicherweise wichtiger Informationen in Betracht, da die Quelle nicht eindeutig zuverlässig war. Der Anleger geht davon aus, dass sämtliche relevanten Informationen genutzt wurden, während er tatsächlich eine verkürzte Sachverhaltsbasis vor sich hat. Eine solche Irreführung mag weniger offenkundig als die zuvor beschriebene sein, sie ist aber aufgrund der Bedeutung aktueller Informationen am Kapitalmarkt nicht weniger schwerwiegend.

Die Nutzung sämtlicher Informationen, ob aus gesichert zuverlässiger oder möglicherweise unzuverlässiger Quelle, ist also zugunsten des Anlegers erforderlich. Durch einen entsprechenden Hinweis auf eventuelle Zweifel wird der geforderten Transparenz am besten Genüge getan. An die Zweifel sind keine konkreten Anforderungen gestellt, allerdings sollten Anleger nicht unnötigerweise verunsichert werden. Insofern sind Zweifel erst dann anzugeben, wenn hinreichende Anhaltspunkte für die mögliche Unzuverlässigkeit der Quelle vorliegen.

---

[331] CESR-Advice Nr. 87: „all sources are reliable or that, where a source is not considered reliable, this is indicated if the information is nevertheless included", CESR/02-089d.

[332] So bereits die deutsche Fassung für den EWA, Markt/2003/10831/1/0, und nach entsprechender Überarbeitung auch das Working Document 23/2003-REV1.

Zuverlässige Quellen nach Art. 3 I b RL sind also solche, die in der Vergangenheit korrekte Informationen geliefert haben. Bestehen Zweifel an der Zuverlässigkeit, können die betroffenen Informationen trotzdem genutzt werden, wenn auf die Zweifel hingewiesen wird.

bb) Angemessene Sorgfalt

Nach den englischen, französischen und spanischen Fassungen ist angemessene Sorgfalt, nach der deutschen Fassung gebührende Sorgfalt, darauf zu verwenden, sicherzustellen, dass sämtliche Quellen zuverlässig sind. Sind „angemessen" und „gebührend" auch nicht identisch, entsprechen sie sich doch inhaltlich weitgehend. Die Abweichung steht einer gemeinsamen Auslegung nicht im Wege. Vorliegend ist Teil der Verwendung angemessener Sorgfalt zunächst die Überprüfung der Zuverlässigkeit, soweit sie für die Beteiligten mit verhältnismäßigem Aufwand möglich ist.
Bei der Bestimmung des erforderlichen Aufwands ist aus der Systematik des Art. 3 I b RL zu berücksichtigen, dass stets die Möglichkeit des Hinweises auf entsprechende Zweifel gegeben ist. Diese Möglichkeit kann ohne weiteres genutzt werden, insofern sind die Anforderungen an die Überprüfung nicht zu hoch zu setzen. Dafür spricht auch die Genese des Art. 3 I b RL, der ursprünglich als sog. Basic Rule[333] empfohlen wurde und damit für sämtliche Beteiligten intendiert war. Nach Art. 1 Nr. 4 b RL kann jeder eine Empfehlung erstellen, wenn auch „jeder" durch die Beschränkung auf solche Personen relativiert wird, die im Rahmen ihres Berufs oder ihrer Geschäftstätigkeit Empfehlungen erstellen bzw. verbreiten. Trotzdem handelt es sich dabei nicht um staatliche oder auch nur ausgebildete Ermittlungspersonen.
Darüber hinaus ist das Verhältnis zwischen Kosten und Nutzen zu wahren. Auch bei der Angabe von Zweifeln an der Zuverlässigkeit ist stets eine Überprüfung voranzustellen, da Informationen aus gesichert unzuverlässigen Quellen nicht zu verwenden sind. Wird die geforderte Überprüfung der Quelle zu teuer, wird damit faktisch der informationelle Umfang der Empfehlung beschnitten.

Die Überprüfung der Zuverlässigkeit kann somit nur aus allgemein zugänglichen Medien erfolgen. Bleiben nach der Überprüfung Zweifel an der Zuverlässigkeit, können die Informationen unter Hinweis auf diese Zweifel ohne weiteres verwendet werden. Erwiesenermaßen unzuverlässige Quellen sind bei der sachgerechten Erstellung nicht zu nutzen.

---

[333] CESR-Advice, Nr. 87, CESR/02-089d.

c) Abwägung zwischen der Zuverlässigkeit der Quelle und umfassender Information des Anlegers

Im Vergleich zu Art. 3 I b der RL 2003/125/EG enthält § 3 II FinAnV eine zusätzliche Hürde für die Verwendung von Informationen aus möglicherweise unzuverlässigen Quellen. Aus der Entstehungsgeschichte der Verordnung[334] läßt sich im Rückschluß entnehmen, dass grundsätzlich nur Informationen aus zuverlässigen Quellen zu verwenden sind. Die Zuverlässigkeit ist stets mit vertretbarem Aufwand sicherzustellen. Erst wenn sich die Sicherstellung unter diesen Bedingungen als unmöglich erweist, darf die Information verwendet werden. Auch dann müssen aber hinreichende sachliche Gründe für die Verwendung vorliegen und sie muß unter Hinweis auf die nicht ausgeräumten Zweifel erfolgen.

Es ist stets möglich, strengere Anforderungen zu setzen als in der RL 2003/125/EG vorgegeben. Bei den durch die FinAnV gesetzten Standards handelt es sich auf den ersten Blick um eine Verbesserung der Situation des Anlegers durch erhöhte Anforderungen an die Qualität von Informationsquellen. Dem ist aber wie bereits erörtert entgegenzuhalten, dass nicht nur die Zuverlässigkeit sondern auch die Aktualität die Qualität von Informationen am Kapitalmarkt bestimmt. Unter Berücksichtigung der Ergebnisse der systematischen, teleologischen und richtlinienkonformen Auslegung ist hier entgegen der Begründung des Verordnungsgebers die Schwelle zur Verwendung von Informationen aus nicht gesichert zuverlässigen Quellen zu senken. Es bedarf keiner hinreichenden sachlichen Gründe über das Informationsbedürfnis des Anlegers hinaus. Mit dem Hinweis auf entsprechende Zweifel wurde eine anlegergerechte Lösung des Konflikts gefunden.

d) Ergebnis

Unter einer zuverlässigen Quelle im Sinne des § 3 II FinAnV ist eine Quelle zu verstehen, die bislang korrekte Informationen geliefert hat. Die Zuverlässigkeit ist vor der Verwendung der Informationen aus der Quelle mit vertretbarem Aufwand sicherzustellen. An diese Zuverlässigkeitsprüfung sind aufgrund der begrenzten Möglichkeiten der Beteiligten keine hohen Anforderungen zu stellen. Maßgeblich sind allgemein zugängliche Medien und, falls vorhanden, auch einschlägige Fachmedien.

Kann die Zuverlässigkeit nicht gesichert festgestellt werden, ist auf die verbleibenden Zweifel hinzuweisen. Zweifel sind dann gegeben, wenn hinreichende Anhaltspunkte vorliegen, die nach den Erfahrungen eines durchschnittlichen Finanzintermediärs für die Möglichkeit unrichtigen Materials aus dieser Quelle sprechen. Informationen aus gesichert unzuverlässigen Quellen sind nicht zu nutzen.

---

[334] Begr. FinAnV, S. 6.

Übertragen auf die einzelnen Fallbeispiele heißt das zunächst für den Vorstandsvorsitzenden in Doppelfunktion, dass hinsichtlich der Zuverlässigkeit von ihm beeinflußter Angaben deutliche Zweifel bestehen. Insofern bedarf es einer stichhaltigen Begründung für die außergewöhnlich positiven Bewertungen, ansonsten ist auf die Zweifel hinzuweisen.
Der Maßstab für das Vorliegen von Zweifeln wurde bereits erläutert, so dass Gerüchte in Chat-Rooms unter normalen Umständen keinen Anlaß für Zweifel geben. Hören-Sagen in Analystenkreisen ist dagegen vom Ersteller im Einzelfall der Glaubwürdigkeit der Urheber nach einzuordnen. Den Gerüchten ist dementsprechend nachzugehen oder nicht.
Zur Überprüfung der Zuverlässigkeit einer Quelle sind zwar nur öffentlich zugängliche Medien zu nutzen, dabei aber auch die fach- und branchenspezifischen. Im beschriebenen Beispiel wäre die Recherche im Fachmagazin erforderlich gewesen.

4. § 3 III FinAnV – Dokumentationspflicht

Gem. § 3 III FinAnV sind die notwendigen Vorkehrungen zu treffen, um auf Verlangen der BaFin die sachgerechte Erstellung der Finanzanalyse nachvollziehbar darlegen zu können. Hier sind sowohl der inhaltliche Umfang dieser Darlegungs- oder Dokumentationspflicht als auch die Art der Dokumentation zu konkretisieren.

a) Inhaltlicher Umfang der Dokumentationspflicht

aa) Inhaltlicher Umfang der Dokumentationspflicht nach § 3 III FinAnV

Es ist anzunehmen, dass die „Sachgerechte Erstellung" in diesem Kontext eine Erstellung im Sinne der gesetzlichen Vorschriften nach § 34b WpHG und vor allem der FinAnV bezeichnet. Dabei beinhaltet die nachvollziehbare Darlegung eines Sachverhalts üblicherweise eine Dokumentation, bei der für einen Dritten der nachzuweisende Sachverhalt sichtbar wird.
Innerhalb dieser durch den Wortlaut und dessen Auslegung gesetzten Grenzen ist folgende Fallgruppe denkbar: Eine Finanzanalyse mit unzureichenden Angaben zum Ersteller wird vorgelegt. Die untersuchte Finanzanalyse wurde von einem Dritten ohne zusätzliche Angaben verändert und weitergegeben. Fraglich ist, inwieweit der Ersteller der Finanzanalyse zum Nachweis der Einhaltung des § 2 I FinAnV verpflichtet ist.
Desweiteren stellt sich die Frage nach dem Umfang der Dokumentationspflicht, wenn ein Analyst einen Aktiensplit übersieht und bei der folgenden glatten Halbierung des Werts von dramatischen Kursverlusten ausgeht. Hier ist zu klären, ob mit der vollumfänglichen Dokumentation der Tatsachenbasis in Form des Kursverlaufs der Dokumentationspflicht Genüge getan ist.

Die Auslegung des § 3 III FinAnV unter Berücksichtigung der Systematik der FinAnV ergibt aufgrund des ausdrücklichen Bezugs auf die sachgerechte Erstellung, dass ein Nachweis der sachgerechten Darbietung nicht erforderlich ist. Die sachgerechte Darbietung ließe sich durch die Vorlage einer Aufzeichnung der Finanzanalyse nachweisen. Zu einer solchen Aufzeichnung ist der Verantwortliche nach dem Wortlaut jedoch nicht verpflichtet.

Die sachgerechte Erstellung ist in den §§ 3, 4 FinAnV geregelt. § 2 FinAnV betrifft die sachgerechte Darbietung, wie Absatz 1 verdeutlicht. Allerdings überzeugt diese Einordnung nur oberflächlich, da die Grundsätze zur sachgerechten Erstellung teilweise auch in eine nötige sachgerechte Darbietung münden und so eine klare normenbezogene Abgrenzung erschweren. So ist beispielsweise die Unterscheidung von Tatsachen und Werturteilen nach § 3 I 1 FinAnV der sachgerechten Erstellung zuzuordnen, die in Folge verlangte Kennzeichnung dagegen fällt unter die Darbietung.

Die Genese des § 3 III FinAnV zeigt, dass es sich bei diesem um eine Umsetzung des Art. 3 III der RL 2003/125/EG handelt. Die Regelung verpflichtet die verantwortlichen Unternehmen dazu, die Einhaltung der in § 34b WpHG und der FinAnV geregelten Pflichten zur entsprechenden Organisation und Dokumentation über die Analyseerstellung nachweisen zu können.[335] Nach diesen Angaben des Verordnungsgebers ginge die Reichweite des § 3 III FinAnV mithin deutlich über den bloßen Wortlaut hinaus, der allein die Dokumentation der sachgerechten Erstellung fordert.

Ziel der Norm ist es, der BaFin die Überprüfung der Einhaltung der Normen zur Finanzanalyse zu ermöglichen. Der Wortlaut begrenzt die zugehörige Dokumentationspflicht auf die sachgerechte Erstellung. Allerdings wird es meist im Interesse der Verantwortlichen liegen, eine Aufzeichnung ihrer Finanzanalyse zu erstellen und aufzubewahren, um die sachgerechte Darbietung ebenfalls nachweisen zu können. Diesbezüglich ist aufgrund der Interessenlage der Ersteller bzw. der Verantwortlichen eine Erweiterung der Norm nicht erforderlich.

bb) Richtlinienkonforme Auslegung nach Art. 3 III RL 2003/125/EG

... angemessene Sorgfalt darauf verwenden sicherzustellen, dass auf Antrag der zuständigen Behörden jede Empfehlung als vernünftig substantiiert werden kann.

... take reasonable care to ensure that any recommendation can be substantiated as reasonable, upon request by the competent authorities.

... avec une attention raisonnable, à pouvoir démontrer, sur demande des autorités compétentes, le caractère raisonnable de toute recommandation.

... tengan el cuidado razonable de asegurarse de que pueda demostrarse que cualquier recomendación es razonable si así lo solicitaron las autoridades competentes.

---

[335] Begr. FinAnV, S. 6.

Während die englische und deutsche Fassung jeweils verlangen, dass die Empfehlung „als vernünftig substantiiert werden kann", ist nach der französischen und spanischen Fassung erforderlich, „zeigen oder darlegen zu können, dass die Empfehlung vernünftig" ist. Dabei handelt es sich lediglich um redaktionelle Abweichungen von sich inhaltlich entsprechenden Sprachfassungen. Eine vernünftige Empfehlung ist aus dem Wortsinn heraus eine Empfehlung, die für einen objektiven Dritten nachvollziehbar ist. Mit der Aufforderung, diese Nachweisbarkeit „sicherzustellen", sind keine weiteren Anforderungen an Form oder Umfang des Nachweises verbunden. Die Gestaltung ist den Verantwortlichen selbst überlassen.
Hinsichtlich der Systematik ist auffällig, dass für diese Dokumentation ein eigener Absatz gewählt wurde, im Gegensatz zur ansonsten üblichen Aufzählung. Dies spricht für eine gewisse inhaltliche Selbständigkeit.
Ursprünglich wurde im Rahmen der Beratung des EWA die Pflicht aufgenommen, zu jeder Empfehlung den „Nachweis ihrer Angemessenheit" erbringen zu können.[336] Während die darauf folgende englische Fassung des Entwurfs bereits mit dem jetzigen Wortlaut der RL 2003/125/EG übereinstimmte, spiegelte die deutsche Fassung deutlich die Unsicherheit bzgl. der inhaltlichen Ausgestaltung wider. Darin wurde verlangt, dass „jede Empfehlung als angemessen (oder begründet) nachgewiesen werden kann"[337]. Erst mit der endgültigen Fassung der RL 2003/125/EG wurde diese offene Frage aufgelöst zu „als vernünftig substantiiert".
Zweck der Norm ist es, die Kontrolle durch die jeweils zuständigen Behörden zu ermöglichen, indem die Verantwortlichen zu den nötigen Dokumentationen verpflichtet werden. Dabei ist zu überprüfen, ob die Empfehlung vernünftig war. Angesichts der breitgefächerten methodologischen Möglichkeiten und akzeptierten Ansätze ist der Begriff „vernünftig" keinesfalls zu eng zu verstehen. Ausreichend ist, dass ein Dritter bei Zugrundelegung der gleichen Methode mittels anerkannter Denkgesetze zum selben Ergebnis kommen kann. Auf keinen Fall darf aus der Überprüfung der „Vernünftigkeit" der Empfehlung eine inhaltliche Bewertung oder eine Bewertung der Methode werden.

Zusammenfassend muß nach Art. 3 III RL also jede Empfehlung als vernünftig dargelegt werden können. Vernünftig oder auch nachvollziehbar ist sie dann, wenn ein unbeteiligter Dritter unter Anwendung der gleichen Methodik und anerkannter Denkgesetze zum selben Ergebnis kommen kann. Nähere Anforderungen an Art und Umfang des Nachweises werden nicht gestellt. Die konkrete Ausgestaltung ist hier den Verantwortlichen überlassen.

---

[336] Art. 3 III Markt/2003/10831/1/0.
[337] Entwurf zur Abstimmung im EWA, Markt/2003/10831/3/0.

cc) *Erweiternde Auslegung bzgl. der Zielrichtung der Überprüfung*

§ 3 III FinAnV bleibt hier möglicherweise hinter den Vorgaben der RL 2003/125/EG zurück. Am einfachsten kann die Problematik am obigen Fallbeispiel des Aktiensplits verdeutlicht werden: Nach § 3 III FinAnV ist die „sachgerechte Erstellung" vor allem auf formale Aspekte bezogen. Die Kurshalbierung ist als Tatsache in der Finanzanalyse gekennzeichnet und muß dementsprechend dokumentiert werden, ggf. auch die Zuverlässigkeit der Informationsquelle. Diesen Dokumentationspflichten kann ohne weiteres Folge geleistet werden.

Die Nachweispflicht nach Art. 3 III RL 2003/125/EG hat dagegen inhaltliche Qualität. Bei einer glatten Kurshalbierung einen krassen Kurseinbruch anzunehmen, kann kaum als vernünftig bezeichnet werden. Zumindest sind Nachforschungen erforderlich, ansonsten widerspräche das Vorgehen allgemeinen Denkgesetzen und wäre nicht nachvollziehbar. In dem Fall wäre das Augenmerk des Analysten aber sicher auf den Aktiensplit gefallen. Der Nachweis, dass eine Analyse wie die oben beschriebene vernünftig ist, ist nicht möglich.

Hier zeigt sich die unterschiedliche Dimension der Überprüfung nach der RL bzw. der FinAnV und damit einhergehend auch der Dokumentationspflicht – § 3 III FinAnV ist folglich zu eng gefaßt. Zwar steht der Pflicht zur Dokumentation der vernünftigen Finanzanalysen keine explizite Pflicht zur vernünftigen Erstellung der Finanzanalysen gegenüber. Jedoch kann diese als Folge der Pflicht zur Einhaltung der erforderlichen Sachkenntnis, Sorgfalt und Gewissenhaftigkeit nach § 34b I 1 WpHG verstanden werden. Im übrigen ist schon der Rückschluß aus der Dokumentationspflicht ausreichend, um eine Pflicht zur vernünftigen Erstellung von Finanzanalysen zu formulieren.

dd) *Ergebnis*

§ 3 III FinAnV ist dementsprechend in richtlinienkonformer Auslegung inhaltlich zu erweitern. Die sachgerechte Erstellung des § 3 III FinAnV deckt sich nicht mit dem Begriff der §§ 3 I, II, 4 FinAnV, sondern umfaßt vielmehr zusätzlich die sachgerechte Erstellung im Sinne einer vernünftigen Erstellung. Vernünftig ist eine Finanzanalyse dann, wenn für einen unbeteiligten Dritten unter Anwendung der gleichen Methodik und anerkannter Denkgesetze die Erlangung desselben Ergebnisses möglich ist.

b) Art der Dokumentation

Losgelöst vom inhaltlichen Umfang der Dokumentationspflicht bleibt die Frage nach der Art und Weise der Dokumentation. Diesbezüglich sieht § 3 III FinAnV lediglich die „notwendigen Vorkehrungen" vor, weitere Anforderungen werden nicht gestellt. Im Allgemeinen richten sich die notwendigen Vorkehrungen nach dem nachzuweisenden Sachverhalt. So ist die Dokumentation im Original, bildlich originalgetreu sowie als inhaltlich originalgetreue Wiedergabe möglich.[338] Für die hier erforderliche Nachweisführung gegenüber der BaFin sollten im Besonderen solche Vorkehrungen getroffen werden, mit deren Hilfe zweifelsfrei nachgewiesen werden kann, dass die Finanzanalyse vernünftig ist. Hinsichtlich der Dauer der Aufbewahrung folgt aus dem Bezug auf die Überprüfung durch die BaFin, dass sie den üblicherweise zu erwartenden Zeitrahmen solcher Überprüfungen umfassen muß. Zur Art der Aufbewahrung fehlt es an Anhaltspunkten.

Die erforderliche Dokumentation gestaltet sich in der Praxis jedoch oft schwierig. Beispielsweise könnte ein Analyst in Vorbereitung seiner Finanzanalyse ein Gespräch mit dem Vorstandsvorsitzenden des zu analysierenden Unternehmens führen. Der Vorstand erläutert dabei die geplanten Projekte äußerst glaubwürdig. Letztlich bewertet der Analyst aufgrund dieser vielversprechenden Aussichten und des schlüssigen Konzepts des Vorstandsvorsitzenden den Emittenten positiv. Für jeden Augenzeugen des Gesprächs wäre die vernünftige Erstellung nachvollziehbar – fraglich sind aber die Anforderungen an die konkrete Dokumentation.

Im Umfeld des § 34b WpHG sind Dokumentationspflichten bereits in § 34 III WpHG geregelt. Darin findet sich ein Verweis auf § 257 III, V HGB, doch auch dort fehlt es an Angaben zur Dauer und Art der Aufbewahrung. Aus dem Kontext heraus wird jegliche Art der Aufbewahrung, die den Grundsätzen ordnungsgemäßer Buchführung entspricht, als ausreichend erachtet.[339] Nachdem in § 3 III FinAnV aber weder direkt auf § 257 HGB verwiesen wird, noch auf § 34 WpHG, sind diese Regelungen vorliegend nicht anzuwenden.

Aus der Entstehungsgeschichte lassen sich keine Anhaltspunkte zur tatsächlichen Ausgestaltung der Aufbewahrung finden.

Die Dokumentationspflicht soll es der BaFin ermöglichen, die Verantwortlichen auf ihre Einhaltung der Pflichten nach § 34b WpHG und der FinAnV zu überprüfen. Im Gegenzug gibt die Dokumentation den Verantwortlichen die Möglichkeit, eben dies im Fall möglicher Schadensersatzansprüche nachzuweisen. Somit ist eine umfassende Dokumentation zwar grundsätzlich auch im Interesse der Verantwortlichen. Dabei sind aber stets die entstehenden Kosten zu berücksichtigen.

Die Dokumentation ist je nach Umfang des zu führenden Nachweises vorzunehmen. Müssen etwa handschriftliche Angaben nachgewiesen werden, ist deren bildlich originalgetreue Dokumentation erforderlich. Bei e-mail-

---

[338] *Zepf*, WPg 1999, 569. Ausführlicher zur üblichen Ausgestaltung der einzelnen Arten der Dokumentation: *AWV*, Aufbewahrungspflichten und -fristen nach Handels- und Steuerrecht, S. 20f.

[339] *Lang*, Informationspflichten bei Wertpapierdienstleistungen, § 14 Rn 5.

Korrespondenz dagegen ist die inhaltlich originalgetreue Wiedergabe völlig ausreichend, so dass lediglich die Daten zu speichern sind.

Hinsichtlich der Dauer der Aufbewahrung ist zu berücksichtigen, dass bislang keine entsprechende Dokumentation erforderlich war und damit sämtliche Aufwendungen zusätzliche Kosten für die Verantwortlichen darstellen. Um die Erstellung und Verbreitung von Finanzanalysen nicht zu gefährden, sollten diese Kosten verhältnismäßig niedrig bleiben. Die notwendige Mindestdauer der Aufbewahrung bestimmt sich nach dem Zweck der Dokumentation, hier also dem Nachweis bei Überprüfungen der BaFin. Maßgeblich ist demnach, wie lange nach der erstmaligen Verbreitung einer Finanzanalyse eine solche Überprüfung zu erwarten ist.
Bei Wertpapierdienstleistungsunternehmen findet eine jährliche Regelüberprüfung statt, bei allen anderen Verantwortlichen wird stichprobenartig oder auf Anlaß hin überprüft. Fraglich ist, wie lange ein solcher Anlaß gegeben sein kann.
Betrachtet man den zeitlichen Verlauf, ist die geringe Gültigkeitsdauer von Finanzanalysen zu berücksichtigen. Schon nach Tagen oder spätestens Wochen wird einer Finanzanalyse kaum noch Beachtung geschenkt. Ein Anlaß zur Überprüfung ist im Zweifel aber erst dann gegeben, wenn eine besonders hohe Abweichung der in der Finanzanalyse abgegebenen Prognosen und Werturteile von der tatsächlichen Entwicklung auftritt. Diese Abweichung kann spätestens mit dem Ablauf der Gültigkeitsdauer der Finanzanalyse festgestellt werden. Der zeitliche Horizont, auf den sich Finanzanalysen beziehen, reicht regelmäßig nur bis zur Veröffentlichung der nächsten Quartalszahlen, wenn es sich nicht gerade um besonders langfristige Anlagen handelt. Wird in der Finanzanalyse auf eine geplante Aktualisierung hingewiesen, gilt die Finanzanalyse maximal bis zum nächsten Aktualisierungszeitpunkt. Fehlt es an der Absicht, die Finanzanalyse zu aktualisieren, ist der für die jeweilige Analyseart übliche Geltungszeitraum zugrunde zu legen. Bei befristeten Finanzinstrumenten kann die Empfehlung der Finanzanalyse höchstens bis zu ihrem Ablauf gelten.
Insgesamt sollte mit einer Überprüfung der BaFin bis spätestens ein Jahr nach dem Ablauf der Gültigkeitsdauer der Finanzanalyse zu rechnen sein. Im Interesse der Verantwortlichen wäre es ratsam, die Unterlagen und Nachweise so lange aufzubewahren, bis etwaige Ansprüche verjährt sind. Allerdings besteht in diesem Bereich bislang zu wenig Rechtssicherheit, so dass andere Anhaltspunkte erforderlich sind. Zudem entspricht eine langjährige Aufbewahrung nicht den erheblich beschleunigten Verhältnissen am Kapitalmarkt im Vergleich zum allgemeinen Geschäftsverkehr. In Anlehnung an die US-amerikanische Regelung[340] sollte die maximale Aufbewahrungspflicht auf drei Jahre gesetzt werden.

[340] Die besagte Regelung bezieht sich allerdings auf die Aufbewahrung zur Demonstration der Einhaltung der Offenlegungsvorschriften, NASD Rule 2711, (h)(12).

Damit ist in den meisten Fällen die Gültigkeitsdauer der Finanzanalyse umfaßt. Sobald Ermittlungen eingeleitet sind, sind die Unterlagen selbstverständlich aufzubewahren, bis die Ermittlungen abgeschlossen sind.

c) Ergebnis

Im Interesse des Erstellers ist stets die am wenigsten belastende Art der Dokumentation zu wählen, die den nachzuweisenden Sachverhalt dennoch sicher wiedergibt. Grundsätzlich genügt die inhaltlich originalgetreue Wiedergabe, soweit nicht gerade handschriftliche Zusatzangaben oder Sichtvermerke von entscheidender Bedeutung sind. Zu erbringen ist ein Nachweis der vernünftigen Empfehlung. Damit beschränkt sich die Dokumentationspflicht ohnehin auf die ausschlaggebenden Informationen. Die Nachweise sind ein Jahr über den der Finanzanalyse zugrunde gelegten Anlagezeitraum hinaus aufzubewahren, höchstens aber drei Jahre.
Sowohl nach der deutschen Regelung als auch nach Art. 3 III der RL 2003/125/EG ist der Nachweis nur auf Verlangen der Behörde zu erbringen.

Auf die eingangs beschriebene Fallgruppe bezogen heißt das bei nichtschriftlichen Quellen wie beispielsweise dem Gespräch mit dem Vorstand des Emittenten, dass es verschiedene Möglichkeiten der Dokumentation gibt. Idealer Nachweis ist eine audiovisuelle Aufzeichnung des Gesprächs, die aber dem Emittenten wohl kaum zu vermitteln sein wird. Ist der Emittent als Quelle nicht dokumentierbar, kann auch nicht anhand seiner Aussagen die Vernünftigkeit der Finanzanalyse nachgewiesen werden. Die Folge wäre, dass der Emittent als Informationsquelle entfiele und damit eine der wichtigsten Möglichkeiten, Einblicke in die zukünftigen Aussichten und die Aufstellung des Unternehmens zu gewinnen.[341]
Eine andere Möglichkeit der Dokumentation ist ein Gesprächsprotokoll durch den gesprächsführenden Analysten selbst. Zwar wird dieses subjektiv eingefärbt sein und relativ geringe Sicherheit bieten. Trotzdem kann es zumindest eine akkurate Wiedergabe des direkten Eindrucks des Analysten vermitteln, der für die Empfehlung letztendlich der maßgebliche ist. Sollte ein solches Gesprächsprotokoll als zu schwach empfunden werden, könnte das Gespräch mit mindestens drei Personen zu führen sein, um stets einen Zeugen zu haben. Grundsätzlich sollte aber bereits das einfache Gesprächsprotokoll ausreichen, so lange es unter

---

[341] In Befragungen von Analysten wird neben Geschäftsberichten regelmäßig die direkte Kommunikation mit dem Unternehmensmanagement oder Investor Relations als wichtigste Informationsquelle genannt; vgl. *Pike/Meerjanssen/Chadwick*, Accounting & Business Research, 23 (1993), 496; *Arnold/Moizer*, Accounting & Business Research, 14(1984), 203; ebenso *Schulz*, Aktienmarketing: Eine empirische Untersuchung zu den Informationsbedürfnissen deutscher institutioneller Investoren und Analysten, S. 192ff.

Zugangsbeschränkungen archiviert wird, so dass eine spätere Änderung erschwert wird.
Das gleiche Problem stellt sich bei der Dokumentation sämtlicher Anlässe, die nicht für die allgemeine Öffentlichkeit zugänglich sind, so auch bei Analystenkonferenzen. Um diese wichtigen, konkret auf Analysten ausgerichteten Informationsquellen nicht unbrauchbar zu machen, dürfen hier keine zu hohen Anforderungen an die Dokumentation gestellt werden. Ansonsten leidet im Zweifel nur die Qualität der Finanzanalysen, da der Analyst nicht sämtliche ihm zugänglichen Informationen verwerten kann. Da dies nicht im Interesse der Anleger sein kann, sind die Maßstäbe entsprechend anzupassen.

IV. § 4 FinAnV – Zusätzliche Angaben

Soweit Personen und Unternehmen nach § 1 II Nr. 1-5 FinAnV für die Erstellung einer Finanzanalyse verantwortlich sind, sind diese Verantwortlichen zu zusätzlichen Angaben verpflichtet. Diese Angaben betreffen vor allem Hintergrundinformationen zur Finanzanalyse bzw. deren Erstellung, beispielsweise zu den verwendeten Informationsquellen, zu eventuellem Emittentenkontakt vor der Veröffentlichung oder zu den Bewertungsgrundlagen und -methoden.

1. § 4 II 1 FinAnV – Angabe der wesentlichen Informationsquellen

Nach § 4 II 1 FinAnV sind alle wesentlichen Informationsquellen, insbesondere der Emittent, zu nennen.

a) Übliche Informationsquellen bei der Erstellung von Finanzanalysen

Die üblicherweise bei der Erstellung von Finanzanalysen verwendeten Informationsquellen sind einerseits solche aus dem Umfeld des Emittenten, wie dessen Investor Relations-Abteilung oder allgemein veröffentliche Berichte wie der Jahresabschluß, Quartalszahlen oder Geschäftsberichte. Auch für den Emittenten tätige natürliche Personen zählen dabei zu den für Analysten wichtigsten Informationsquellen. Soweit möglich werden persönliche Kontakte zur Unternehmensführung mittels Telefon- oder Analystenkonferenz oder im Einzelgespräch gesucht.[342]
Andererseits dienen neben dem Emittenten andere Analysten als Informationsquellen, indem ihre Primäranalysen im Rahmen von Sekundäranalysen herangezogen werden. Auch Fachmedien wie Bloomberg und Reuters sind häufig genutzte Informationsquellen.

---

[342] *Weber*, in: Finanzkommunikation, S. 216; *Achleitner/Pietzsch*, in: Handbuch Strategisches Management, S. 352; *Peppmaier*, in: Finanzkommunikation, S. 149, *Achleitner/Pietzsch*, FS Lück, S. 34f.

b) Angabe der wesentlichen Informationsquellen nach § 4 II 1 FinAnV

Zu nennen sind nur die wesentlichen Informationsquellen. Nach dem Wortsinn könnte auf solche, die verstärkt berücksichtigt wurden, abgestellt werden oder aber auf solche, bei deren Nichtbeachtung die Finanzanalyse zu einem anderen Ergebnis käme. Erforderlich ist nur, diese Informationsquellen zu nennen. Allerdings ist unklar, ob sie allgemein aufzuzählen oder individuell für die jeweilige Finanzanalyse zu benennen sind.

Anhand des Wortlauts ist es allerdings noch nicht möglich, in der Praxis festzulegen, welche Quellen konkret zu nennen sind. Beispielsweise ist es denkbar, dass eine Finanzanalyse aufgrund neu veröffentlichter Quartalszahlen aktualisiert wird und dabei im wesentlichen die ursprüngliche Empfehlung bestätigt wird, da nach wie vor eine äußerst positive Einschätzung der Absatzchancen auf einem neu erschlossenen Markt die Analyse bestimmt. Diese Einschätzung entstammt der Primäranalyse eines Dritten. Hier ist fraglich, welche Quellen als wesentliche anzugeben sind. Diesbezüglich sind Anhaltspunkte in der weiteren Auslegung der Norm zu suchen.

Unter Berücksichtigung der Systematik des § 4 II 1 FinAnV ist erkennbar, dass der Emittent als Informationsquelle eine Sonderstellung innehat. Als einzige Informationsquelle wird er ausdrücklich aufgeführt.

Betrachtet man die Norm im Zusammenhang mit § 3 I 1 FinAnV, ist eine allgemeine Aufzählung der üblicherweise genutzten Informationsquellen nur begrenzt sinnvoll, da Tatsachen und die Werturteile Dritter ohnehin zu kennzeichnen sind. Dabei müssen zwar nicht zwingend die Quellen und die Namen der Urheber genannt werden, dies ist aber möglicherweise auch bei der Angabe der Informationsquellen nicht erforderlich. In jedem Fall ist für den Anleger so ohnehin erkennbar, auf welche fremden Informationen die Annahmen gestützt werden. Angaben nach § 4 II 1 FinAnV hätten demnach keinen informationellen „Mehrwert".

Aus der Entstehungsgeschichte ergibt sich, dass § 4 II 1 FinAnV der Umsetzung von Art. 4 I a RL dient.[343] Darüber hinaus wird erwartet, dass bzgl. der Emittenten verdeutlicht wird, ob sie als Informationsquelle eine passive oder aktive Rolle innehatten. Unter diesen vom Verordnungsgeber genannten aktiven Informationsquellen sind wohl Quellen zu verstehen, die Informationen in Eigeninitiative anbieten und damit sowohl deren inhaltliche Auswahl als auch deren Gestaltung maßgeblich steuern. Im Gegensatz dazu deutet die Bezeichnung als passive Informationsquelle darauf hin, dass Informationen nur auf konkrete Nachfrage zur Verfügung gestellt werden.

Diese Abgrenzung des historischen Verordnungsgebers ist in der Praxis jedoch kaum durchzuhalten. Eine Analystenkonferenz beispielsweise wird vom Emit-

[343] Begr. FinAnV, S. 6.

tenten einberufen und durch eine detaillierte Einführung durch das Management eingeleitet, ist insoweit also Teil der aktiven Informationspolitik des Emittenten. Darauf folgt üblicherweise aber eine Frage- oder Diskussionsrunde, in der das Management konkret auf Fragen der Analysten antwortet.[344] Dies wäre wiederum als passive Informationsbereitstellung einzuordnen. Unklar ist, wie Sachverhalte mit solchen fließenden Grenzen zu behandeln sind.
Bedenkt man zudem, dass die Emittenten zur Berichterstattung verpflichtet sind und dementsprechend regelmäßig Jahresabschlüsse etc. bereitstellen, erhebt sich die Frage nach dem Sinn der genannten Abgrenzung. Zumindest bei Fundamentalanalysen kommen wenige Finanzanalysen zu einem Ergebnis, ohne den Jahresabschluß oder vergleichbare Zahlenwerke zu berücksichtigen. Damit ist der Emittent in den meisten Fällen zwingend aktive Informationsquelle – die Abgrenzung hat mithin wenig Aussagekraft.
Ziel der Norm ist die Gewährleistung erhöhter Transparenz für die Anleger, hier in Bezug auf die verwendeten Informationsquellen. Ist beispielsweise der Emittent die wichtigste Informationsquelle gewesen, kann der Anleger dies in seine Gewichtung der Finanzanalyse einbeziehen. Er kann berücksichtigen, dass Informationen des Emittenten meist möglichst vorteilhaft gestaltet werden und darin stets ein gewisses Risiko liegt. Andererseits ist der Emittent eben die wichtigste Informationsquelle und Analysten sind sich des Risikos der geschönten Informationen sicherlich noch deutlicher bewußt als Anleger. Gegenstand der Finanzanalyse sind zukünftige Entwicklungen, deren Grundlagen und Ausgangspositionen am ehesten von innen heraus, also vom Emittenten selbst überblickt werden. Nur der Emittent kann Informationen zu seinen Plänen und der Auftragslage etc. liefern. Daher ist das Risiko der besonders geneigten Darstellung in Kauf zu nehmen und wird im Zweifel stets berücksichtigt.
Um dem Ziel der Norm gerecht zu werden, ist der erforderliche Umfang der Angaben zu klären. Dieser ist abhängig vom erwarteten Nutzen für die Anleger, der je nachdem, ob allgemeine oder individuelle Angaben gemacht werden, unterschiedlich ausfällt. Der Anleger profitiert ganz grundsätzlich von allgemeinen Angaben insofern, als er ein klareres Bild von der Informationsgrundlage erhält und die ungefähre Schwerpunktsetzung erkennen kann. Individuell zugeschnittene Angaben sind meist nicht erforderlich. Denn bereits aus der Aufzählung der Quellen, die üblicherweise genutzt werden, kann der Anleger solche Schlüsse ziehen, soweit bzgl. der konkret vorliegenden Finanzanalyse keine gravierenden Abweichungen bestehen. Ebenfalls in die Waagschale zu werfen sind die geringeren Kosten, die mit standardisierten Angaben einhergehen.
Problematisch ist aber, dass die Angaben auf die wesentlichen Informationsquellen zu beschränken sind. Das sind solche Informationsquellen, die für das Ergebnis der Finanzanalyse richtungweisend waren und letzten Endes den Aus-

---

[344] So beispielsweise bei den Analystenkonferenzen der Lufthansa AG sowie der DIS AG im November 2004. Vgl. auch *Hax*, Informationsintermediation durch Finanzanalysten, S. 13.

schlag gegeben haben. Bei der Angabe der wesentlichen Informationsquellen tritt für den Anleger qualitativ die Offenlegung der vom Analysten gesetzten Prioritäten hinzu und macht die Angabe um so aufschlußreicher. Allerdings sind mit der Angabe der in diesem Sinne wesentlichen Informationsquellen standardisierte Angaben nicht vereinbar.

c) Richtlinienkonforme Auslegung nach Art. 4 I a RL

Soweit wie angemessen auf alle wesentlichen Quellen, einschließlich die relevanten Emittenten, verwiesen wird...

All substantially material sources are indicated, as appropriate, including the relevant issuer...

Toutes les sources importantes quant au fond de la recommandation sont indiquées comme il convient, y compris l'émetteur concerné...

Se indiquen todas las fuentes importantes, según el caso, incluido el emisor pertinente...

Die unterschiedlichen Sprachfassungen setzen hinsichtlich der Charakterisierung der Quellen unterschiedliche Schwerpunkte: Die deutsche Fassung geht von wesentlichen Quellen aus, die englische Fassung verstärkt im Vergleich dazu auf „wirklich wesentliche" Quellen. Nach der spanischen Fassung sind die wichtigen Quellen anzugeben, während die französische Fassung wiederum stärker einschränkt auf solche Quellen, die „wichtig in Bezug auf die Grundlagen der Empfehlung" sind. In der Gesamtbetrachtung ist das Merkmal „wesentlich" im deutschen Wortlaut zu schwach und daher durch das stärkere „unerläßlich" zu ersetzen. Anzugeben sind also für das Ergebnis der Empfehlung unerläßliche Quellen.

Relevante Emittenten sind solche, die selbst oder deren Finanzinstrumente Gegenstand der Empfehlung und somit relevant für diese sind. Auf sie ist ebenfalls hinzuweisen, soweit sie eine unerläßliche Informationsquelle sind.

Nach deutscher Fassung ist auf diese unerläßlichen Informationsquellen zu verweisen. Der Wortlaut impliziert, dass eine „Fundstelle" oder Kontaktadresse zu nennen ist. Im Gleichlauf mit den anderen Sprachfassungen ist allerdings lediglich auf die Informationsquelle hinzuweisen bzw. ist diese anzugeben. Auch dies ist nur erforderlich, soweit die Hinweise angemessen sind. Umfassende Angaben sind also keinesfalls nötig.

Aus dieser doppelten Einschränkung, nur auf die unerläßlichen Informationsquellen und nur soweit wie angemessen hinzuweisen, läßt sich darauf schließen, dass keine umfangreichen Angaben erforderlich sind. Möglicherweise genügt die Angabe einer einzigen Quelle, wenn diese die einzig maßgebliche war.

Die Genese zeigt, dass die Einschränkungen bewußt gesetzt wurden, da ursprünglich nur die Angabe sämtlicher wesentlicher Quellen erforderlich war.[345]

---

[345] CESR-Consultation Paper Nr. 105: „that all material sources are identified", CESR/02.089b.

Als Reaktion auf das Feedback wurden die erheblichen Einschränkungen vorgenommen, die den jetzigen Wortlaut prägen.[346] Der aktuelle Wortlaut entstand in Beratung mit dem EWA.[347]
Art. 4 I a RL stellt erhöhte Anforderungen an „professionelle" Personen und Unternehmen, die besonderen Einfluß auf die Finanzmärkte haben. Aus diesem Grund ist bzgl. ihrer Empfehlungen zusätzliche Transparenz erforderlich. In Anbetracht der Konsequenzen und Kosten werden die Anforderungen an die Angabe der Quellen aber innerhalb klarer Grenzen gehalten. Der Erkenntnisgewinn des Anlegers wird zwar als wichtig erachtet, aber nur in Bezug auf unerläßliche Quellen. Im übrigen besteht stets die Gefahr der Überinformation bzw. der Entwertung aufschlußreicher Informationen durch einen Überfluß an Nebensächlichem. Je mehr Details in die Empfehlung aufgenommen werden, desto unwahrscheinlicher ist es, dass der Anleger ihnen die Bedeutung beimißt, die ihnen gebührt. Damit ist eine undifferenzierte Informationsüberflutung kontraproduktiv und kann nicht dem Normzweck entsprechen.

Wie die Entwicklung der Norm zeigt, sind nach Art. 4 I a RL nur die für das Ergebnis der Empfehlung unerläßlichen Quellen anzugeben. Der betroffene Emittent gehört zu den Informationsquellen, ist aber dementsprechend nur anzugeben, wenn die ausschlaggebenden Informationen von ihm stammen.

Zwar ist es dem nationalen Gesetzgeber freigestellt, über die Vorgaben der RL 2003/125/EG hinaus zusätzliche Angaben zu verlangen. Hier sollte aber ausdrücklich Art. 4 I a RL umgesetzt werden.[348] Dementsprechend sollten insbesondere die Wertungen der RL 2003/125/EG berücksichtigt werden. Danach sind nur die ausschlaggebenden Informationsquellen von Relevanz. Wird beispielsweise ein Kreditwürdigkeits-Rating herangezogen, um sich der grundsätzlichen finanziellen Solidität des Emittenten zu vergewissern, ist die Rating-Agentur nicht eine der ausschlaggebenden Quellen. Auch der Emittent ist nicht nur aufgrund seiner Sonderstellung automatisch zu nennen, sobald von ihm bereitgestellte Informationen genutzt werden. Sind diese Informationen nicht maßgeblich für das Ergebnis, entsteht ein falscher Eindruck und dem Emittenten als Informationsquelle wird unverhältnismäßiges Gewicht beigemessen.

---

[346] CESR-Advice Nr. 88: „that all substantially material sources are identified, where appropriate", CESR/02-089d.
[347] Working Document 23/2003-REV1.
[348] Begr. FinAnV, S. 6.

d) Ergebnis

Wesentliche Informationsquellen im Sinne des § 4 II 1 FinAnV sind die für das Ergebnis der Finanzanalyse ausschlaggebenden Informationsquellen. Nur diese sind anzugeben.[349]

Auf das beschriebene Fallbeispiel übertragen bedeutet das, dass die ausschlaggebende Quelle nach wie vor die fremde Primäranalyse ist. Der Quartalsbericht hat dem lediglich nicht widersprochen, so dass eine Anpassung der Empfehlung nicht erforderlich war. Der Quartalsbericht ist damit vergleichbar mit einem Kreditwürdigkeits-Rating, das die finanzielle Solidität des Emittenten bestätigt, aber keine maßgeblichen Erkenntnisse vermittelt, die für die Empfehlung von erheblicher Bedeutung sind.

2. § 4 II 2 – Zugang des Emittenten zur Finanzanalyse

§ 4 II 2 FinAnV regelt die mit dem Problem des Zugangs des Emittenten zur Finanzanalyse vor deren Verbreitung einhergehenden Risiken. Dabei wird primär auf Transparenz gesetzt, d.h. anstelle von detaillierten Regelungen zur Übermittlung der Finanzanalyse an den Emittenten[350] wird verlangt, bei entsprechendem Zugang offenlegende Angaben in die Finanzanalyse aufzunehmen.

a) Angabe zum Zugang des Emittenten zur Finanzanalyse nach § 4 II 2 FinAnV

Nach § 4 II 2 FinAnV ist anzugeben, ob die Finanzanalyse dem Emittenten vor der Weitergabe oder Verbreitung zugänglich gemacht und danach geändert wurde. Unter Zugänglichmachen versteht man allgemein die Übermittlung zur Kenntnisnahme. Allerdings stellt sich die Frage, wann § 4 II 2 FinAnV konkret einschlägig ist – ob die gesamte Finanzanalyse zugänglich zu machen ist oder ob bereits die Übermittlung von Teilen ausreicht. Desweiteren muß die Finanzanalyse danach verändert worden sein. Welche Art von Änderungen – oder jegliche Änderung – dabei relevant ist, wird nicht näher ausgeführt. Nach dem Wortlaut ist stets anzugeben, ob der Emittent Zugang zur Finanzanalyse hatte und diese daraufhin geändert wurde oder nicht.
Von erheblicher praktischer Relevanz ist die Behandlung der folgenden Situation: Analysten übermitteln häufig den Teil ihrer Finanzanalyse, der die Tatsachen enthält, um sich durch den Emittenten die Richtigkeit der Informationen

---

349 Andere Ansicht *Schwintek*, Das Anlegerschutzverbesserungsgesetz, S. 101.

350 So geregelt beispielsweise in der US-amerikanischen Regelung, NASD Rule 2711 (c) sowie NYSE Rule 472 (b)(4), in denen grundsätzlich die Vorlage des Research Reports bei dem betroffenen Emittenten untersagt ist, allerdings bestehen Ausnahmen und detaillierte Vorschriften zur Vorgehensweise bei einer solchen Vorlage.

bestätigen zu lassen. Fraglich ist, ob hier eine Angabe im Sinne des § 4 II 2 FinAnV erforderlich ist.
In Abwandlung dazu ist denkbar, dass in der Phase der Erarbeitung einer Finanzanalyse ein Entwurf an den Emittenten übermittelt wird. Danach wird der Entwurf fertiggestellt, wie ursprünglich geplant, ohne dass auf den Zugang des Emittenten in irgendeiner Weise Rücksicht genommen wird. Auch hier stellt sich die Frage nach der Notwendigkeit entsprechender Angaben. Ebenso relevant ist diese Frage, wenn ein Analyst dem Emittenten die gesamte Finanzanalyse übermittelt, aber noch vor einer möglichen Rücksprache oder Reaktion des Emittenten Änderungen vornimmt.

Aus der Pflicht zur Angabe, „ob" die Finanzanalyse zugänglich gemacht wurde, läßt sich entnehmen, dass stets eine Angabe zum Zugang des Emittenten zur Finanzanalyse zu machen ist, ggf. in der Negation. Dem widerspricht aber die Begründung des Verordnungsgebers. Im Rückschluß aus dieser ergibt sich, dass bei bloßem Zugang ohne folgende Änderungen keine Angabe gemacht werden muß.[351] Wird die Finanzanalyse dem Emittenten nicht einmal zugänglich gemacht, kann erst recht keine Angabe erforderlich sein. Entscheidend für die Pflicht zur Angabe ist aus der Sicht des Verordnungsgebers die zeitliche Abfolge von Zugang und Änderung, nicht die Kausalität. Im übrigen sind redaktionelle Änderungen irrelevant und nicht als Änderungen im Sinne des § 4 II 2 FinAnV anzusehen.[352]
§ 4 II 2 FinAnV bezweckt die Offenlegung von Umständen, die eine verdeckte Einflußnahme des Emittenten auf den Inhalt der Finanzanalyse begünstigen könnten. Problematisch ist aber, dass die gewählte Vorgehensweise mit einer durchaus gängigen Praxis[353] zur Verifizierung der Sachverhaltsbasis kollidiert. Die Bestätigung des Emittenten gewährleistet erhöhte Sicherheit bzgl. der Richtigkeit der Tatsachenangaben und Informationen des Emittenten.
Durch die Angabe, dass die Finanzanalyse dem Emittenten zugänglich gemacht und danach geändert wurde, entsteht für den Anleger der Eindruck der Hinwirkung auf inhaltliche Änderungen, möglicherweise sogar auf Änderungen der Bewertung selbst. Dieser Eindruck ist immer negativ, unabhängig vom tatsächlichen Charakter der vorgenommenen Änderungen. So wird die Angabe des Zugangs des Emittenten aber dem Zweck der Norm nicht gerecht, den Anleger auf das Risiko der inhaltlichen Einwirkung des Emittenten aufmerksam zu machen. Vielmehr werden auch sorgfältige Analysten für die Rückfrage bzgl. der verwendeten Tatsachen bestraft. In diesen Fällen ist die Angabe des Zugangs nicht

351 Begr. FinAnV, S. 7.
352 Begr. FinAnV, S. 7.
353 Dieser Praxis tragen auch die US-amerikanischen Regeln Rechnung, NYSE Rule 472 (b)(4) sowie NASD Rule 2711 (c)(2), die die Übermittlung von Teilen des Entwurfs des Research Report konkret zur Verifizierung von Tatsachen gestatten.

nur unnötig, sondern sogar irreführend und letztendlich der Qualität der Finanzanalyse abträglich. „Geändert“ im Sinne des § 4 II 2 FinAnV ist eine Finanzanalyse daher nur dann, wenn die Änderung sich nicht lediglich auf Tatsachen bezieht. Nachdem Tatsachen ohnehin nach § 3 I 1 FinAnV zu kennzeichnen sind, sollte dies in der Praxis leicht umzusetzen sein.
Allerdings wirft dies ein neues Problem auf: Aufgrund der möglicherweise korrigierten Tatsachenbasis könnte eine neue Bewertung erforderlich sein. Die Anpassung der Bewertung an die korrigierte Tatsachenbasis könnte eine Änderung im Sinne des § 4 II 2 FinAnV darstellen. Fraglich ist hier, wann die Schwelle zur Erstellung einer neuen Finanzanalyse überschritten ist. Dies ist der Fall, wenn auch bzgl. der bereits bekannten Tatsachenbasis aufgrund der durch den Emittenten korrigierten Daten eine neue Bewertung erforderlich ist. Der Emittent ist dann die wesentliche Informationsquelle im Sinne des § 4 II 1 FinAnV, aber die Übermittlung selbst kann kein Zugänglichmachen im Sinne des § 4 II 2 FinAnV sein, da es sich um eine neue Finanzanalyse handelt.

b) Richtlinienkonforme Auslegung nach Art. 4 I a RL 2003/125/EG

Ob die Empfehlung gegenüber dem fraglichen Emittenten offen gelegt und nach dieser Offenlegung vor ihrer Weitergabe geändert wurde.

The fact, whether the recommendation has been disclosed to that issuer and amended following this disclosure before its dissemination.

Le fait que la recommandation a été le cas échéant communiquée à cet émetteur et modifiée suite à cette communication avant sa diffusion.

Se explique si la recomendación se ha revelado a ese emisor y corregido después de esa revelación antes de su difusión.

Nach Art. 4 I a RL ist darauf hinzuweisen, ob die Empfehlung dem betroffenen Emittenten gegenüber offengelegt und danach geändert wurde. Im Abgleich der unterschiedlichen Sprachfassungen fällt auf, dass die französische Fassung im Gegensatz zu den anderen Sprachfassungen nur dazu verpflichtet, „ggf. darauf hinzuweisen“. Im Interesse des einheitlichen Verständnisses gilt aber, dass darauf hinzuweisen ist, „ob“ dem Emittenten die Empfehlung offengelegt wurde. Hinsichtlich des Begriffs der Offenlegung der deutschen, englischen und spanischen Fassung weicht wiederum die französische Fassung geringfügig ab, indem auf die Übermittlung der Empfehlung abgestellt wird. Diese Abweichung ist allerdings mehr redaktioneller Natur und hat keine inhaltlichen Konsequenzen. Unter der Offenlegung der Empfehlung ist zu verstehen, dass dem Emittenten die Kenntnisnahme ermöglicht wird.
Neben der Kenntnisnahmemöglichkeit des Emittenten ist die Änderung der Empfehlung vor ihrer Verbreitung auslösendes Moment der Hinweispflicht. Darunter fällt mangels Einschränkung jegliche Änderung, die nach der Offenlegung und vor der Verbreitung vorgenommen wird.

Dabei bezieht sich, aus der Systematik der RL 2003/125/EG erkennbar, der Begriff der Änderung auf die gesamte Empfehlung, nicht lediglich auf die Empfehlung einer bestimmten Anlageentscheidung, also das Votum. Fraglicher Emittent ist derjenige, der selbst oder dessen Finanzinstrumente in der Empfehlung behandelt werden. Die Vorschrift ist im Zusammenhang mit der Regelung zur Angabe der wesentlichen Informationsquellen zu lesen, unter denen der Emittent ebenfalls eine Sonderstellung einnimmt.
Schon nach der Beratung des EWA wurde die Hinweispflicht bei Änderungen der Empfehlung, auf die der Emittent möglicherweise hinwirkte, mit dem jetzigen Wortlaut aufgenommen.[354] Mit dieser Regelung soll dem Anleger offengelegt werden, ob der Emittent Gelegenheit hatte, auf den ihm bekannten Inhalt der Empfehlung einzuwirken. Durch den Hinweis darauf soll dem Risiko der interessengeleiteten Empfehlung zugunsten des Emittenten entgegengetreten werden. Diese Gefahr ist bei der Bestätigung oder Korrektur falscher Tatsachen aber nicht gegeben; ganz im Gegenteil spricht die Abgleichung der Tatsachen mit dem Emittenten für die sorgfältige Erstellung der Empfehlung. Wird auch dann ein Hinweis auf die Offenlegung und folgende Änderung aufgenommen, entsteht ein widersprüchlicher Eindruck beim Anleger. Der Hinweis fungiert als Warnung vor möglicherweise interessengeleiteten Empfehlungen. Dann ist er jedoch nur sinnvoll, falls ein solches Risiko besteht. Änderungen von Tatsachen sind dementsprechend keine Änderungen im Sinne des Art. 4 I a RL.
Darüber hinaus ist ein Hinweis nur erforderlich, wenn die Empfehlung tatsächlich dem Emittenten offengelegt und danach geändert wurde. Ein Hinweis, dass dies nicht geschehen ist, ist überflüssig und irritierend, da er auf den üblicherweise erwarteten Normalfall hinweist.

Zusammenfassend ist ein Hinweis nur erforderlich, wenn die Empfehlung dem Emittenten vor ihrer Verbreitung offengelegt wurde und danach nicht nur Tatsachen geändert wurden.

c) Ergebnis

Eine Angabe, dass die Finanzanalyse dem Emittenten vor ihrer Verbreitung oder Weitergabe nicht zugänglich gemacht wurde, ist nicht erforderlich. Zugänglich gemacht ist die Finanzanalyse dann, wenn der Emittent von ihrem Inhalt Kenntnis nehmen kann. Eine entsprechende Angabe ist nur dann erforderlich, wenn die Finanzanalyse dem Emittenten zugänglich gemacht wurde und danach nicht lediglich Tatsachen geändert wurden. Keine Angaben sind also dann nötig, wenn die Finanzanalyse dem Emittenten nicht zugänglich gemacht wurde oder daraufhin nicht geändert wurde, desweiteren bei bloß redaktionellen Änderungen oder lediglich Änderungen der Tatsachen.

---

[354] Working Document 23/2003-REV1.

Werden zusätzliche Tatsachen bekannt oder die vorgelegten Tatsachen korrigiert und wird so eine neue Bewertung der gesamten Tatsachenbasis erforderlich, handelt es sich um die Erstellung einer neuen Finanzanalyse.

Für die beschriebenen Fallgruppen heißt das, dass der Abgleich der Tatsachenbasis mit dem Emittenten weiterhin ohne zusätzliche Pflichten möglich ist. Wird allerdings mehr als nur der Teil der Finanzanalyse, der die Tatsachenbasis enthält, übermittelt und werden danach Änderungen jeglicher Art an den Werturteilen vorgenommen, ist ein entsprechender Hinweis in der Finanzanalyse erforderlich. Dabei ist es unbeachtlich, ob die Änderungen auf den Einfluß des Emittenten zurückzuführen sind oder unabhängig von ihm vorgenommen wurden.

3. § 4 III 1 FinAnV – Zusammenfassung der Bewertungsgrundlagen und -methoden

Nach § 4 III 1 FinAnV ist in sämtliche Finanzanalysen der Personen und Unternehmen im Sinne des § 1 II Nr. 1-5 FinAnV eine Zusammenfassung der bei der Erstellung der Finanzanalyse genutzten Bewertungsgrundlagen und -methoden aufzunehmen.

a) Bewertungsgrundlagen und -methoden nach § 4 III 1 FinAnV

Unter den Begriff der Bewertungsgrundlagen einer Finanzanalyse fallen nach allgemeinem Verständnis die herangezogenen Daten bzw. das verwendete Material. Die Bewertungsmethode bezeichnet darauf aufbauend die Vorgehensweise, mit der das vorliegende Material ausgewertet wird. Möglicherweise sind hier konkrete Berechnungsmethoden für Preisziele oder Kennzahlenmodelle anzugeben.
Der näheren Bestimmung bedarf insbesondere der Begriff der ausreichenden Zusammenfassung. Ausreichend könnte bedeuten, dass der Anleger der Zusammenfassung folgend die Methoden selbst anwenden kann. Jedoch könnte bereits ein knapper Einblick in die Vorgehensweise völlig ausreichend sein, da die Grundlagen und Methoden zusammenzufassen sind. Möglicherweise sind hier Informationen nur in dem Umfang erforderlich, dass der Anleger die Methoden etc. identifizieren und bei Interesse selbst recherchieren kann.

Zunächst ist festzuhalten, dass es sich bei den Bewertungsgrundlagen und -methoden nicht um die Grundlagen und Maßstäbe eigener Werturteile handelt. Im Gegensatz dazu beziehen sich die hier geforderten Angaben auf die grundlegende Vorgehensweise bei der Auswertung des gesammelten Materials.
Wie die Entstehungsgeschichte zeigt, dient § 4 III 1 FinAnV der Umsetzung von Art. 4 I b RL. Konkretisierend führt der Verordnungsgeber zu § 4 III 1 FinAnV in der Begründung aus, dass bei der Bewertung von Finanzinstrumenten oder

deren Emittenten oder bei der Berechnung von Preiszielen die angewandten Bewertungsmethoden und die der Bewertung zugrunde liegenden Informationen angemessen zusammenzufassen sind.[355]

Der Zweck dieser Vorschrift erschließt sich auf den ersten Blick nicht. Möglicherweise dienen die Angaben dem Anleger insofern, als die Finanzanalyse dadurch für ihn nachvollziehbarer wird und leichter zu überprüfen ist. Dies ist aber höchst zweifelhaft – selbst bei einem hervorragend informierten Anleger. Der Kern des Problems liegt darin, dass stets ein Aspekt zu kurz kommt: Soll die Zusammenfassung dem Umfang der Finanzanalyse angemessen sein, so muß es sich in den meisten Fällen um eine sehr knappe Darstellung handeln. Diese ist im Zweifel nur oberflächlich oder aber für den Laien unverständlich. Soll die Zusammenfassung dem Inhalt, also den genutzten Bewertungsgrundlagen und -methoden angemessen sein, ist eine derart ausführliche „Zusammenfassung" erforderlich, dass eine Aufnahme in die Finanzanalyse nicht mehr sinnvoll sein kann.

Am überzeugendsten ist es daher, eine knappe Zusammenfassung als Anhaltspunkt für denjenigen Anleger aufzunehmen, der zusätzliche Recherche betreiben will. In diese Zusammenfassung Details wie beispielsweise die verwendeten Kennzahlen aufzunehmen, kann den Umfang der Zusammenfassung schnell unverhältnismäßig anwachsen lassen. Dennoch sollten Anhaltspunkte gegeben werden, da gerade innerhalb der einzelnen methodischen Richtungen stark unterschiedliche Vorgehensweisen möglich sind.[356] Die Berechnungsmethoden der einzelnen Kennzahlen, wie beispielsweise die zugrunde gelegte Definition des Cash Flow, anzugeben, würde aber deutlich zu weit führen. Hier ist allenfalls ein Verweis auf einschlägige Literatur anzudenken.

b) Richtlinienkonforme Auslegung nach Art. 4 I b RL

... alle Bewertungsgrundlagen oder Methoden zur Bewertung eines Finanzinstruments oder des Emittenten eines Finanzinstruments oder zur Festsetzung eines angestrebten Kursziels für ein Finanzinstrument ausreichend zusammengefaßt werden.

... any basis of valuation or methodology used to evaluate a financial instrument, or an issuer of a financial instrument, or to set a price target for a financial instrument, is adequately summarised.

... toute base ou méthode utilisée pour évaluer un instrument financier ou l'émetteur d'un instrument financier, ou pour fixer l'objectif de cours d'un instrument financier, est résumée d'une manière appropriée.

... se resuma adecuadamente cualquier base de evaluación o metodología utilizadas para evaluar un instrumento financiero, o para establecer un objetivo de precio para un instrumento financiero.

---

355 Begr. FinAnV, S. 7.

356 Eine Übersicht von 1990 über die äußerst unterschiedlichen Kennzahlen, die beispielsweise deutsche Kreditinstitute ihren Analysen zugrunde legen, findet sich bei *Göcken/ Schulte*, Fundamentale Aktienanalyse, S. 9.

Der Begriff der Bewertungsgrundlagen steht allgemein für die Summe der zugrunde gelegten Daten. Für den Bereich der Finanzanalyse ist allerdings nicht klar, worauf sich dieser Begriff bezieht – so kann es sich dabei um die Ausgangswerte der Rechenmodelle handeln oder aber um Kennzahlen, die in Systemen verarbeitet werden. Ebenso könnte jedoch einfach das gesammelte Informationsmaterial darunter fallen. Die in der Finanzanalyse verwendeten Methoden wie die technische Analyse oder Fundamentalanalyse mit ihren verschiedenen Ausgestaltungen wurden bereits beschrieben (s.o. unter B.II.3.b). Gegenstand der jeweiligen Bewertung ist das Finanzinstrument, sein Emittent oder sein erwartetes Kursziel.
Dem „ausreichend zusammengefaßt" der deutschen Fassung steht „angemessen zusammengefaßt" in den anderen Sprachfassungen gegenüber. Fraglich ist, worauf sich die Angemessenheit bezieht, woran die Zusammenfassung also zu messen ist. Denkbar sind etwa der Umfang der Empfehlung oder die Komplexität der Grundlagen und Methoden.

Art. 4 II RL 2003/125/EG läßt sich zumindest ein Hinweis auf den Charakter der Angaben entnehmen. Dieser sieht vor, dass die Angaben, sollten sie im Verhältnis zur Länge der Empfehlung unverhältnismäßig sein, nicht innerhalb der Empfehlung gemacht werden müssen. Voraussetzung dafür ist aber, dass Methode und Bewertungsgrundlage nicht geändert wurden. Dies zeigt, dass gleichbleibende und damit im Zweifel standardisierte Angaben vorgesehen sind. Daraus läßt sich für den Inhalt der Angabe schließen, dass die Bewertungsgrundlagen dementsprechend keine konkreten Ziffern umfassen, sondern vielmehr abstrakt eine Darstellung der üblichen Grundlagen verlangt wird.
Art. 4 I b RL geht zurück auf einen Vorschlag im CESR-Consultation Paper, Nr. 105,[357] der für den jetzigen Wortlaut der RL 2003/125/EG nur in wenigen Punkten verändert wurde. Hinter der Vorschrift steht das Ziel, dem Anleger ein Bild der angewandten Methode zu verschaffen. Angesichts der Vielzahl möglicher Methoden im Bereich der Finanzanalyse und der Überzeugungsfrage, die die Wahl der Methode mit sich bringt, kann der Anleger bewußt auf Empfehlungen nach bestimmten Methoden zurückgreifen. Allerdings ist das erforderliche Maß an Vorkenntnissen zu hoch, als dass es wahrscheinlich ist, dass viele Anleger von dieser Möglichkeit Gebrauch machen würden. Abstrakte Angaben, die ausreichen, um die verwendete Methode von anderen Vorgehensweisen abzugrenzen, genügen.

Zusammenfassend ist nach Art. 4 I b RL eine standardisierte und allgemein gehaltene Zusammenfassung der Bewertungsgrundlagen und Methoden ausrei-

[357] Der Wortlaut des Vorschlags: „any methodology used to evaluate an issuer or financial instrument, to set a price target for a financial instrument, or to determine the credit rating of an issuer or financial instrument is adequately summarised", CESR/02-089b.

chend. Angemessen ist diese Zusammenfassung dann, wenn für den Anleger die Methode, hinreichend klar von anderen Methoden abgegrenzt, erkennbar ist. Zusätzliche, individuelle Angaben sind nur dann erforderlich, wenn von den üblicherweise genutzten und angegebenen Methoden und Bewertungsgrundlagen abgewichen wird.

c) Ergebnis

Eine ausreichende Zusammenfassung ist bei der standardisierten Kurzdarstellung des üblichen Vorgehens, unter Bezeichnung der Methode, gegeben. Ausführungen zur verwendeten Berechnungsmethode jeder einzelnen Kennzahl oder einzelner Aspekte eines Rechenmodells sind nicht erforderlich.
Ausreichend ist beispielsweise, den Bottom-up-Ansatz oder Top-down-Ansatz zu nennen und kurz dessen Grundgedanken anzugeben. Detaillierte Erläuterungen dagegen führen zu weit und übersteigen den üblichen Umfang einer Zusammenfassung.

4. § 4 III 2 FinAnV – Erläuterung der Empfehlungen für bestimmte Anlageentscheidungen einschließlich des empfohlenen Anlagezeitraums

In Finanzanalysen „qualifizierter Personen“ nach § 1 II Nr. 1-5 FinAnV muß die Bedeutung der Empfehlungen für bestimmte Anlageentscheidungen erläutert werden. Dabei wird auch eine Erläuterung des empfohlenen Anlagezeitraums für notwendig erachtet.

a) Hinreichende Erläuterung der Empfehlungen nach § 4 III 2 FinAnV

Empfehlungen für bestimmte Anlageentscheidungen sind nach § 34b I 1 WpHG gegeben, wenn ein bestimmtes Vorgehen bei der Kapitalanlage, d.h. der Erwerb, die Veräußerung oder das Halten eines Werts, vorgeschlagen wird. Diese Empfehlungen sind im Einzelnen zu erläutern, ebenso der empfohlene Anlagezeitraum.
Neben dem zu klärenden inhaltlichen Bezug der Erläuterung ist ihr Umfang bzw. ihre Ausgestaltung von Relevanz. Zunächst sollte eine Beschreibung der mit den Voten vorgeschlagenen Anlageverhalten umfaßt sein. Konkret ist fraglich, wie profund die Erläuterungen sein müssen – beispielsweise bei einem Votensystem, das Risikoneigung und empfohlene Gewichtung des Wertes als Koordinaten verbindet. Denkbar ist auch eine Erläuterung, wann bestimmte Voten abgegeben werden, möglicherweise mit bezifferten Grenzen bzgl. erwarteter Veränderungsraten.
Legt man allein den Wortlaut zugrunde, so erhebt sich die Frage, wie das folgende Beispiel zu bewerten ist: Ein Analystenhaus empfiehlt, um keine negative Stimmung bei den Anlegern hervorzurufen, regelmäßig „Halten“ statt des eigentlich für die entsprechenden Fälle vorgesehenen „Verkaufen“-Votums. Mög-

licherweise kann solchem irreführenden Verhalten mit Hilfe der hinreichenden Erläuterung Einhalt geboten werden.

Die Pflicht zur Erläuterung der Bedeutung der diversen Empfehlungen steht im Zusammenhang mit den nach § 4 III 1 FinAnV standardisierten Angaben zu den Bewertungsgrundlagen und -methoden. Dies und der persönliche Anwendungsbereich sprechen für standardisierte Angaben; denn die Norm richtet sich an Personen, die häufig Finanzanalysen erstellen und dabei im normalen Arbeitsablauf bestimmte Verfahrensregeln einhalten.
Mit § 4 III 2 FinAnV wird Art. 4 I c der RL 2003/125/EG umgesetzt.[358] Die Materialien zur Entstehung zeigen, dass die Empfehlungen für bestimmte Anlageentscheidungen, also beispielsweise, ein Finanzinstrument „zu erwerben, zu veräußern oder zu halten“[359], ausreichend zu erklären sind.
Hintergrund der Vorschrift ist es, eine Irreführung von Anlegern zu vermeiden, indem Voten mißverständlich formuliert oder verwendet werden. Dementsprechend sind sämtliche Elemente der Voten zu erklären – je komplizierter das verwendete System, desto ausführlicher ist es zu erläutern. Bei Kombinationsmodellen wie dem oben beschriebenen, das die Risikoneigung des Anlegers der durch den Analysten empfohlenen Gewichtung des Wertes im eigenen Depot als Koordinaten gegenüberstellt, sind sämtliche Kombinationen zu erläutern. „Erläutern“ umfaßt dabei die Erklärung, welcher Kombination welche konkrete Handlungsempfehlung gegenübersteht.
Um zu erkennen, ob ein Votum korrekt verwendet wurde, bedarf es grundsätzlich auch einer Erläuterung der internen Vorgaben, wann genau dieses Votum zu vergeben ist. In dem Fall müßte beispielsweise das Votum „Kaufen“ mit „mindestens 15 % Wertsteigerung im Anlagezeitraum erwartet“ erläutert werden. Fraglich ist allerdings, ob eine solche Bezifferung sinnvoll ist. Eine derart konkrete Grenze, mag sie auch intern Grundlage der Vergabe des Votums sein, steht bestenfalls im Widerspruch zum subjektiven Prognosecharakter der Finanzanalyse und erweckt schlimmstenfalls selbst bei verständigen Anlegern einen falschen Eindruck von objektiver Prognosesicherheit. Im übrigen fehlt der Einblick in die vom Analysten ermittelten Werte, so dass ein Abgleich des Ergebnisses der Analyse und des ausgegebenen Votums nicht möglich ist. Die Aufnahme konkret bezifferter Erwartungen ist aus den genannten Gründen wenig zweckmäßig.
Die durch die Differenz zwischen intendiertem und dann tatsächlich ausgegebenem Votum bestehende Gefahr der Irreführung ist möglicherweise auf einer anderen Ebene in gewissem Maße zu überwinden. Die bereits im obigen Fallbeispiel beschriebene Unwilligkeit in Analystenkreisen, Verkaufsempfehlungen auszusprechen, ist ein typisches Symptom dieses gravierenden Problems. Re-

[358] Begr. FinAnV, S. 7.
[359] Begr. FinAnV, S. 7.

gelmäßig werden statt dessen Empfehlungen zum „Halten“ des Werts abgegeben, bei denen sich die Ersteller darauf berufen, dass „Halten“ ohnehin „Verkaufen“ impliziere.[360] Um dem entgegenzuwirken, müssen die verwendeten Voten dem allgemeinen Wortsinn entsprechen, ähnlich den US-amerikanischen Regelungen.[361] Bei der Empfehlung, einen Wert zu Halten, ist dieser Wert im Depot zu belassen. Verkaufen bedeutet die Veräußerung des Werts und Kaufen schlägt einen Erwerb des Werts vor. Von diesen Zuordnungen dürfen auch die Erläuterungen der Voten nicht grundlegend abweichen.

b) Anlagezeitraum

Der ebenfalls nach § 4 III 2 FinAnV relevante Anlagezeitraum beschreibt die empfohlene zeitliche Kapitalbindung in der untersuchten Anlage. Der Anlagezeitraum ist offensichtlich nur bei Kauf- oder Halten-Voten relevant. Diesbezügliche Empfehlungen können beispielsweise auf kurz-, mittel- bzw. langfristig lauten. Auch sie sind in der Finanzanalyse hinreichend zu erläutern.

Hier ist die Behandlung von Finanzanalysen, die keine Empfehlung zum Anlagehorizont enthalten, zu klären. Dabei könnte der Anlagehorizont als bis zum gegenteiligen Signal andauernd interpretiert werden. Fraglich ist aber, ob der Anleger erwarten kann, dass ein Analyst den Wert stets bis zum Verkaufssignal betreut.

Nachdem die Erläuterung der Empfehlungen des Anlagehorizonts verpflichtend ist, könnte daraus geschlossen werden, dass diese in Zukunft stets erforderlich ist, selbst wenn diesbezüglich keine Empfehlung abgegeben wurde. Im Ergebnis müßte dann jede nach § 4 III 2 FinAnV relevante Finanzanalyse eine Empfehlung zum zeitlichen Anlagehorizont enthalten.

Nach der Vorgabe des Verordnungsgebers ist dann, wenn sich die Empfehlung auf einen genau bestimmten Zeithorizont bezieht, auch dieser zu erläutern.[362] Dieser Vorgabe läßt sich entnehmen, dass nur bei einem tatsächlichen Bezug auf den Anlagezeitraum dessen Erläuterung erforderlich ist. Demzufolge erwächst zumindest nach dem Willen des Verordnungsgebers aus § 4 III 2 FinAnV keine Pflicht zur Aufnahme der Empfehlung eines Anlagezeitraums für jede Finanzanalyse.

Schließlich ist hinsichtlich des Anlagezeitraums anzumerken, dass gerade zeitlichen Angaben meist sehr unterschiedliche Vorstellungen zugrunde liegen. Hier durch Erläuterungen gewisse Rahmenvorstellungen zu vermitteln, ist daher äußerst sinnvoll.

---

360 *Hieke*, in: Finanzkommunikation, S. 203.

361 NYSE Rule 472 (k)(1)(i)(f.) und NASD Rule 2711 (h)(4), in denen die Definition jedes Votums mit der üblichen Bedeutung des Worts übereinstimmen muß. Dabei wird in der NYSE Rule 472 explizit auf das beschriebene Problem der Halten-Empfehlungen Bezug genommen.

362 Begr. FinAnV, S. 7.

c) Richtlinienkonforme Auslegung Art. 4 I c RL 2003/125/EG

...„dass [...] die Bedeutung der erstellten Empfehlung (z.B. „Erwerb“, „Veräußerung“ oder „Halten“), die möglicherweise auch den zeitlichen Rahmen der Anlage, auf die sich die Empfehlung bezieht, umfasst, ausreichend erläutert... wird.

... that the meaning of any recommendation made, such as buy, sell or hold, which may include the time horizon of the investment to which the recommendation relates, is adequately explained.

... à ce que la signification de toute recommandation émise (telle que „acheter“, „vendre“ ou „conserver“), le cas échéant l'horizon temporel de l'investissement auquel se rapporte la recommandation, est expliquée d'une manière adéquate.

... de que se explique adecuadamente el significado de cualquier recomendación efectuada, por ejemplo de comprar, vender o mantener, lo que puede incluir el horizonte temporal de la inversión a la que se refiere la recomendación.

Die dem § 4 III 2 FinAnV zugrunde liegende gemeinschaftsrechtliche Vorgabe findet sich in Art. 4 I c RL. Dieser ist bei der Auslegung des angeglichenen Rechts zu berücksichtigen. Art. 4 I c RL regelt die ausreichende Erläuterung der Bedeutung der erstellten Empfehlungen.

Unter „Bedeutung der erstellten Empfehlung“ ist im Zusammenhang mit den gegebenen Beispielen das Votum der Empfehlung zu verstehen. Der zeitliche Rahmen der Anlage ist derjenige Zeitraum, für den vorgeschlagen wird, das Kapital in der Anlage zu binden. Die deutsche, englische und spanische Fassung beziehen jeweils den „möglicherweise aufgenommenen zeitlichen Rahmen“ ein, während nach der französischen Fassung „ggf. den zeitlichen Horizont“ umfaßt ist. Dabei handelt es sich jedoch nur um redaktionelle Abweichungen von inhaltlich übereinstimmenden Sprachfassungen. Auf den zeitlichen Anlagehorizont ist somit nur Bezug zu nehmen, wenn eine entsprechende Empfehlung ausgesprochen wurde.

Ein Votum ist üblicherweise verkürzter Imperativ für einen bestimmten Handlungsvorschlag. Dessen ausreichende Erläuterung muß so ausführlich sein, dass der Anleger seine Bedeutung zweifelsfrei erkennt. Welche konkreten Annahmen hinsichtlich Veränderungsraten etc. für den Ersteller hinter diesem Votum stehen, sind dabei nicht von Relevanz.

Auch für die Erläuterung der Empfehlungen sieht Art. 4 II RL die Möglichkeit eines Verweises auf einen Ort außerhalb der Empfehlung für die Angaben vor. Dabei wurde die Beständigkeit der Angaben allerdings nicht zur Voraussetzung gemacht. Als mögliche Gründe kommen zwei Alternativen in Betracht: Entweder sind die Angaben stets unterschiedlich und nicht standardisierbar, dann ist auch deren Konstanz nicht erwähnenswert, oder die Angaben sind ohnehin stets dieselben. Voten, auch für den Anlagezeitraum, sind klassischerweise konstant. Durch sie grenzen sich Finanzintermediäre voneinander ab; sie haben einen gewissen Erkennungswert. Üblicherweise wird für alle Mitwirkenden einer Analy-

seeinheit im Vorfeld festgelegt, welche Voten wie zu vergeben sind, um nach außen ein einheitliches Bild zu präsentieren. Bzgl. der Erläuterung der Empfehlungen sind standardisierte Angaben also nicht nur möglich, sondern sogar wünschenswert und entsprechen bereits den allgemeinen Gepflogenheiten.
Erstmals wurde die Vorschrift im CESR-Consultation Paper, Nr. 105 vorgeschlagen.[363] Nach dem daraus folgenden Vorschlag des CESR war allerdings nicht klar, ob der zeitliche Rahmen stets zu erläutern wäre.[364] Diese Formulierung wurde nach der Beratung des EWA zum jetzigen Wortlaut klarstellend abgeändert.[365]
Wie bereits im Rahmen der systematischen Auslegung erörtert wurde, sind standardisierte Angaben bei der Erläuterung der Empfehlungen von großer Bedeutung, nicht nur für die Ersteller sondern auch für die Anleger. Sie ermöglichen es, verschiedene Empfehlungen schnell und effektiv zu vergleichen. Das Votum ist für Anleger häufig das wichtigste Element einer Empfehlung; die Konstanz seiner Bedeutung ist maßgeblich. Im übrigen sind die Voten möglichst klar zu erläutern, allerdings nicht bzgl. der zugrunde gelegten erwarteten Entwicklung in konkreten Ziffern. Letzteres widerspräche dem unsicheren Prognosecharakter der Empfehlungen.

Zusammenfassend ist eine ausreichende Erläuterung der Voten im Sinne des Art. 4 I c RL eine solche, die dem Anleger einen unzweifelhaften Handlungsvorschlag erteilt, wobei eine genaue Bezifferung der zugrunde liegenden Erwartungen des Erstellers nicht erforderlich ist. Hinsichtlich des zeitlichen Anlagehorizonts ist eine solche Erläuterung nur dann erforderlich, wenn eine entsprechende Empfehlung aufgenommen wurde.

d) Ergebnis

Die hinreichende Erläuterung der Empfehlungen muß die Bedeutung der Voten als konkrete Handlungsvorschläge verdeutlichen. Dabei ist die Angabe bezifferter Erwartungen hinsichtlich der Entwicklung der Anlage nicht erforderlich. Das Votum und die allgemeine Bedeutung des Wortes müssen übereinstimmen. So kann „Halten" beispielsweise nicht für eine Aufforderung zum Verkaufen stehen. Der zeitliche Anlagehorizont ist nur dann zu erläutern, wenn darauf in

[363] Im Feedback dazu wurde verlangt, eindeutig klarzustellen, dass der zeitliche Horizont sich auf die Anlage, nicht den Anleger beziehe, so beispielsweise die Rückmeldungen der Federation Bancaire de l'Union Européenne vom 30.04.2003 und der BBA vom 07.04.2003. Nachdem allerdings diesbezüglich keine Änderungen vorgenommen wurden, wurde der Wortlaut bereits als hinreichend klar wahrgenommen.

[364] CESR-Advice, Nr. 88, „that the meaning of [...] any recommendation (e.g. buy/sell/hold) made, including the time horizon of the investment to which [...] the recommendation relates, is adequately explained", CESR/02-089d.

[365] Markt/2003/10831/1/0.

der Finanzanalyse Bezug genommen wird. Die Erläuterungen der Voten sind in standardisierter Form vorzunehmen.

Übertragen auf das beschriebene Fallbeispiel des Analystenhauses, das stets „Halten“ empfiehlt und damit implizit „Verkaufen“ meint, bedeutet das, dass das Votum „Halten“ ihrem üblichen Vorgehen entsprechend als Empfehlung zum Verkaufen der Anlage zu erläutern wäre. Denn dem Anleger muß die Bedeutung der Voten so erläutert werden, dass ein zweifelsfreier Handlungsvorschlag vorliegt. Allerdings werden die Voten durch den Gleichlauf mit ihrem Wortsinn auf ihre explizite Bedeutung reduziert. Der Analyst kann sich also nicht mehr darauf berufen, dass „Halten“ bekanntermaßen „Verkaufen“ meint. Letztlich ist die Fortführung beschönigender Empfehlungen nach § 4 III 2 FinAnV nicht mehr haltbar.
Hinsichtlich der Beispiels der fehlenden Empfehlung für einen zeitlichen Horizont der Anlage bedarf es keiner Erläuterung des Anlagehorizonts. Die Annahme, eine Empfehlung für eine bestimmte Anlage bestünde bis zu einer Verkaufsempfehlung des Analysten weiter, ist unrealistisch, soweit keine entsprechende Ankündigung des Analysten vorliegt. Finanzanalysen sind nicht mit der Anlageberatung zu verwechseln – sie enthalten nur in seltenen Fällen Stop loss-Kurse oder ähnliche Empfehlungen. Finanzanalysen sind Anlageanreize oder -vorschläge, keine komplette Betreuung einer anonymen Anlegerschaft.

5. § 4 III 2 FinAnV – Erläuterung der Anlagerisiken und der Sensitivität der Bewertungsparameter

Neben der Erläuterung der Bedeutung der Empfehlungen sind nach § 4 III 2 FinAnV die Anlagerisiken und die Sensitivität der Bewertungsparameter hinreichend zu erläutern. Bevor aber die Frage nach einer hinreichenden Erläuterung der Anlagerisiken beantwortet werden kann, ist das Augenmerk auf die möglichen, mit der Kapitalanlage verbundenen Risiken zu richten.

a) Risiken der Kapitalanlage

Risiken, die bei der Kapitalanlage von Relevanz sind, lassen sich auf verschiedenen Ebenen verorten. Zunächst gibt es allgemeine Risiken, die an jedem Markt auftreten können und damit auch jeder Art der Kapitalanlage in unterschiedlichem Umfang anhaften. Dazu gehört beispielsweise das Risiko, dass das auf dem Markt eingegangene Engagement nicht die Erwartungen erfüllt.[366] Ebenso fallen darunter aber auch die Risiken einer Marktenge[367] oder die Ab-

[366] *Claussen*, Bank- und Börsenrecht, § 9 Rn 201; am Beispiel der Aktienanlage, *Lange*, Informationspflichten von Finanzdienstleistern, S. 178f.

[367] Damit werden die mit geringem am Markt verfügbaren Material verbundenen Probleme bezeichnet, die beispielsweise bei überzeichneten Neuemissionen zu beobachten sind. Fol-

hängigkeit der Marktentwicklung von marktpsychologischen Effekten.[368] Stets zu berücksichtigen ist das Systemrisiko, das eine Finanzmarktkrise von systemgefährdenden Ausmaßen bezeichnet.[369] Schließlich unterliegen Kapitalmärkte auch Schwankungen aufgrund von Faktoren wie politischer Entwicklungen und Kriegen, Rohstoffkrisen oder konjunkturellen Entwicklungen.

Zu den speziellen Risiken, die zwar für sämtliche Objekte der Kapitalanlage relevant sein können, es aber nur in sehr unterschiedlichem Maße sind, werden beispielsweise Zins-, Kurs- oder Währungsrisiken gezählt.[370]

Solche Risiken, die dem jeweiligen Anlageobjekt individuell aufgrund seiner Charakteristika anhaften, werden hier als objektbezogene Risiken[371] bezeichnet. Diese sind je nach Gattung und Eigenheit des Finanzinstruments verschieden. Bei der Aktie können beispielsweise Risiken in der Ausgestaltung als vinkulierte Namensaktie liegen. Bei einem Optionsschein dagegen kommen als objektbezogene Risiken solche Eigenheiten wie die implizite Volatilität, also die erwartete Schwankungsbreite des Basiswerts des Scheins, und die sog. Spreads, d.h. die Differenz zwischen Kauf- und Verkaufskursen in Betracht. Ebenso sind aber auch der tägliche Zeitwertverlust des Scheins und vor allem natürlich die Charakteristika des Optionsscheins als Hebelprodukt zu berücksichtigen.[372]

In welchem Umfang diese Anlagerisiken hinreichend zu erläutern sind, ist im Folgenden zu ermitteln.

b) Hinreichende Erläuterung der Anlagerisiken nach § 4 III 2 FinAnV

aa) Anlagerisiken

Ein Risiko ist nach dem allgemeinen Sprachgebrauch die Möglichkeit des Eintritts von Schwierigkeiten oder grundsätzlich negativen Ereignissen. Dieser Gebrauch deckt sich allerdings nicht mit der fachspezifischen Bedeutung. Danach sind Risiken sowohl negative als auch positive Abweichungen der für möglich gehaltenen Rendite von ihrem jeweiligen Erwartungswert.[373] Welcher Wortsinn

---

ge davon kann auch sein, dass sich ein Investor aufgrund mangelnder Kaufanträge nicht von seiner Anlage trennen kann, sie also illiquide ist, *Lenenbach*, a.a.O., Rn 1.43.

368 Beispielsweise können durch sog. Herdenverhalten systemrelevanten Preisausschläge erzeugt werden; *Cohen/Crockett*, in: Handbuch Europäischer Kapitalmarkt, S. 43.

369 Ein solches verwirklicht sich, wenn aufgrund einiger fehlgeschlagener Anlagen sämtliche Investoren verkaufen wollen, der Markt diese Angebote aber nicht mehr abwickeln kann. Die Folge davon ist ein Dominoeffekt, der zum totalen Crash des Marktes führt. Ähnliches kann auch ein Liquiditätsengpass mit darauffolgendem Run auf die Banken auslösen; *Cohen/Crockett*, a.a.O., S. 43f.

370 *Lang*, Informationspflichten bei Wertpapierdienstleistungen, S. 218.

371 Detaillierte Ausführungen zu den mit einzelnen Anlageformen verbundenen Risiken bei *Lange*, Informationspflichten von Finanzdienstleistern, S. 172ff.

372 *Lange*, a.a.O., S. 196f; *Quandt*, Handelsblatt vom 03.09.2004.

373 Statt vieler *Verleger*, Risikostrukturen am deutschen Aktienmarkt, S. 8; *Rösch*, Empirische Identifikation von Wertpapierrisiken, S. 11.

im Gesetz zugrunde gelegt wurde, ist zu untersuchen. Anlagerisiken sind jedenfalls die mit der Kapitalanlage verbundenen Risiken. Fraglich ist, ob eine hinreichende Erläuterung der Anlagerisiken vollumfänglich sämtliche mit dem jeweiligen Finanzinstrument verbundenen Risiken umfassen muß.
Beispielsweise könnte folgender Sachverhalt innerhalb der durch den Wortlaut gezogenen Grenzen liegen: In der Tagespresse wird über politische Unruhen in einem Staat berichtet, der das Hauptabsatzgebiet des untersuchten Emittenten darstellt. Dem allgemeinen Verständnis der Begriffe nach müßte der Analyst auf dieses Risiko und mögliche politische Folgen hinweisen. Hier bedarf es möglicherweise einiger Einschränkungen.
Darüber hinaus ist auch die konkrete Ausgestaltung der Erläuterung zu klären. So ist etwa zu untersuchen, ob eine pauschale Warnung am Ende der Finanzanalyse genügt – beispielsweise zu einem Garantie-Zertifikat: „Bei Erwerb dieses Anlageobjekts besteht das Risiko, das gesamte eingesetzte Kapital zu verlieren".

Zur grundsätzlichen Frage der Zulässigkeit einer standardisierten Erläuterung gibt zunächst die Systematik des § 4 FinAnV einen Hinweis: Die Pflicht zur Erläuterung der Anlagerisiken etc. steht im Zusammenhang mit anderen Angaben, die in standardisierter Form aufzunehmen sind. Darüber hinaus sind die Angaben nach § 4 IV FinAnV ausdrücklich „in jeder Finanzanalyse anzugeben"; auf eine ähnliche Regelung wurde vorliegend verzichtet.
Vielmehr ist der Kreis der zu erläuternden Anlagerisiken möglicherweise einzugrenzen, da die Aufklärung des Anlegers über sämtliche Risiken bereits Teil der Pflichten nach § 31 II 1 Nr. 2 WpHG im Rahmen der Mitteilung der „zweckdienlichen Informationen" ist.[374] Eine solche Eingrenzung hängt allerdings davon ab, ob ein Gleichlauf zwischen § 34b WpHG und der konkretisierenden FinAnV auf der einen und § 31 WpHG auf der anderen Seite erforderlich und sinnvoll ist. Die §§ 31 ff WpHG regeln die Beziehung zwischen Wertpapierdienstleistungsunternehmen und deren Kunden. Bei der Finanzanalyse ist aber keine vergleichbare Beziehung und damit kein entsprechendes Näheverhältnis gegeben. Wenn der Finanzanalyst überhaupt von einem konkreten Anleger als Zielgruppe ausgeht, dann vom durchschnittlichen, verständigen Anleger. Die Möglichkeiten des Anlegers werden durch eine Eingrenzung der nach § 4 III 2 FinAnV zu erläuternden Risiken nicht geschmälert, da er sich stets im Rahmen der Anlageberatung individuell und umfassend informieren lassen kann. § 31 WpHG und § 4 III 2 FinAnV als Konkretisierung des § 34b WpHG müssen sich also inhaltlich nicht decken, sondern § 31 WpHG komplementiert § 34b WpHG. Das Verhältnis der beiden Normen steht einer Begrenzung der zu erläuternden Risiken nicht im Wege.

[374] Ausführlicher Assmann/Schneider – *Koller*, § 31 Rn 106ff.

Der Verordnungsgeber verlangte in Bezug auf § 4 III 2 FinAnV, dass die mit der empfohlenen Anlage verbundenen Risiken so zu erläutern wären, dass der Anleger ausreichend gewarnt sei.[375] Daran kann man erkennen, dass der Verordnungsgeber mit dem allgemeinsprachlichen Verständnis des Begriffs Risiko arbeitete. Darüber hinaus sprechen die Materialien dafür, die Angaben konkret auf den Gegenstand der Analyse zu beziehen – zumindest die objektspezifischen Risiken sind danach also in jedem Fall zu nennen.

Wie bereits die Entstehungsgeschichte des § 4 III 2 FinAnV zeigt, ist der Zweck der Norm die Warnung des Anlegers vor Risiken. Nur wenn diese Risiken konkret auf den Gegenstand der Finanzanalyse bezogen werden, besteht für den Anleger die Möglichkeit, unterschiedliche Anlageformen zu vergleichen und auf der bestmöglichen Informationsbasis zu entscheiden. Gegen diesen Nutzen der Anleger sind aber die entstehenden Kosten abzuwägen, die dem für die Finanzanalyse Verantwortlichen entstehen. Darüber hinaus würde der durchschnittliche mündige Anleger, ähnlich der Situation bei AGB, bei einer vollumfänglichen Aufklärung bzw. Warnung aufgrund der Informationsfülle die im Einzelfall der Anlage wirklich relevanten Risiken nicht zur Kenntnis nehmen. Aus diesen Gründen ist der Umfang der Erläuterungen bzw. der relevanten Risiken zu begrenzen.

Ausgehend vom durchschnittlichen, verständigen Anleger ist zumindest hinsichtlich der allgemeinen Risiken keine Erläuterung erforderlich. Bei der Mehrheit der allgemeinen Risiken, wie beispielsweise politischen Unruhen, ist der Analyst ebensowenig wie der Anleger in der Lage, zu der Eintrittswahrscheinlichkeit des Risikos oder dessen Folgen qualifiziert Stellung zu nehmen.[376] Auch auf die Gefahr hin, dass völlig uninformierte und unerfahrene Anleger die Finanzanalyse zur Kenntnis nehmen, kann es nicht im Verantwortungsbereich des Erstellers liegen, diese über alle möglichen allgemeinen Risiken aufzuklären. Diese Aufklärung würde in Relation zur Finanzanalyse selbst unverhältnismäßige Ausmaße, auch in Bezug auf den nötigen Aufwand, annehmen.

Aufgrund der Veröffentlichung von Finanzanalysen ohne konkreten Adressatenkreis kann keine Anpassung an bestimmte Anlegerkreise erwartet werden. Die Aufklärung der völlig uninformierten Anleger bei ersten Transaktionen ist Aufgabe des Anlageberaters, über den der unerfahrene Anleger ohnehin seine Anlagegeschäfte tätigen sollte. Verzichtet er auf eine entsprechende Beratung, ist das seine eigene Entscheidung als mündige Person. Diese kann aber nicht den Erstellern von Finanzanalysen angelastet werden. Wer sich selbst um Finanzanalysen bemüht und allein auf deren Basis handelt, signalisiert ein gewisses Maß an Sachkunde und Eigenverantwortung, an dem er auch zu messen ist. Den Anleger in jeder Finanzanalyse über all diese allgemeinen Risiken aufzuklären, führt zu weit.

---

[375] Begr. FinAnV, S. 7.

[376] *Lange*, Informationspflichten von Finanzdienstleistern, S. 161.

Zu warnen ist dagegen vor speziellen Risiken, deren Relevanz für das untersuchte Finanzinstrument vom Finanzanalysten eingeschätzt und auch hinsichtlich der Wahrscheinlichkeit einer Einflußnahme bewertet werden kann.[377] Beinahe noch wichtiger ist die Warnung vor den objektbezogenen Risiken, vor allem wenn diese nicht allgemein geläufig sind, wie bei Finanzinnovationen, oder bei durchaus schwerwiegenden Folgen wie beispielsweise dem Totalverlust. Hier ermöglichen die Warnungen dem Anleger, unterschiedliche Produkte gleicher Gattung zu vergleichen.

bb) Sensitivitätsanalyse

Darüber hinaus ist nach § 4 III 2 FinAnV die Sensitivität der Bewertungsparameter zu erläutern. Bewertungsparameter sind die bei der Erstellung der Finanzanalyse vorausgesetzten Rahmenbedingungen, makroökonomische Annahmen zu Faktoren wie Zinsentwicklung, Währungsschwankungen oder der Konjunkturentwicklung. Fraglich ist allerdings, worauf sich die Erläuterung ihrer Sensitivität beziehen muß. Denkbar wäre die Erläuterung der Schwankungsbreite, ebenso aber auch die des Risikos der Schwankung.

Aus der Entstehungsgeschichte ergibt sich, dass eine Sensitivitätsanalyse der relevanten Bewertungsparameter als Teil der Erläuterungen der Anlagerisiken durchzuführen ist.[378] Die Sensitivitätsanalyse dient danach der Warnung vor den möglichen Konsequenzen der Anlagerisiken. Die Empfindlichkeit der Bewertungsparameter ist also anhand einer Sensitivitätsanalyse zu erläutern. Darunter versteht man allgemein eine Analyse der Wirkung bestimmter Risikoparameter auf die in der Finanzanalyse ermittelten Werte. Um ihre Warnfunktion zu erfüllen, wäre der Bezug auf in der Finanzanalyse genannte prognostizierte Werte hilfreich. Mögliche Schwankungen lassen sich aber durchaus auch ganz abstrakt sehr eindrucksvoll darstellen.

c) Richtlinienkonforme Auslegung Art. 4 I c RL 2003/125/EG

..., dass ... vor etwaigen Risiken angemessen gewarnt wird, einschließlich einer Empfindlichkeitsanalyse der zu Grunde gelegten Annahmen.

... that... any appropriate risk warning, including a sensitivity analysis of the relevant assumptions, [is] indicated.

... à ce que... tout avertissement approprié sur les risques (y compris une analyse de sensibilité des hypothèses retenues) est indiqué.

... de que... se indique cualquier advertencia oportuna sobre riesgos, incluido el análisis de sensibilidad de las hipótesis pertinentes.

---

[377] *Lange*, Informationspflichten von Finanzdienstleistern, S. 162.

[378] Begr. FinAnV, S. 7.

aa) Warnung vor den Risiken

Die gemeinschaftsrechtliche Vorgabe des § 4 III 2 FinAnV spricht hier in der deutschen Fassung von der Pflicht, vor „etwaigen Risiken" zu warnen, und impliziert damit, dass eine Warnung nur insoweit erforderlich ist, als diese Risiken konkret gegeben sind. Eine Kapitalanlage ist aber stets mit Risiken verbunden. Dem tragen die anderen Sprachfassungen Rechnung, die lediglich von „Risiken" sprechen. Zu warnen ist in einheitlichem Verständnis der Sprachfassungen vor Risiken, also der Möglichkeit der negativen Abweichung der tatsächlichen Rendite von der erwarteten Höhe. Nachdem vor den Risiken zu warnen ist, sind Risiken wie im allgemeinen Sprachgebrauch (s.o.) auf negative Abweichungen reduziert. Eine angemessene Warnung ist dann gegeben, wenn sie dem Anleger die Risiken klar vermittelt. Möglicherweise bedarf es einer besonderen Eindringlichkeit, um dem Charakter der Warnung gerecht zu werden.

Fraglich ist, ob standardisierte Angaben für eine Warnung ausreichen. Wiederum ist auf Art. 4 II RL zu verweisen, der den Verweis auf einen anderen Ort gestattet, an dem die Angaben zu machen sind, falls sie im Verhältnis zur Länge der Empfehlung nicht angemessen sind. Im Gegensatz zu den möglichst standardisiert zu erläuternden Voten könnten hier aber besondere Gründe für individuelle Angaben sprechen.

Art. 4 I c RL wurde nach dem CESR-Advice[379] mit nahezu identischem Wortlaut in den Vorschlag der Kommission aufgenommen. Im übrigen fehlt es an Hinweisen zum Verständnis der Vorschrift.

Der Umfang der Warnung vor den mit der Anlage verbundenen Risiken ist am Zweck der Norm zu messen. Der Gemeinschaftsgesetzgeber geht von einem verständigen Anleger aus. Diesem ist bewußt, dass ein auf Biotech-Unternehmen spezialisierter Analyst keine qualifizierten Aussagen zur allgemeinen politischen Lage und den daraus resultierenden Risiken abgeben kann. Allgemeine Risiken wie das Markt- oder das Systemrisiko sind zumindest abstrakt als bekannt vorauszusetzen. Mithin ist nur vor den konkret auf den Gegenstand der Empfehlung bezogenen Risiken zu warnen. Dazu ist beispielsweise das Währungsrisiko zu zählen, wenn der Emittent einen Großteil seiner Produkte in Märkten mit ausländischen Währungen verkauft. Nur mit einer solchen Einschränkung kann der warnende Charakter der Angabe erhalten bleiben; denn mit zunehmender Unwahrscheinlichkeit der genannten Risiken verliert jede Warnung an Nachdruck.

bb) Sensitivitätsanalyse

Eine Sensitivitätsanalyse verdeutlicht die Konsequenzen der Risiken, indem sie den Einfluß einzelner Parameter auf das Ergebnis der Empfehlung untersucht.

---

379 CESR-Advice Nr. 88, CESR/02-089d.

Die Sensitivitätsanalyse bezieht sich auf die „zu Grunde gelegten Annahmen", die sich mit den in Art. 3 I c RL genannten decken könnten. Danach sind allerdings nur die „wesentlichen Annahmen" zu nennen; die Angabe kann sich auf eine einzige Annahme beschränken, darunter auch unternehmensbezogene wie den Wechsel des Vorstandsvorsitzenden. Zu solchen Annahmen ist eine Sensitivitätsanalyse nicht möglich oder abwegig – die Annahmen in Art. 3 I c RL entsprechen somit nicht den in Art. 4 I c RL genannten.
Die Entstehungsgeschichte dieser Vorschrift zeigt, dass die Aufnahme der Sensitivitätsanalyse durchaus nicht nur positiv gesehen wurde. Im Rahmen der vorangehenden Konsultation regte sich deutlicher Widerstand, da eine Sensitivitätsanalyse nicht als Element der Warnung vor Anlagerisiken wahrgenommen wurde und eine Finanzanalyse üblichen Umfangs völlig sprengen würde.[380]
Dennoch zeigt eine Sensitivitätsanalyse nachdrücklich, welchen Einfluß bereits kleinere Zinsschwankungen auf die prognostizierten Zahlen haben können. Allerdings ist eine Sensitivitätsanalyse v.a. sinnvoll, wenn die entsprechenden Zahlen auch in der Empfehlung genannt sind. Wird die Auswirkung eines bestimmten Risikos auf eine Gewinnschätzung dargestellt, die in die Empfehlung nicht aufgenommen wurde, ist dies wenig aufschlußreich. Dann bleibt die Möglichkeit, abstrakt eine Sensitivitätsanalyse durchzuführen, die dem Anleger ebenfalls ein Gefühl für die Anfälligkeit der Werte bei Veränderungen der Parameter vermitteln kann. Eine Sensitivitätsanalyse ist graphisch am sinnvollsten und mit geringstem Umfang möglich.

cc) Ergebnis der Auslegung des Art. 4 I c RL 2003/125/EG

Nach Art. 4 I c RL muß die Warnung vor den mit der Anlage verbundenen Risiken eine Erläuterung der möglichen negativen Folgen beinhalten. Ausgenommen davon sind allgemeine Risiken, deren Erläuterung für den verständigen Anleger schon mangels Fachkunde des Analysten nicht von Interesse ist. Die Sensitivitätsanalyse der zugrunde gelegten Annahme bzgl. makroökonomischer Rahmenbedingungen ist ggf. auch abstrakt möglich. Damit kann eine ähnlich warnende Wirkung erzielt werden, so dass der fehlende konkrete Bezug nicht schadet.

d) Ergebnis

In richtlinienkonformer Auslegung sind die Anlagerisiken mit Ausnahme der allgemeinen Risiken so zu erläutern, dass für den Anleger die möglichen negativen Folgen klar erkennbar sind. Dabei ist konkret auf den Gegenstand der Finanzanalyse Bezug zu nehmen. Eine Sensitivitätsanalyse ist in graphischer Dar-

380 So beispielsweise die Rückmeldungen der Association Belge des Banques vom 20.05.2003 sowie der BBA vom 07.04.2003.

stellung am sinnvollsten und kann auch abstrakt, ohne konkreten Bezug auf die einzelnen in der Finanzanalyse genannten Werte erstellt werden.

Bezieht man dieses Ergebnis auf die oben beschriebene pauschale Warnung vor einem Totalverlust, ist festzustellen, dass diese nicht ausreichen kann. Bei dem genannten Garantie-Zertifikat ist eine Warnung vor dem Risiko des Totalverlusts hochgradig irreführend. Charakteristisches Merkmal von Garantie-Zertifikaten ist die garantierte Auszahlung einer bestimmten Rendite nach Ablauf der gesetzten Laufzeit. Soweit nicht der Emittent zahlungsunfähig wird, ist ein Totalverlust durch die Struktur der Finanzinstruments ausgeschlossen. Wird bei der entsprechenden Warnung kein Bezug auf eine wahrscheinliche Zahlungsunfähigkeit des Emittenten genommen und möglichst durch einschlägige Ratings belegt, ist diese Warnung sogar kontraproduktiv. So wäre es für den Anleger unmöglich, die Risikoprofile unterschiedlicher Anlageformen und -objekte untereinander auch nur näherungsweise realistisch zu vergleichen.

6. § 4 IV FinAnV – Hervorgehobene Angaben in der Finanzanalyse

Besondere Bedeutung wird den in § 4 IV FinAnV geregelten Angaben beigemessen, da sie deutlich hervorgehoben in jede Finanzanalyse aufzunehmen sind. Dabei handelt es sich um verschiedene Daten, die die Finanzanalyse zeitlich einordnen.

a) § 4 IV Nr. 1 FinAnV – Datum der Erstveröffentlichung

Nach § 4 IV Nr. 1 FinAnV ist das Datum der Erstveröffentlichung in die Finanzanalyse aufzunehmen.

aa) Datum der Erstveröffentlichung nach § 4 IV Nr. 1 FinAnV

Unter dem Datum der Erstveröffentlichung versteht man gemeinhin den Tag, an dem die Finanzanalyse erstmals der Öffentlichkeit, also einem unbestimmten Personenkreis, zugänglich gemacht wurde.
Fraglich ist aber, welches Datum anzugeben ist, wenn die Finanzanalyse zuerst an ausgewählte Kunden übermittelt wird und erst danach für die breite Öffentlichkeit freigegeben wird.[381]

Da dieses Datum der Erstveröffentlichung in der Finanzanalyse direkt anzugeben ist, handelt es sich dabei um eine Angabe von besonderer Bedeutung. Hinsichtlich der Bestimmung des Datums ist festzuhalten, dass der Begriff der Veröffentlichung hier erstmals in der FinAnV gebraucht wird. In § 34b I 2 WpHG wird auf die Weitergabe oder die öffentliche Verbreitung abgestellt. Fraglich ist,

---

[381] Bislang nicht unüblich, ausführlicher: *Wolff*, in: Finanzkommunikation, S. 99f; *Weber*, in: Finanzkommunikation, S. 211f; *Moerschen*, Handelsblatt vom 14.11.2005, Nr. 220, S. 33.

ob hier inhaltlich eine Anlehnung an den Begriff der öffentlichen Verbreitung erfolgt oder ob nicht vielmehr eine Abgrenzung erforderlich ist. Die öffentliche Verbreitung impliziert eine eigene aktive Leistung, während eine Veröffentlichung bereits gegeben ist, wenn die Information einem unbestimmten Personenkreis zugänglich gemacht ist. Mithin entspricht dies aber dem Verständnis der öffentlichen Verbreitung im Sinne des § 34b I 2 WpHG, insofern besteht aufgrund systematischer Gesichtspunkte keine Notwendigkeit zur inhaltlichen Abgrenzung.
Der Entstehungsgeschichte läßt sich entnehmen, dass es sich bei § 4 IV Nr. 1 FinAnV um eine Umsetzung von Art. 4 I e der RL 2003/125/EG handelt.[382] Nach dem Willen des Verordnungsgebers ist hier die Angabe des Veröffentlichungsdatums erforderlich.
Mit Hilfe der Angabe des Datums der Erstveröffentlichung wird dem Anleger die zeitliche Einordnung der Finanzanalyse ermöglicht. Damit trägt die FinAnV dem zentralen Problem der schnellen Einpreisung neuer Informationen an den Kapitalmärkten Rechnung. Allerdings bleibt das Risiko, dass einige Anleger vor anderen exklusiven Zugang zur Analyse erhalten. So besteht die Möglichkeit, sofort und früher als die übrigen Anleger auf die Finanzanalyse zu reagieren. Wird die Finanzanalyse danach der breiten Öffentlichkeit zugänglich gemacht, ermöglicht das beispielsweise, die nach der Einpreisung möglicherweise auftretenden Kurssteigerungen als Gewinne zu realisieren. Der Anleger nimmt allerdings an, dass mit dem genannten Datum der Erstveröffentlichung erstmals Anleger Zugriff auf die Finanzanalyse nehmen konnten. Hierin liegt die Gefahr, dass Anleger in die Irre geführt werden. Es besteht bislang keine gesetzliche Pflicht zur gleichzeitigen Veröffentlichung der Finanzanalyse an eigene Kunden und den gesamten Markt. Allerdings ist es ein Ziel der FinAnV, die Irreführung von Anlegern zu vermeiden. Hinsichtlich des Datums der Erstveröffentlichung besteht die Möglichkeit, die Anleger zumindest mit dem gleichen Informationsstand bzgl. der Finanzanalyse auszustatten, wenn auch nicht mit den gleichen Zugriffsrechten. Hier ist auf die erstmalige Möglichkeit des Zugangs abzustellen. So ist über die Angabe der Erstveröffentlichung zumindest erkennbar, dass diese einige Zeit zurückliegt. Dem Anleger bleibt dann die Möglichkeit, die Finanzanalyse entsprechend einzustufen oder nicht zu nutzen.

bb) Richtlinienkonforme Auslegung nach Art. 4 I e RL 2003/125/EG

..., dass der Zeitpunkt, zu dem die Empfehlung zum ersten Mal veröffentlicht wurde, klar und unmissverständlich angegeben wird.

... that the date at which the recommendation was first released for distribution is indicated clearly and prominently.

... à ce que la date à laquelle la recommandation a été diffusée pour la première fois aux fins de distribution est indiquée clairement et de façon bien apparente.

---

[382] Begr. FinAnV, S. 7.

... de que se indique de manera clara y promoneten la fecha en que la recomendación se haya efectuado por primera vez.

Die korrespondierende Vorschrift der RL, Art. 4 I e RL, verlangt in der deutschen Fassung die Angabe des Zeitpunkts der ersten Veröffentlichung. Der Begriff Zeitpunkt umfaßt im Deutschen üblicherweise Datum und Uhrzeit. Dafür spricht auch die folgende Differenzierung zwischen Datum und Zeitpunkt in Art. 4 I e RL. Nach der englischen und spanischen Fassung ist allerdings lediglich auf das Datum abzustellen. Die französische Fassung verwendet den Begriff des Zeitpunkts, allerdings wird damit allgemein das Datum abgefragt. Die Sprachfassungen stimmen zwar nicht überein, aber insgesamt ist der Schwerpunkt bei der Angabe des Datums zu sehen.
Auch hinsichtlich des Anknüpfungspunktes, der Veröffentlichung, besteht sprachliche Uneinigkeit. Während die deutsche Fassung auf die erstmalige Veröffentlichung abstellt, ist nach der englischen Fassung relevant, wann die Empfehlung zum ersten Mal zur Verbreitung freigegeben wurde. Die französische Fassung stellt auf die erstmalige Verbreitung zum Zweck der Veröffentlichung ab und nach der spanischen Fassung ist entscheidend, wann die Empfehlung zum ersten Mal „stattfindet", also öffentlich wahrgenommen wird. Als gemeinsames Element der englischen, französischen und spanischen Fassung läßt sich feststellen, dass keine tatsächliche Veröffentlichung erforderlich ist; es reicht bereits aus, dass die Empfehlung dafür freigegeben ist. Eine solche Freigabe zur Veröffentlichung liegt vor, sobald der Veröffentlichung nichts mehr im Wege steht. In der Gesamtbetrachtung der Sprachfassungen ist auf diese Freigabe abzustellen. Fraglich ist, ob eine Empfehlung als freigegeben anzusehen ist, wenn sie an einzelne Kunden übermittelt wird und erst einen Tag später veröffentlicht wird.

Der maßgebliche Begriff ist hier zunächst die Veröffentlichung. Dabei ist nach der englischen und französischen Fassung, „distribution", auf die „distribution channels" bzw. die „canaux de distribution" des Art. 1 Nr. 3 RL zurückzugreifen. Vergleichbares gilt für die deutsche Fassung. Die Abweichung durch die spanische Fassung ist zu vernachlässigen. Der Begriff der Veröffentlichung entspricht somit dem des Art. 1 Nr. 3 RL.
Entscheidende Ansatzpunkte zum Verständnis dieser Norm lassen sich ihrer Genese entnehmen: Ursprünglich wurde im Vorschlag des CESR-Consultation Paper Nr. 105 die Angabe von „Datum und Uhrzeit der erstmaligen Freigabe zur Verbreitung (an Kunden oder die Öffentlichkeit)"[383] verlangt. Allerdings wurde der Klammereinschub nach dem Feedback bei der Fassung des CESR-Advice

[383] CESR-Consultation Paper Nr. 105 lautet „date and time at which the relevant information was first released for distribution (to customers or to the public) is indicated clearly and prominently", CESR/02.089b.

Nr. 88 fallengelassen. Darüber hinaus wurde nur noch auf das Datum abgestellt. Möglicherweise sollte damit die einzig relevante Freigabe die an die Öffentlichkeit sein. Dagegen spricht, dass diesbezüglich keine klarstellende Formulierung gewählt wurde, sondern lediglich auf den Einschub verzichtet wurde. Im übrigen wurde später die deutsche Fassung im Zuge der Beratung des EWA von „zum ersten Mal freigegeben“[384] zu „zum ersten Mal veröffentlicht“[385] geändert, ohne dass ein erkennbarer Anlaß für diese inhaltliche Verschiebung vorgelegen hätte. Es scheint, als sei hier mit dem Wortlaut etwas nachlässig umgegangen worden. Dem Zweck der Norm, eine Irreführung des Anlegers zu vermeiden, trägt die Angabe des Datums der erstmaligen Freigabe effektiv Rechnung. Damit findet eine informationelle Gleichbehandlung von Kunden und den anderen Anlegern zumindest bzgl. der Aktualität der Empfehlung statt. Zwar kann die Empfehlung stets mit zeitlichem Vorsprung an bevorzugte Kunden übermittelt werden, aber wenn es sich um mehr als nur einige Stunden handelt, ist die Verzögerung für andere Anleger erkennbar. Für diese ist entscheidend, wie lange die Empfehlung bereits auf dem Markt ist – dabei ist irrelevant, wie klein möglicherweise der Marktausschnitt sein mag, der bis dahin Zugang hatte. Abzustellen ist auf die Freigabe zur Verbreitung, die bereits beim ersten Kunden beginnt.

Nach Art. 4 I e RL ist also das Datum, sprich Tag, Monat und Jahr, der erstmaligen Freigabe der Empfehlung zur Verbreitung anzugeben. Diese Freigabe zur Verbreitung liegt bereits bei der Übermittlung an einen Kunden vor.

cc) Ergebnis

Unter Erstveröffentlichung ist also in richtlinienkonformer Auslegung die erstmalige Freigabe der Finanzanalyse zur Veröffentlichung zu verstehen, die bereits bei der Übermittlung an den ersten Kunden gegeben ist. Das Datum dieses Ereignisses ist in der Finanzanalyse deutlich hervorgehoben anzugeben.

Für die beschriebene Konstellation bedeutet dies, dass das Datum des Tages anzugeben ist, an dem die Finanzanalyse dem Kunden zugänglich gemacht wurde; denn danach wurde die identische Finanzanalyse der breiten Öffentlichkeit zugänglich gemacht. Die übrigen Anleger sind so zumindest über den Zeitpunkt des erstmaligen Zugangs bevorzugter Anleger zur Finanzanalyse informiert.

b) § 4 IV Nr. 2 FinAnV – Datum und Uhrzeit der angegebenen Preise

aa) Datum und Uhrzeit der angegebenen Preise nach § 4 IV Nr. 2 FinAnV

Nach § 4 IV Nr. 2 FinAnV sind zu sämtlichen in der Finanzanalyse angegebenen Preisen von Finanzinstrumenten das Datum und die Uhrzeit dieser Preise

---

[384] Markt/2003/10831/1/0.
[385] Markt/2003/10831/3/0.

anzugeben. Damit wird der genaue Zeitpunkt der Feststellung der Preise identifiziert. Bei den angegebenen Preisen handelt es sich um Börsenkurse oder andere Marktpreise.

§ 4 IV Nr. 2 FinAnV dient der Umsetzung der Vorgaben der RL 2003/125/EG aus Art. 4 I e RL.[386] Mit Hilfe der Angaben soll Klarheit für den Anleger geschaffen werden, auf welche Kurse sich die Finanzanalyse bezieht und vor allem wie alt diese Kurse sind. Ausreichend ist zur Identifikation der Kurse eine Angabe des Schlußkurses bzw. ein Hinweis darauf, dass sämtliche genannten Börsenkurse zum Handelsschluß ermittelt wurden. Damit fehlt es zwar an einer ausdrücklichen konkreten Uhrzeit; der Bestimmbarkeit wird aber Genüge getan. Im übrigen werden Kurse üblicherweise als Schlußkurse veröffentlicht, wodurch die Vergleichbarkeit erhöht und die Überprüfbarkeit vereinfacht wird.

bb) Richtlinienkonforme Auslegung nach Art. 4 I e RL 2003/125/EG

... das jeweilige Datum und der Zeitpunkt der genannten Kurse von Finanzinstrumenten.

... the relevant date and time for any financial instrument price mentioned.

... la date et l'heure du cours indiqué pour tout instrument financier.

... la fecha y hora pertinentes para el precio de cualquier instrumento financero mencionado.

In Art. 4 I e RL, der von § 4 IV Nr. 2 FinAnV umgesetzten Vorgabe, wird in allen Sprachfassungen inhaltlich übereinstimmend die Angabe von Datum und Uhrzeit verlangt. Anzugeben sind also Tag, Monat, Jahr und Uhrzeit der genannten Kurse.

Im ursprünglichen Entwurf dieser Vorschrift, im CESR-Consultation Paper Nr. 105[387], wurde als Beispiel für die geforderte Angabe „Schlußkurse des 3. Mai" genannt. Das Beispiel wurde gestrichen, aber der Wortlaut blieb ansonsten erhalten.

Die Angabe des Zeitpunkts der Kursfeststellung ist nicht nur aus sich selbst heraus von erheblicher Bedeutung – sie erlaubt dem Anleger auch mittelbar einen Rückschluß auf die Aktualität der Empfehung. Die Streichung des Beispiels ist im Zweifel auf redaktionelle Gründe zurückzuführen, insofern ist die Angabe der Schlußkurse trotzdem als ausreichende Angabe der Uhrzeit zu werten.

cc) Ergebnis

Zu jedem in der Finanzanalyse angegebenen Preis eines Finanzinstrumentes ist das Datum und die Uhrzeit der Feststellung des Preises bzw. der Preise anzugeben. Dabei genügt hinsichtlich der Uhrzeit eine klarstellende Bezeichnung der Kurse als Schlußkurse.

---

[386] Begr. FinAnV, S. 7.

[387] Nr. 105 lautet „the relevant dates and times for any financial instrument prices mentioned (e.g. „closing prices on 3 May")"; CESR/02.089b.

c) § 4 IV Nr. 3 FinAnV – vorgesehene Aktualisierungen

aa) Zeitliche Bedingungen vorgesehener Aktualisierungen und deren Änderung nach § 4 IV Nr. 3 FinAnV

Gem. § 4 IV Nr. 3 FinAnV ist die Angabe der zeitlichen Bedingungen vorgesehener Aktualisierungen in die Finanzanalyse aufzunehmen. Zeitliche Bedingungen beschreiben üblicherweise bei periodisch wiederkehrenden Ereignissen deren Frequenz, ansonsten ist anzugeben, von welchen Ereignissen diese Aktualisierungen abhängen. Vorgesehene Aktualisierungen sind dann gegeben, wenn eine fortlaufende Beobachtung und Berichterstattung zu einem Finanzinstrument, sog. Coverage, geplant ist. Die Änderungen solcher bereits angekündigter Bedingungen sind ebenfalls anzugeben. Sollten sich also die zeitlichen Bedingungen ändern, die Aktualisierungen beispielsweise nicht mehr fortgeführt werden, ist dies in der Finanzanalyse mitzuteilen.

Denkbar ist folgender Fall: Zu einem bestimmten Finanzinstrument sind Aktualisierungen der Finanzanalyse im zweimonatigen Rhythmus geplant und auch angekündigt. Nach einem halben Jahr wird die Beobachtung des Werts eingestellt. Allein aus dem Wortlaut des § 4 IV Nr. 2 FinAnV ist nicht klar, ob hier eine zusätzliche Veröffentlichung erforderlich ist, um die Einstellung der Coverage mitzuteilen.

Ebenso offen ist die Frage, ob bei der Vorstellung einer Anlageidee, zu der keine weitere Coverage beabsichtigt ist, dies anzugeben ist. Gleichfalls unklar ist die Beurteilung, wenn die Möglichkeit der Aktualisierung bei aufsehenerregenden Entwicklungen in Betracht gezogen wird. Auch hier könnte die Absicht der Aktualisierung anzugeben sein.

Festzuhalten ist, dass sämtliche Angaben in der Finanzanalyse selbst erfolgen müssen. Dies gilt auch für die Änderungen bereits angekündigter Aktualisierungsbedingungen. Daraus folgt, dass keine außerordentlichen Veröffentlichungen bei der Änderung der Bedingungen erforderlich sind.

Aus den Materialien zur Entstehung des § 4 IV Nr. 3 FinAnV ergibt sich, dass dieser der Umsetzung des Art. 4 I d RL dient. Darüber hinaus wird präzisiert, dass unter den zeitlichen Bedingungen vorgesehener Aktualisierungen beispielsweise ein regelmäßiger Aktualisierungsturnus, die Häufigkeit von Updates oder die zeitliche Abhängigkeit von bestimmten Ereignissen zu verstehen ist. Wurden bereits Angaben zu geplanten Aktualisierungen gemacht und dann geändert, ist dies offenzulegen. Gleiches gilt für die gänzliche Einstellung der Aktualisierung entgegen vorheriger Ankündigung.[388]

Diese Vorgaben des Verordnungsgebers werfen allerdings das Problem auf, wie die Einstellung der geplanten Aktualisierungen zu kommunizieren ist, wenn keine weiteren Aktualisierungen und damit keine weiteren Finanzanalysen mehr zu

[388] Begr. FinAnV, S. 7.

dem Wert veröffentlicht werden. Möglicherweise ist die Einstellung dann separat zu veröffentlichen. Diesbezüglich ist ein Blick zu den US-amerikanischen Regelungen hilfreich. Die NYSE und NASD Rules regeln anstelle der Aktualisierung der Finanzanalysen nur die Einstellung der Coverage, diese dafür um so detaillierter. So ist ein Analyst, der plant, die Coverage eines bestimmten Wertes einzustellen, zum Hinweis auf die Einstellung und zur Veröffentlichung eines abschließenden Research Report verpflichtet, der in Umfang und Detail sowie der Verbreitungsmethode den zuvor veröffentlichten Research Reports entspricht.[389] Dabei sind Ausnahmen vorgesehen, falls beispielsweise der zuständige Analyst das Unternehmen verlassen hat oder die Coverage des gesamten Sektors eingestellt wird.

So wünschenswert eine vergleichbare Regelung in Deutschland auch sein mag, der Wortlaut der Norm ist dafür zu eng. Aus der Pflicht zur Angabe entsprechender Änderungen eine Pflicht zur Veröffentlichung einer letzten Finanzanalyse zu entnehmen, in der auf die Einstellung der Coverage hingewiesen wird und die Coverage zu einem Abschluß gebracht wird, ginge deutlich über die Grenzen der Auslegung hinaus. Mithin kann nur erwartet werden, dass die Verantwortlichen im Interesse der Kundenbindung entsprechende Maßnahmen ergreifen.

Auch die Angabe der geplanten Aktualisierungen ist für Anleger und Verantwortliche von Vorteil. So kann das Augenmerk bereits auf die erwarteten Aktualisierungen gerichtet werden und es ist erkennbar, welche maximale Gültigkeitsdauer die Finanzanalysen haben können. Denn spätestens bei der nächsten erwarteten Aktualisierung sind die Angaben der vorherigen Finanzanalyse veraltet.

bb) Richtlinienkonforme Auslegung nach Art. 4 I d RL 2003/125/EG

... Bezug genommen wird auf die gegebenenfalls vorgesehene Häufigkeit einer Aktualisierung der Empfehlung und auf etwaige Änderungen der zuvor angekündigten Zielsetzung.

... reference is made to the planned frequency, if any, of updates of the recommendation and to any major changes in the coverage policy previously announced.

... il est fait référence à la fréquence prévue, le cas échéant, des mises à jour de la recommandation ainsi qu'à toute modification importante de la politique de couverture précédemment annoncée.

... se haga, en su caso, referencia a la frecuencia prevista de las puestas al día de la recomendación y a cualquier cambio importante en la política de cobertura previamente anunciada.

Die bereits erwähnte Vorgabe, der Art. 4 I d RL, regelt die Bezugnahme auf die Häufigkeit der Aktualisierungen, d.h. die Frequenz der geplanten Aktualisierungen oder deren Abhängigkeit von gewissen Faktoren. Aus der Wahl des Wortes

[389] NASD Rule 2711 (f)(5) bzw. NYSE Rule 472 (f)(6).

„frequency“ bzw. „fréquence“ und „frecuencia“ läßt sich möglicherweise auf eine wiederkehrende Aktualisierung schließen. Denkbar ist also, dass ein Hinweis nur dann erforderlich ist, wenn tatsächlich mehr als nur eine einmalige Aktualisierung vorgesehen ist. Im übrigen zeigt der Zusatz „ggf.“, der sich in sämtlichen untersuchten Sprachfassungen wiederfindet, dass diese Angabe nur dann erforderlich ist, wenn tatsächlich zukünftige Aktualisierungen vorgesehen sind.
Im Rückschluß aus Art. 4 II RL ist diese Angabe in jedem Fall in der Empfehlung selbst zu machen. Auf den ersten Blick erschließt sich allerdings die Pflicht zum Hinweis auf Änderungen der geplanten Aktualisierung nicht, da die Aktualisierungshäufigkeit ohnehin in jeder Empfehlung aufs Neue anzugeben ist. Ein Anwendungsbereich für diese Pflicht ist nur dann gegeben, wenn die Änderungen zusätzlich als solche zu kennzeichnen sind.
Die Regelung ist zurückzuführen auf Nr. 105 des CESR-Consultation Paper[390], dessen Wortlaut bereits in weiten Teil dem jetzigen des Art. 4 I d RL entsprach. Als Beispiel für eine Änderung der Aktualisierungspläne wurde die Einstellung der Coverage genannt. Nach dem Feedback wurde der Zusatz „ggf.“ aufgenommen und so den Verantwortlichen ermöglicht, keinerlei Angaben zu machen, wenn keine Aktualisierung vorgesehen ist.
Durch die Angabe der geplanten Häufigkeit der Aktualisierungen erhält der Anleger eine klarere Vorstellung davon, für welchen Zeitraum die Bewertung des Analysten höchstens gilt. Dies ist hinsichtlich der Dokumentationspflicht auch für die Verantwortlichen von Vorteil. Darüber hinaus ist die Verfolgung der Strategie des Analysten einfacher möglich und es ist anzunehmen, dass ein Analyst bei dauerhafter und kontinuierlicher Beschäftigung mit einem Wert besondere Kenntnisse und Erfahrungswerte sammeln konnte.

Nach Art. 4 I d RL sind also die vorgesehenen Aktualisierungen in Abhängigkeit von bestimmten Ereignissen oder zeitlich wiederkehrend anzugeben, aber nur, wenn solche Aktualisierungen auch tatsächlich geplant sind. Ist keine weitere Verfolgung des Werts geplant, sind keine Angaben erforderlich. Wurden bereits Angaben zur geplanten Häufigkeit der Aktualisierung gemacht und in Folge geändert, ist auf diese Änderung ausdrücklich hinzuweisen.

cc) Ergebnis

Die Termine bzw. Ereignisse, von denen die Aktualisierung einer Finanzanalyse abhängt, sind anzugeben, falls eine Aktualisierung geplant ist. Die Änderungen

[390] CESR-Consultation Paper Nr. 105 lautet „that reference is made to the planned frequency of updates of the relevant information or any changes in the coverage policy previously announced (e.g. a decision to stop coverage).“, CESR/02.089b.

solcher bereits zuvor mitgeteilten Aktualisierungspläne sind als solche zu kennzeichnen und ebenfalls in die Finanzanalyse aufzunehmen.

Für die beschriebenen Fallgruppen bedeutet dieses Ergebnis, dass das alle zwei Monate geplante Update anzugeben ist. Ist die Absicht, die Coverage einzustellen, bei der Veröffentlichung der letzten Finanzanalyse bereits bekannt, ist darauf hinzuweisen und zwar unter Kennzeichnung der Angabe als Änderung der zuvor angekündigten Pläne. Andernfalls ist keine zusätzliche Veröffentlichung bzgl. der Einstellung erforderlich. Zugunsten des Anlegers ist aber zumindest eine kurze Mitteilung über das gleiche Medium, das zuvor die Finanzanalysen verbreitete, ratsam, da die Aktualisierungsangaben ansonsten wenig verläßlich sind.
Ist bereits bei der Veröffentlichung der Finanzanalyse keine weitere Coverage vorgesehen, bedarf es keiner Angaben. Es ist durchaus üblich, dass Finanzanalysen sich auf Anlagevorschläge oder -anreize beschränken.
Bei noch unbestimmten Plänen zur Aktualisierung sollte auf Angaben verzichtet werden, insbesondere falls diese ansonsten zu vage ausfielen, um von Nutzen zu sein. Ist der Bezugspunkt der Aktualisierung nicht klar genug, ist dem Anleger mit entsprechenden Angaben nicht geholfen.

d) § 4 IV Nr. 4 FinAnV – Hinweis auf Abweichungen der letzten zwölf Monate

Gem. § 4 IV Nr. 4 FinAnV ist auf den Zeitpunkt eigener Finanzanalysen zum gleichen Finanzinstrument hinzuweisen, die eine abweichende Empfehlung für eine bestimmte Anlageentscheidung enthielten und innerhalb der letzten zwölf Monate abgegeben wurden.

aa) Hinweis auf Abweichungen der letzten zwölf Monate nach § 4 IV Nr. 4 FinAnV

Zunächst ist fraglich, wann genau ein Hinweis nach § 4 IV Nr. 4 FinAnV erforderlich ist. Auslöser ist eine abweichende Empfehlungen für Anlageentscheidungen, die bei einer direkten Empfehlung noch recht einfach durch ein anderes Votum erkennbar sein mag, während sich bei indirekten Empfehlungen die Identifikation allerdings deutlich schwieriger gestalten kann. Dann könnte bereits eine minimale Änderung des Kursziels eine abweichende Empfehlung darstellen. Der Hinweis bezieht sich auf den Zeitpunkt „eigener Finanzanalysen", d.h. sämtlicher relevanten Finanzanalysen der vergangenen zwölf Monate. Die konkrete Ausgestaltung des Hinweises ist offen gelassen. So kann beispielsweise nur darauf hingewiesen werden, dass zu bestimmten Zeitpunkten anderslautende Empfehlungen abgegeben wurden oder aber der Hinweis kann zusätzliche Informationen zu den früheren Finanzanalysen enthalten.

Fraglich ist beispielsweise, wie ein Analyst zu bewerten ist, der eine implizite Anlageempfehlung abgibt, die er vier Monate später an die verschlechterte Situation des Emittenten anpaßt. Darin könnte bereits eine Abweichung im Sinne des § 4 IV Nr. 4 FinAnV liegen. Aber selbst bei expliziten Empfehlungen gibt es potentielle Unklarheiten: Viele Analystenhäuser benutzen abgestufte Votensysteme wie beispielsweise „Strong / Moderate Buy, Hold, Moderate / Strong Sell". Fraglich ist, wann genau hier von einer Abweichung zu sprechen ist – bereits bei einer Änderung von Strong zu Moderate Buy oder erst dann, wenn eine Änderung der Kategorien Buy – Hold – Sell erfolgt.

Im Kontext der FinAnV sind auch andere Regelungen mit ähnlichen Anknüpfungspunkten zu finden, so beispielsweise § 7 II 2 FinAnV. Auch dort wird die Änderung einer Empfehlung in Form einer Änderung der empfohlenen Anlageentscheidung geregelt. Dazu nennt der Verordnungsgeber als Beispiel die Änderung der Empfehlung von „Kauf" zu „Halten" oder „Verkauf".[391] Nach § 34b I 1 WpHG ist unter der Empfehlung für eine bestimmte Anlageentscheidung der Vorschlag einer bestimmten Handlung, also des Erwerbs, Haltens oder Veräußerns der Anlage zu verstehen. Entsprechend muß die Empfehlung bei einer Änderung auf eine andere Handlung lauten. Allerdings ist nach dem Wortlaut eine „abweichende Empfehlung" entscheidend, so dass der Bezug wiederum offen bleibt.
Aus den Materialien zur Entstehung der Norm ergibt sich aber, dass maßgebliche Änderungen nur solche der in der Finanzanalyse enthaltenen Empfehlung sind.[392] Darüber hinaus darf sich danach der erforderliche Hinweis nicht in einer bloßen Angabe des Zeitpunkts erschöpfen, sondern muß auch eine kurze inhaltliche Beschreibung der Änderung umfassen.
Der hier vorgeschriebene Hinweis ermöglicht es dem Anleger, mittels früherer Finanzanalysen mit abweichender Empfehlung seine Schlüsse zu ziehen, worauf der Analyst seine Voten primär gestützt hat, ob beispielsweise die Bewertungsgrundlagen geändert wurden o.ä.. Allerdings ist fraglich, ob diese Möglichkeiten tatsächlich genutzt werden und vor allem, ob Anleger, die zu umfangreichen Recherchen bereit sind, diese Angaben unbedingt in der Finanzanalyse selbst benötigen.
Je nach Gestaltung ist aber durchaus der Nutzen der Angaben erkennbar. Sollten Verantwortliche beispielsweise dem in den USA vorgeschriebenen Format folgen, wäre ein direkter Vergleich zwischen dem Kursverlauf und der Reaktion des Analysten darauf zu erkennen. Nach der NASD Rule 2711 (h)(6) ist ein Chart des zeitlichen Kursverlaufs aufzunehmen, in dem die Zeitpunkte abwei-

---

[391] Begr. FinAnV, S. 16.
[392] Begr. FinAnV, S. 8.

chender Empfehlungen zu markieren sind. Dabei sind auch die entsprechenden Voten anzugeben.[393]

bb) Richtlinienkonforme Auslegung nach Art. 4 I f RL 2003/125/EG

... wenn sich die Empfehlung von derjenigen, die in den zwölf Monaten unmittelbar vor ihrer Veröffentlichung für dasselbe Finanzinstrument oder denselben Emittenten erstellt wurde, unterscheidet, auf den Zeitpunkt der früheren Empfehlung klar und unmissverständlich hingewiesen wird.

... where a recommendation differs from a recommendation concerning the same financial instrument or issuer, issued during the 12-month period immediately preceding its release, this change and the date of the earlier recommendation are indicated clearly and prominently.

... lorsqu'une recommandation diffère d'une recommandation concernante le même instrument financier ou le même émetteur émise au cours des douze mois précédents, ce changement et la date de cette recommandation antérieure sont indiqués clairement et d'une façon bien apparente.

... cuando una recomendación difiera de otra referente al mismo instrumento financiero o emisor, realizada a lo largo del periodo de doce meses que preceda inmediatamente a su emisión, este cambio y la fecha de la anterior recomendación se indicarán de manera clara y prominente.

Bei dem nach Art. 4 I f RL erforderlichen Hinweis ist fraglich, wann genau sich eine Empfehlung von einer anderen unterscheidet bzw. von ihr abweicht. Dabei könnte auf inhaltliche Abweichungen, Unterscheidungen in der Sachverhaltsbasis oder aber auf das Votum abgestellt werden. Nach der deutschen Fassung ist auf den Zeitpunkt der abweichenden Empfehlung hinzuweisen. Nach der englischen, französischen und spanischen Fassung tritt zur Angabe des Datums auch die Angabe der Abweichung, so dass der Hinweis im Rahmen der einheitlichen Auslegung der Sprachfassungen auf diese auszuweiten ist. Darüber hinaus ist unklar, ob sich die Hinweispflicht nur auf die letzte Empfehlung vor der aktuellen bezieht oder sämtliche Empfehlungen der letzten zwölf Monate eingeschlossen sind. Während die deutsche Fassung „von derjenigen" Empfehlung, also der relevanten vorausgegangenen, ausgeht, sprechen die englische und die französische Fassung von „einer" Empfehlung und die spanische Fassung von „einer anderen". Der Gebrauch des unbestimmten Artikels in den anderen Sprachfassungen zeigt, dass in der Gesamtbetrachtung der Sprachfassungen nicht nur auf die letzte vorangegangene abweichende Empfehlung, sondern auf sämtliche relevanten Empfehlungen der letzten zwölf Monate abzustellen ist.

Die Systematik der RL enthält keine weiterführenden Ansatzpunkte zum Bezug der Abweichung. Eine Empfehlung im Sinne der RL entspricht dem Begriff der Finanzanalyse nach § 34b I 1 WpHG. Die konkret enthaltene Empfehlung wird

---

[393] Eine inhaltlich ähnliche Regelung, aber ohne die Angabe der einzelnen Voten im Chart, findet sich in der NYSR Rule 472 (k)(1)(i)(h.).

als Anlageempfehlung oder Empfehlung für eine bestimmte Anlageentscheidung bezeichnet, Art. 1 Nr. 4 RL. Damit läßt sich die Art der Abweichung bzw. deren Bezugspunkt nicht ermitteln.
Der ursprüngliche Vorschlag des CESR war diesbezüglich deutlich klarer: Danach sollten unterschiedliche Empfehlungen im Sinne von Voten angegeben werden.[394] Nach dem Feedback wurde die zeitliche Dimension von drei Jahren auf zwölf Monate abgeschwächt. Relevant waren im übrigen nur die letzten Empfehlungen vor den aktuellen, also die „aktuellsten Abweichungen", ohne auf die übrigen vorangehenden und abweichenden Empfehlungen einzugehen.[395] Eine Vermischung der Termini fand erst im Entwurf der Kommission für den EWA statt, so dass die Abweichung nicht mehr klar auf das Votum, sondern aus dem Wortlaut heraus auf jegliche Änderung bezogen sein konnte.[396] Allerdings wurden keine Gründe dafür angegeben und sind auch nicht erkennbar. Daher ist davon auszugehen, dass es sich um redaktionelle Unschärfen handelt, die übersehen wurden. Entscheidend ist daher weiterhin die Abweichung im Votum. Der zeitliche Bezug wurde im Laufe der Erarbeitung der Norm auf die letzten zwölf Monate erweitert, so dass nicht mehr nur die der aktuellen Empfehlung vorangehende abweichende Empfehlung relevant ist.
Die Angaben nach Art. 4 I f RL zeigen dem Anleger, wie stabil das Finanzinstrument in der Vergangenheit war bzw. wie konstant die Bewertung der Analysten war. Darüber hinaus ist im Vergleich mit dem Kursverlauf erkennbar, inwieweit der Analyst auf Kursveränderungen reagiert hat und vor allem wie.

Wurden also in den zwölf Monaten vor der aktuellen Empfehlung andere Empfehlungen mit abweichendem Votum verbreitet, sind die Änderung und der Zeitpunkt der anderen Empfehlungen anzugeben.

cc) Ergebnis

Falls in den zwölf Monaten vor der Veröffentlichung der Finanzanalyse andere Finanzanalysen mit anderem Votum veröffentlicht wurden, ist auf diese hinzuweisen. Dabei ist in richtlinienkonformer Auslegung sowohl auf den Zeitpunkt der Veröffentlichung der anderen Finanzanalyse als auch kurz auf die inhaltliche Änderung Bezug zu nehmen.

---

[394] CESR-Consultation Paper Nr. 105, „that any change in recommendation used or rating issued over the previous three years is indicated clearly and prominently", CESR/02.089b.

[395] CESR-Advice Nr. 88 lautet „that the most recent change in recommendation or rating issued, if such change occurred over the previous twelve months, is indicated clearly and prominently", CESR/02-089d.

[396] Art. 4 I: „where there is or has been a change in the recommendation issued, the date of this recommendation, if such a change occurred over the previous twelve months, is indicated clearly and prominently", Working Document ESC 13/2003.

Auf den eingangs beschriebenen Fall bezogen, ist ein Hinweis bzgl. des geänderten Preisziels erst dann erforderlich, wenn darin eine geänderte Handlungsempfehlung liegt. Hinsichtlich der abgestuften Voten ist eine Änderung ebenfalls erst dann anzuzeigen, wenn eine geänderte Handlungsempfehlung vorliegt. Abstufungen in der Intensität der Empfehlungen zwingend anzugeben, führt zu weit und benachteiligt Analysten mit differenzierterem Votensystem.

D. Zusammenfassende Bewertung

Mit § 34b WpHG und seinen gemeinschaftsrechtlichen Vorgaben wurde die auf europäischer Ebene gesuchte Eigenständigkeit von den US-amerikanischen Regeln gefunden. Im Gegensatz zu den äußerst detaillierten Regelungen der NASD und NYSE, die eine Vielzahl von Verboten mit entsprechend vielfältigen Ausnahmen enthalten, setzte man auf Gemeinschaftsebene v.a. auf Transparenz. Diese Konzeption der RL 2003/125/EG hat den Vorteil, dass möglichst wenig in die Geschäftstätigkeit der Finanzintermediäre eingegriffen wird, der Anleger sich aber dennoch ein Bild der herrschenden Verhältnisse machen kann. Zwar sind bereits auf EG-Ebene einige Lücken zu konstatieren, wie beispielsweise eine fehlende Regelung zur geplanten Einstellung der Coverage eines Werts. In anderen Bereichen dagegen wurden möglicherweise zu umfangreiche Vorgaben erstellt, deren Nutzen sich mithin nicht immer erschließt. Zu den letzteren ist insbesondere die Aufnahme einer Zusammenfassung der Bewertungsgrundlagen und -methoden in Finanzanalysen zu zählen.

Auf der Ebene des angeglichenen Rechts bringt die in ihrer Systematik abweichende Umsetzung der RL 2003/125/EG für den persönlichen Anwendungsbereich in Kombination mit der Definition der Finanzanalyse eine so nicht intendierte Ausweitung des persönlichen Anwendungsbereichs der FinAnV mit sich. Deren Regelungen sind, entgegen der in § 1 II FinAnV aufgeführten Einschränkungen, bei jeglicher Form der Empfehlung auch auf andere als die „qualifizierten Personen" des § 1 II Nr. 1-5 FinAnV zumindest zur Konkretisierung heranzuziehen. Hier bedarf es der Nachbesserung. Im übrigen ist manche nominelle Übererfüllung in der Umsetzung der gemeinschaftsrechtlichen Vorgaben im Hinblick auf die richtlinienkonforme Auslegung auf die ursprüngliche Intention des historischen Gemeinschaftsgesetzgebers zu reduzieren. Hier ist insbesondere auf den Konflikt zwischen der nach § 3 II FinAnV geforderten exzessiven Zuverlässigkeitsprüfung sämtlicher Informationsquellen und dem Bedürfnis des Anlegers nach aktueller Information zu verweisen.

Sämtliche der hier untersuchten Normen sind stets auch unter dem Gesichtspunkt der entstehenden Kosten zu betrachten. Das eingangs bereits angedeutete Risiko der Einstellung der Erarbeitung bzw. der Verbreitung von Finanzanalysen darf nicht unterschätzt werden. Gerade in Bezug auf die zu erhebenden Daten und die Dokumentationspflichten sind die finanziellen Konsequenzen für die verantwortlichen Personen und Unternehmen zu berücksichtigen. Nicht zuletzt für Kreditinstitute und Finanzdienstleistungsinstitute, deren Finanzanalysen bekanntermaßen besondere Marktwirkung haben, stellt sich schnell die Frage der Rentabilität eigener Analyseabteilungen.

Auch wenn diesen ökonomischen Erwägungen bei der Auslegung der untersuchten Normen Rechnung getragen wird, verbessert sich die Position des Anlegers immer noch deutlich. Dem Anleger wird durch die so gewährleistete Transparenz die Möglichkeit gegeben, seine Anlageentscheidung auf der Grundlage bestmöglicher Informationen zu treffen. Nur so ist der Aufbau bzw. die Wiederherstellung des in den letzten Jahren verlorenen Vertrauens möglich. Dies könnte in Zukunft zur Akzeptanz der Finanzanalyse als Dienstleistung führen, die direkt zu vergüten ist. Insgesamt verdienen die vorliegend untersuchten Normen durchaus den Namen Anlegerschutzverbesserungsgesetz.

Literaturverzeichnis

Achleitner, Ann-Kristin / Pietzsch, Luisa: Investor Relations – Kommunikation und Erwartungsmanagement, in: Hungenberg, Harald / Meffert, Jürgen (Hrsg.), Handbuch Investment Banking, S. 349, 3. Auflage, Wiesbaden 2002.

Achleitner, Ann-Kristin / Pietzsch, Luisa: Finanzanalysten als Kapitalmarktmultiplikatoren, in: Wirtschaftsprüfung und Unternehmensüberwachung, Festschrift für Wolfgang Lück, S. 33, Düsseldorf 2003.

Akerlof, George A.: The Market for „Lemons": Quality Uncertainty and the Market Mechanism, Quarterly Journal of Economics, 84 (1970), 488.

Alisch, Katrin (Hrsg.): Gabler-Wirtschafts-Lexikon, 16. Auflage, Wiesbaden 2004.

Ammann, Helmut / Müller, Stefan: IFRS – International Financial Reporting Standards, Berlin 2004.

Arnold, John / Moizer, Peter: A Survey of the Methods Used by UK Investment Analysts to Appraise Investments in Ordinary Shares, Accounting & Business Research, 14 (1984), 195.

Assmann, Heinz-Dieter: Konzeptionelle Grundlagen des Anlegerschutzes, ZBB 1989, 49.

Assmann, Heinz-Dieter / Schneider, Uwe H.: Wertpapierhandelsgesetz – Kommentar, 3. Auflage, Köln 2003, zitiert: Assmann/Schneider – Bearbeiter.

Assmann, Heinz-Dieter / Schütze, Rolf A.: Handbuch des Kapitalanlagerechts, 2. Auflage, München 1997, zitiert: Assmann/Schütze – Bearbeiter.

AWV – Arbeitsgemeinschaft für wirtschaftliche Verwaltung e.V. (Hrsg.): Aufbewahrungspflichten und -fristen nach Handels- und Steuerrecht, 8. Auflage, Berlin 2002.

Bamberger, Georg / Roth, Herbert (Hrsg.): Kommentar zum Bürgerlichen Gesetzbuch, Band 2 (Aktualisierungsdienst 2004), München 2003, 2004, zitiert: Bamberger/Roth – Bearbeiter.

Baum, Gerhart R./ Reiter, Julius F.: Gesetzgeberischer Nachholbedarf für einen verbesserten Anlegerschutz – Die Schuldrechtsnovelle bleibt weit hinter dem gebotenen Verbraucherschutz zurück, BKR 2002, 851.

Beck, Heiko / Seitz, Jochen: Kapitalmarkt und Börse, in: Breuer, Rolf-E. (Hrsg.), Handbuch Finanzierung, S. 31, 3. Auflage, Wiesbaden 2001.

Behringer, Stefan: Cash-flow und Unternehmensbeurteilung, 8. Auflage, Berlin 2003.

Beike, Rolf: Index-Zertifikate, Stuttgart 1999.

Berkenbusch, Kathrin: Grenzüberschreitender Informationsaustausch im Banken-, Versicherungs- und Wertpapieraufsichtsrecht, Baden-Baden 2004.

Bernet, Beat: Institutionelle Grundlagen der Finanzintermediation, München 2003.

Beulke, Werner: Strafprozeßrecht, 8. Auflage, Heidelberg 2005.

Binder, Jens-Hinrich: Die geplante deutsche Allfinanzaufsicht und der britische Prototyp – ein vergleichender Blick auf den deutschen Referentenentwurf, WM 2001, 2230.

Binkowski, Peter / Beecks, Helmut: Finanzinnovationen, 3. Auflage, Bonn 1995.

Boos, Karl-Heinz / Fischer, Reinfried / Schulte-Mattler, Hermann: Kreditwesengesetz – Kommentar, 2. Auflage, München 2004.

Born, Karl: Bilanzanalyse international, 2. Auflage, Stuttgart 2001.

Brinkhaus, Josef / Scherer, Peter: Gesetz über Kapitalanlagegesellschaften, Auslandsinvestment-Gesetz, Kommentar, München 2003.

Büschgen, Hans-Egon: Finanzinnovationen – Ein Überblick, in: Gutowski, Armin (Hrsg.), Neue Instrumente an den Finanzmärkten: Geldpolitische und bankenaufsichtliche Aspekte, S. 9, Berlin 1988.

Bussiek, Jürgen / Fraling, Rolf / Hesse, Kurt: Unternehmensanalyse mit Kennzahlen, Wiesbaden 1993.

Caspari, Karl-Burkhard: Allfinanzaufsicht in Europa, Bonn 2003.

Claussen, Carsten Peter: Bank- und Börsenrecht, 3. Auflage, München 2003.

Coenenberg, Adolf Gerhard: Jahresabschluss und Jahresabschlussanalyse, 19. Auflage, Stuttgart 2003.

Cohen, Benjamin H. / Crockett, Andrew D.: Finanzmärkte und Systemrisiko in Europa, in: Hummel, Detlev / Breuer, Rolf E. (Hrsg.), Handbuch Europäischer Kapitalmarkt, S. 33, Wiesbaden 2001.

Cottle, Sidney / Murray, Roger F. / Block, Frank E.: Graham and Dodd's Wertpapieranalyse, 5. Auflage, Darmstadt 1992.

Derleder, Peter / Knops, Kai-Oliver / Bamberger, Heinz Georg (Hrsg.): Handbuch zum deutschen und europäischen Bankrecht, Berlin, Heidelberg 2004.

Deutscher Sparkassen- und Giroverband e.V. (Hrsg.) (DSG): Derivate Finanzinstrumente in der Praxis, Stuttgart 1997.

Dimson, Elroy / Mussavian, Massoud: A brief history of market efficiency, European Financial Management, Vol. 4, No. 1, 1998, p. 91.

Disselkamp, Marcus: Überblick über die Kennzahlen für die Bilanzanalyse, AiB 2003, 303.

Döring, Claus: Finanzpresse und Finanzanalysten, in: Rolke, Lothar / Wolff, Volker (Hrsg.), Finanzkommunikation, S. 118, Frankfurt/Main 2000.

Ebenroth, Carsten Thomas / Boujong, Karlheinz / Joost, Detlev (Hrsg.): Handelsgesetzbuch – Kommentar, München 2001, zitiert: Ebenroth/Boujong/Joost – Bearbeiter.

Eberts, M.: Das Berufsbild des Finanzanalysten in der Bundesrepublik Deutschland, Darmstadt 1986.

Edwards, Robert D. / Magee, John: Technische Analyse von Aktientrends, Darmstadt 1988.

Ehricke, Ulrich: Die richtlinienkonforme und die gemeinschaftskonforme Auslegung nationalen Rechts, RabelsZ 59 (1995), 598.

Eller, Roland / Dreesbach, Stefan: Technische und quantitative Wertpapieranalyse, Stuttgart 1997.

Esser, Werner: Das Börsenlexikon, Frankfurt/Main 2000.

Faitz, Christian: Wer sind Analysten, und wie arbeiten sie?, in: Rolke, Lothar / Wolff, Volker (Hrsg.), Finanzkommunikation, S. 171, Frankfurt/Main 2000.

Fama, Eugene F.: Efficient Capital Markets: A Review of Theory and Empirical Work, 1970 Journal of Finance 25,1, p. 383.

Fischer, Leonhard: Unternehmensanleihen – eine Alternative zur Kreditfinanzierung?, S. 251, in: Breuer, Rolf-E. (Hrsg.), Handbuch Finanzierung, 3. Auflage, Wiesbaden 2001.

Fleckner, Andreas: Finanztermingeschäfte in Devisen, ZBB 2005, 96.

Fleischer, Holger: Empfiehlt es sich, im Interesse des Anlegerschutzes und zur Förderung des Finanzplatzes Deutschland das Kapital- und Börsenrecht neu zu regeln?, Gutachten F für den 64. Deutschen Juristentag, München 2002.

Frantzen, Christopher: Genußscheine, Köln, Berlin, Bonn, München 1993.

Frost, A.J. / Prechter, R.R.: Das Elliot-Wellen-Prinzip, Haar 1989.

Gerke, Wolfgang: Kapitalmärkte – Funktionsweisen, Grenzen, Versagen, in: Hungenberg, Harald / Meffert, Jürgen (Hrsg.), Handbuch Investment Banking, S. 215, 3. Auflage, Wiesbaden 2002.

Göcken, Ursula / Schulte, Karl-Werner: Fundamentale Aktienanalyse, Köln 1990.

Golland, Frank / Gehlhaar, Lars / Grossmann, Klaus / Eickhoff-Kley, Xenia / Jänisch, Christian: Mezzanine-Kapital, BB-Special 2005, Heft 4, 1.

Grundmann, Stefan: Richtlinienkonforme Auslegung im Bereich des Privatrechts – insbesondere: der Kanon der nationalen Auslegungsmethoden als Grenze?, ZEuP 1996, 399.

Habersack, Mathias: Genußrechte und sorgfaltswidrige Geschäftsführung, ZHR 155 (1991), 378.

Hadeler, Thorsten / Winter, Eggert (Hrsg.): Gabler Wirtschaftslexikon, 15. Auflage, Wiesbaden 2000.

Hanker, Peter: Innovative Produktgestaltung im Wertpapiergeschäft, Bankinformation, 2/1994, 63.

Hasewinkel, Volker: Geldmarkt und Geldmarktpapiere, Frankfurt 1993.

Hax, Georg: Informationsintermediation durch Finanzanalysten, Frankfurt/Main 1998.

Heidrich, Jörn: Verbraucherschutz in der Kreditwirtschaft, Frankurt/Main 2000.

Henze, Jana: Was leisten Finanzanalysten?, Köln 2004.

Heussinger, Werner H. / Klein, Marc / Raum, Wolfgang: Optionsscheine, Optionen und Futures, Wiesbaden 2000.

Hieke, Anneliese: Kurspflege durch Meinungspflege – Macht und Ohnmacht der Anleger, in: Rolke, Lothar / Wolff, Volker (Hrsg.), Finanzkommunikation, S. 195, Frankfurt/Main 2000.

Hildebrandt, Mathias: Die europäische Aufsicht über Finanzdienstleister zwischen zentraler und dezentraler Rechtsetzung und Rechtsdurchsetzung, Hamburg 2004.

Hockmann, Heinz J. / Thießen, Friedrich (Hrsg.): Investment Banking, Stuttgart 2002.

Horn, Norbert: Europäisches Finanzmarktrecht. Entwicklungsstand und rechtspolitische Aufgaben, München 2003.

Hruby, Paul Walter: Kritische Betrachtung der Chart-Analyse, Erlangen-Nürnberg 1991.

Hüffer, Uwe: Aktiengesetz – Kommentar, 6. Auflage, München 2004.

Joerges, Christian / Falke, Josef (Hrsg.): Das Ausschußwesen der Europäischen Union, Baden-Baden 2000.

Kalss, Susanne: Anlegerinteressen, Wien 2001.

Kämmerer, Jörn Axel / Veil, Rüdiger: Analyse von Finanzinstrumenten (§ 34b WpHG) und journalistische Selbstregulierung, BKR 2005, 379.

Keßler, Jürgen: Anlegerschutz und Kapitalmarkteffizienz – eine ökonomische Analyse, in: Keßler, Jürgen / Micklitz, Hans W., Anlegerschutz in Deutschland, Schweiz, Großbritannien, USA und der Europäischen Gemeinschaft, S. 11, Baden-Baden 2004.

Kiehling, Hartmur: Börsenpsychologie und Behavioral Finance, München 2001.

Kirsch, Hanno: Rentabilitätsanalysen auf Basis eines IAS/IFRS-Abschlusses, BB 2004, 261.

Klein, Stefan: Aktien-Analysemethoden versus Effizienzmarkttheorie, Lohmar 1999.

Köhler, Horst / Bornkamm, Joachim: Baumbach/Hefermehl – Wettbewerbsrecht, 23. Auflage, München 2004, zitiert: Baumbach/Hefermehl – Bearbeiter.

Kropff, Bruno / Semler, Johannes (Hrsg.): Münchener Kommentar zum Aktienrecht, Bd. 1, 2. Auflage, München 2000, zitiert: MüKo-Aktienrecht – Bearbeiter.

Kümpel, Siegfried: Bank- und Kapitalmarktrecht, 3. Auflage, Köln 2004.

Kußmaul, Heinz: Finanzierung über Zero-Bonds und Stripped Bonds, BB 1998, 1868.

Lang, Norbert: Das neue Investmentgesetz und das fehlende Anlegerleitbild des Gesetzgebers, VuR 2004, 201.

Lang, Volker: Informationspflichten bei Wertpapierdienstleistungen, München 2003.

Lange, Markus: Informationspflichten von Finanzdienstleistern, Berlin 2000.

Larenz, Karl: Methodenlehre der Rechtswissenschaft, 6. Auflage, Berlin, Heidelberg, New York 1991.

Lenenbach, Markus: Kapitalmarkt- und Börsenrecht, Köln 2002.

Lenz, Carl Otto / Borchardt, Klaus-Dieter (Hrsg.): EU- und EG-Vertrag, Kommentar, 3. Auflage, Köln 2003, zitiert: Lenz/Borchardt – Bearbeiter.

Loss, Louis: Der Schutz der Kapitalanleger, ZHR (1967) 129, 197.

Luttermann, Claus: Rechtssprachenvergleich in der Europäischen Union – Ein Lehrbuchfall: EuGH, EuZW 1999, 154 – Codan, EuW 1999, 404.

Lux, Thomas: Herd behaviour, bubbles and crashes, Economic Journal 105, 2 (1995), 881.

Melzer, Philipp: Zum Begriff des Finanztermingeschäfts, BKR 2003, 366.

Mensching, Christian: Der neue Komitologie-Beschluss des Rates, EuZW 2000, 268.

Merkt, Hanno / Rossbach, Stefan: Zur Einführung: Kapitalmarktrecht, JuS 2003, 217.

Meyer, Claus: Betriebswirtschaftliche Kennzahlen und Kennzahlen-Systeme, 2. Auflage, Stuttgart 1994.

Meyer, Peter: Die Grundsätze der Auslegung im Europäischen Gemeinschaftsrecht, Jura 1994, 455.

Meyer-Goßner, Lutz: Strafprozeßordnung, 48. Auflage, München 2005.

Oehler, Andreas: Die Erklärung des Verhaltens privater Anleger, Stuttgart 1995.

Ostmeier, Veit: Das Informationspotenzial neuerer Rechnungslegungsinstrumente in International Financial Reporting Standards (IAS/IFRS) basierten Jahresabschlüssen und seine Nutzung für die Abschlussanalyse, Frankfurt/Main 2004.

Palandt, Otto / Bassenge, Peter: Palandt – Bürgerliches Gesetzbuch, 65. Auflage, München 2006, zitiert: Paland – Bearbeiter.

Peppmaier, Arno: Die Funktion der Analysten in der Finanzkommunikation und deren Bedeutung für die Unternehmen, in: Rolke, Lothar / Wolff, Volker (Hrsg.), Finanzkommunikation, S. 144, Frankfurt/Main 2000.

Perridon, Louis / Steiner, Manfred: Finanzwirtschaft der Unternehmung, 13. Auflage, 2004 München.

Pfeiffer, Gerd (Hrsg.): Karlsruher Kommentar der Strafprozeßordnung, 5. Auflage, München 2003, zitiert: KK – Bearbeiter.

Pfeiffer, Thomas: Der Verbraucherbegriff als zentrales Merkmal im europäischen Privatrecht, in: Schulte-Nölke, Hans / Schulze, Reiner (Hrsg.), Europäische Rechtsangleichung und nationale Privatrechte, S. 21, Baden-Baden 1999.

Pike, Richard / Meerjanssen, Johannes / Chadwick, Leslie: The Appraisal of Ordinary Shares by Investment Analysts in the UK and Germany, Accounting & Business Research, 23 (1993), 489.

Rabin, Matthew: Psychology and Economics, Journal of Economic Literature 36, 1 (1998), 11.

Rebmann, Kurt / Säcker, Franz Jürgen / Rixecker, Roland (Hrsg.): Münchener Kommentar zum Bürgerlichen Gesetzbuch, Bd. 2a, Schuldrecht Allgemeiner Teil, 4. Auflage, München 2003, zitiert: MüKo-BGB – Bearbeiter.

Rebmann, Kurt / Säcker, Franz Jürgen / Rixecker, Roland (Hrsg.): Münchener Kommentar zum Bürgerlichen Gesetzbuch, Band 5, Schuldrecht – Besonderer Teil III, 4. Auflage, München 2004, zitiert: MüKo-BGB – Bearbeiter.

Reisner, Marc: Börsenkommunikation aus Sicht einer Anlegerzeitung, in: Rolke, Lothar / Wolff, Volker (Hrsg.), Finanzkommunikation, S. 128, Frankfurt/Main 2000.

Rentsch, Dieter: Die zwei Seiten des Research, in: Rolke, Lothar / Wolff, Volker (Hrsg.), Finanzkommunikation, S. 180, Frankfurt/Main 2000.

Rolke, Lothar / Wolff, Volker: Kurspflege durch Meinungspflege – Das Geschäft mit dem Vertrauen, in: Rolke, Lothar / Wolff, Volker (Hrsg.), Finanzkommunikation, S. 10, Frankfurt/Main 2000.

Rösch, Daniel: Empirische Identifikation von Wertpapierrisiken, Wiesbaden 1998.

Rotondaro, Carmine: Der Begriff der „verbundenen Unternehmen": ein Problem der Abkommensinterpretation, IStR 2001, 761.

Schack, Justin: Unsettled on Wall St, Institutional Investor, Vol. 37/10, S. 47.

Schaller, Jean-Marc: Finanzanalysten-Recht, Zürich, Basel, Genf 2004.

Scheurle, Florian: „Stripped Bonds“ – Getrennte Kapital- und Zinsansprüche aus Anleihen, DB 1997, 1839.

Schinke, Christoph: Der Geldmarkt im Euro-Währungsraum, Frankfurt 2004.

Schlüter, Uwe: Börsenhandelsrecht, 2. Auflage, München 2002.

Schmidt, Karsten: „Unternehmer“ – „Kaufmann“ – „Verbraucher“, BB 2005, 837.

Schmidt, Karsten: Handelsrecht, 5. Auflage, Köln, Berlin u.a. 1999.

Schmidt, Karsten (Hrsg.): Münchener Kommentar zum Handelsgesetzbuch, Bd. 4, München 2001, zitiert: MüKo-HGB – Bearbeiter.

Schoenke, Adolf / Schröder, Horst: Strafgesetzbuch – Kommentar, 26. Auflage, München 2001, zitiert: Schoenke/Schröder – Bearbeiter.

Schott, Konrad: Genußscheine, Inhaltsbestimmung von Genußrechtsverhältnissen, Frankfurt am Main 1995.

Schulz, Michael: Aktienmarketing – Eine empirische Untersuchung zu den Informationsbedürfnissen deutscher institutioneller Investoren und Analysten, Berlin 1999.

Schwark, Eberhard: Kapitalmarktrechts-Kommentar, 3. Auflage, München 2004, zitiert: Schwark – Bearbeiter.

Schwarze, Jürgen (Hrsg.): EU-Kommentar, Baden-Baden 2000, zitiert: Schwarze – Bearbeiter.

Schwinghammer, Robert: Rechtspflichten bei der Bewertung und Empfehlung von Aktien, München 2002.

Schwintek, Sebastian: Das Anlegerschutzverbesserungsgesetz, Stuttgart 2005.

Spremann, Klaus / Gantenbein, Pascal: Zinsen, Anleihen, Kredite, 2. Auflage, München 2003.

Steiner, Manfred / Bruns, Christoph: Wertpapier-Management, 8. Auflage, Stuttgart 2002.

Thießen, Friedrich (Hrsg.): Knapps Enzyklopädisches Lexikon des Geld-, Bank- und Börsenwesens, Frankfurt/Main 1999, zitiert: Knapps – Autor, Stichwort.

Thommen, Jean-Paul / Achleitner, Ann-Kristin: Allgemeine Betriebswirtschaftslehre, 4. Auflage, Wiesbaden 2003.

Verleger, Arnd: Risikostrukturen am deutschen Aktienmarkt, Münster, Hamburg 1993.

Von Kopp-Colomb, Wolf: Die neuen Regelungen zur Wertpapieranalyse in Deutschland, WM 2003, 609.

Von Rosen, Rüdiger: Allfinanzaufsicht – die reorganisierte Wacht an Rhein und Main als Garant für neues Anlegervertrauen, Kreditwesen 2002, 633.

Weber, Johanna: Globale Erfahrungen – empirische Untersuchungen in den USA zum Geschäft mit dem Vertrauen, in: Rolke, Lothar / Wolff, Volker (Hrsg.), Finanzkommunikation, S. 210, Frankfurt/Main 2000.
Welcker, Johannes: Technische Aktien-Analyse, 7. Auflage, Zürich 1994.
Wolff, Volker: Garanten des Vertrauens? Die besondere Verantwortung von Finanzjournalisten, in: Rolke, Lothar / Wolff, Volker (Hrsg.), Finanzkommunikation, S. 96, Frankfurt/Main 2000.

Zepf, Günter: Ordnungsgemäße optische Archivierung – Die handels- und steuerrechtlichen Anforderungen an das Brutto- und Netto-Imaging, WPg 1999, 569.
Zöllner, Wolfgang: Wertpapierrecht, 14. Auflage, München 1987.

Schriftenreihe der Forschungsstelle für Finanzdienstleistungsrecht der Philipps-Universität Marburg

Herausgegeben von Prof. Dr. Dr. h.c. Gilbert Gornig

Band 1 Gilbert Gornig (Hrsg.): Rechtliche Aspekte der Vermögensberatung. 2003.

Band 2 Gilbert Gornig / Dieter Meurer / Frank Reinhardt / Norbert Klatt: Der unabhängige Allfinanz-Vertrieb. Unter Berücksichtigung hierarchischer Vertriebssysteme. 2004.

Band 3 Julia Schwalm: Die Erstellung von Finanzanalysen nach § 34b WpHG. Sorgfaltspflichten und Offenlegungspflichten nach §§ 2–4 FinAnV. 2007.

www.peterlang.de

Kolibri 360 GmbH
Ferdinand-Jühlke-Straße 7
99095 Erfurt, Deutschland
produktsicherheit@kolibri360.de

Druck:
CPI Druckdienstleistungen GmbH
im Auftrag der
Kolibri 360 GmbH
Ferdinand-Jühlke-Str. 7
99095 Erfurt